Paul Jackson

Papierflieger

falten wie die Meister

30 Modelle Schritt für Schritt

Bechtermünz Verlag

Erstveröffentlichung 1998 in Großbritannien durch Michael O'Mara Books Limited
Originaltitel: Championship Paper Planes

Deutsche Erstausgabe

Produktion der deutschen Ausgabe: Verlagsbüro Michael Holtmann, Bayreuth
Übersetzung: Michael Holtmann, Markus Reim
Design: Robert Updegraff
Fotografie: Meg Sullivan Photography
Gesamtherstellung: Tien Wah Press
Printed in Singapore

ISBN 3-8289-2300-3

Inhalt

Warum Flugzeuge fliegen

Grundlagen

Einfache Modelle

Modelle für Fortgeschrittene

Ungewöhnliche Modelle

Wie Sie eigene Modelle entwerfen 90

Einleitung

Vom Boden abzuheben und frei wie ein Vogel zu fliegen ist ein Traum, der in uns allen wohnt. Seit jeher versuchten Menschen, den Flügelschlag der Vögel nachzuahmen, doch ohne Erfolg. Aus den Versuchen des deutschen Segelflugpioniers Otto Lilienthal (1848-96) entstand die Tragflächenform, die notwendig ist, um einem Flugzeug mit starren Tragflächen, das schwerer als Luft ist, Auftrieb zu geben. Später entwickelten die amerikanischen Gebrüder Wright einen motorgetriebenen Propeller, der stark genug war, um ein Segelflugzeug Lilienthalscher Bauart in der Luft zu halten, und vollbrachten 1903 in Kittyhawk Sands, North Carolina, USA, den ersten Motorflug.

Und dennoch bleibt die Faszination des Segelflugs trotz aller außergewöhnlichen Fortschritte des motorisierten Flugs seit damals erhalten. Ein zerbrechliches Segelflugzeug, das von der Thermik getragen wird, bietet einen anmutigen Anblick, den man nicht so schnell vergißt. Für die weniger Wagemutigen sind die Anfertigung und das Starten von unbemannten Segelfliegern, die sich vom sicheren Boden aus beobachten lassen, die Alternative zum sanften Gleiten durch die Luft.

Viele stellen Modellflugzeuge aus Balsaholz und Seidenpapier her; andere basteln Gleiter aus Papier und Kartonstücken. Das größte Vergnügen ist es aber meiner Meinung nach, ein einfaches Blatt Papier zu nehmen und es ein paar Mal geschickt zu falten, um es dann ohne Zuhilfenahme von Klebstoff, Klebeband oder Gewichten mühelos starten zu lassen und bis zur sanften Landung geschmeidig durch die Luft gleiten zu sehen.

Papierflieger sprechen Menschen aus allen Altersschichten an, und das, wie ich glaube, aus mehreren Gründen. Erstens ist es die Direktheit und Einfachheit der Mittel – es geht nur darum, gewöhnliches Papier zu falten, sonst nichts. Zweitens die erfrischend eindeutigen Kriterien, nach denen über Erfolg oder Mißerfolg geurteilt wird – entweder fliegt das Flugzeug, oder eben nicht. Drittens bedeuten Papierflieger für verschiedene Menschen Unterschiedliches – Faszination, Zeitvertreib, eine kreative Herausforderung, für einige sogar eine Kunst oder Wissenschaft.

Dieses Buch präsentiert eine Auswahl von Modellen aus aller Welt, die sowohl den Anfänger ansprechen sollen als auch den geübten Enthusiasten, der nach neuen Modellen Ausschau hält. Wenn Sie noch keine Erfahrung mit dem Falten von Papierfliegern haben, lesen Sie bitte das Kapitel „Grundlagen" aufmerksam durch. Dort finden Sie viele nützliche Tips zum Falten und Fliegenlassen sowie ein paar Hinweise zu den Grundlagen des Origami. Außerdem sollten Anfänger sich nicht zu früh an das Falten der komplizierteren Modelle machen, da dies oft zu Frustration führt und entmutigend sein kann – was nicht heißen soll, daß es nicht auch einmal Spaß machen kann, eine größere Herausforderung anzunehmen!

Wenn man ein Modell faltet – ob einfach oder kompliziert –, ist es wichtig, sich darüber im klaren zu sein, daß ein guter Flieger eine Kunst für sich ist, so trivial das Falten von Papierfliegern auch erscheinen mag. Nur ein Flugzeug, das detailgetreu gefaltet und richtig gestartet wird, fliegt gut. Obwohl dieses Buch hauptsächlich unterhalten will, sollten Sie also bedenken, daß Sie um so mehr Spaß an den Papierfliegern haben werden, je gewissenhafter Sie falten.

Ich habe viele unterhaltsame Stunden mit den Recherchen und dem Entwerfen und Ausprobieren der Papierflieger in diesem Buch verbracht. Ich wünsche mir, daß das Falten und Fliegenlassen Ihnen viel Freude bereitet.

Guten Flug!

Paul Jackson

Warum Flugzeuge fliegen

Flugzeuge gehören zu den Wundern der Neuzeit. Papierflieger fliegen nach denselben Prinzipien wie sie.

Dieses Kapitel beschreibt knapp die zwei Prinzipien des Fluges, die erklären, warum ein Flugzeug sich in der Luft hält. Es zeigt im folgenden, wie Nicken, Drehen und Gieren eines Flugzeugs abgestellt werden können und sich Stabilität erreichen läßt. Wer nur zum Vergnügen liest, möchte diese Seiten vielleicht überspringen, doch schaffen sie Grundkenntnisse davon, warum Flugzeuge fliegen und wie man ihre Flugeigenschaften verbessern kann. Das bringt größeres Vergnügen beim Anfertigen und Fliegenlassen von Papierfliegern und hilft, die Flugleistungen zu verbessern.

Prinzipien des Fluges

Erstens: „Die Schubkraft muß größer als der Luftwiderstand sein."

Eine aerodynamische Form ermöglicht es einem Flugzeug, die Luft besser zu durchschneiden.

Der Luftwiderstand läßt sich demonstrieren, wenn Sie ein Blatt senkrecht nach unten hängen lassen und dann Ihre Hand nach links bewegen. Die gesamte Frontfläche des Papiers ist dem Luftwiderstand ausgesetzt, so daß dieser maximiert wird. Der untere Rand biegt sich sogar nach oben, um den Luftwiderstand zu vermindern.

Drehen Sie nun Ihr Handgelenk so, daß das Blatt waagrecht durch die Luft gezogen wird. Nun wird der Widerstand minimiert.

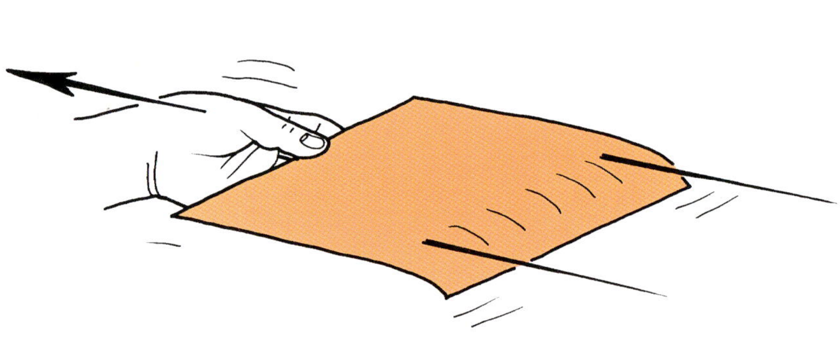

Ein Flugzeug fliegt besser, wenn es die Luft durchschneidet, statt ihr eine Angriffsfläche zu bieten. Ein Papierflieger sollte der Luft nicht breite Flächen entgegensetzen, sondern sie mit dünnen Kanten durchschneiden. Von vorne sollte möglichst wenig von ihm zu sehen sein. Wenn die Schubkraft gering ist, hält er sich auch dann nicht in der Luft, wenn der Widerstand durch ein minimales Profil reduziert ist. Schubkraft entsteht, wenn der Flieger geworfen oder fallengelassen wird. Ist die Schubkraft größer als der Luftwiderstand, funktioniert der Flieger, obwohl ihn die Reibung der über ihn streichenden Luft schließlich abbremst und ihn die Schwerkraft zu Boden sinken läßt.

Zweitens: „Der durch die Tragflächen erzeugte Auftrieb muß größer als die Wirkung der Schwerkraft sein."

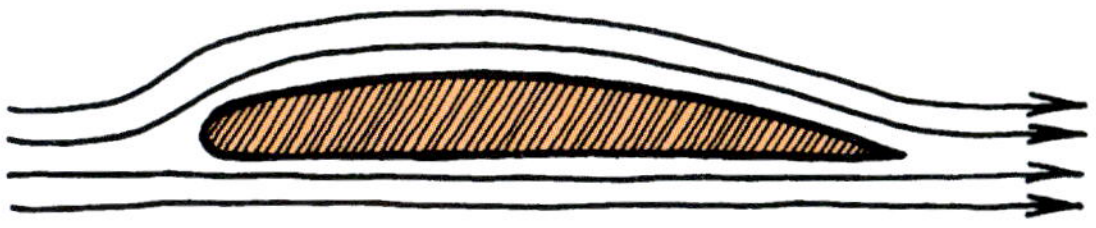

Warum eine Tragfläche einem Flieger Auftrieb gibt, ist schwer nachzuvollziehen – tatsächlich führt ein entsprechendes Unverständnis bei vielen potentiellen Luftreisenden zu einer lähmenden Flugangst.

Einfach ausgedrückt, sorgt die Tragfläche für Auftrieb, wenn der Luftdruck an ihrer Unterseite größer ist als an der Oberseite. Der Luftdruck wird durch Erhöhung der Strömungsgeschwindigkeit reduziert, so daß Auftrieb erzeugt wird, wenn die Luft über der Tragfläche schneller strömt als unter ihr. Dies wird erreicht, indem die Oberseite der Tragfläche einfach nach oben gekrümmt und die Unterseite abgeflacht wird, so daß die Luft auf der Oberseite eine größere Strecke mit höherer Geschwindigkeit zurücklegen muß als auf der Unterseite. So entsteht der Auftrieb.

Dieses abstrakte Prinzip wird anschaulich, wenn Sie über einen Papierstreifen blasen. Der Streifen biegt sich nach oben! Das passiert, weil sich die Luft beim Blasen schneller an der Ober- als an der Unterseite entlangbewegt – der Luftdruck wird dadurch geringer. Er biegt das Papier nach oben. Probieren Sie es aus.

Stabilität

Ein Flieger, der den oben beschriebenen Prinzipien des Fluges gehorcht, kann trotzdem instabil sein. Ein instabiles Flugzeug kann rollen, nicken oder gieren. Hier werden verschiedene Möglichkeiten, Abhilfe zu schaffen, vorgestellt. Um diese Formen der Instabilität und die jeweiligen Korrekturen zu erklären, wird im Beispiel ein einfaches, flaches Modell verwendet.

Rollen

Ein Flieger rollt, wenn er sich um seine Längsachse dreht, so daß sich ein Flügel senkt, während der andere nach oben geht. Dem kann abgeholfen werden, indem man eine Falte entlang der Mitte macht, um einen kleinen Winkel zwischen den Tragflächen zu erhalten – den „V-Winkel". Mit dieser Falte schaukelt der Flieger hin und her, dreht sich aber nicht mehr um die Längsachse.

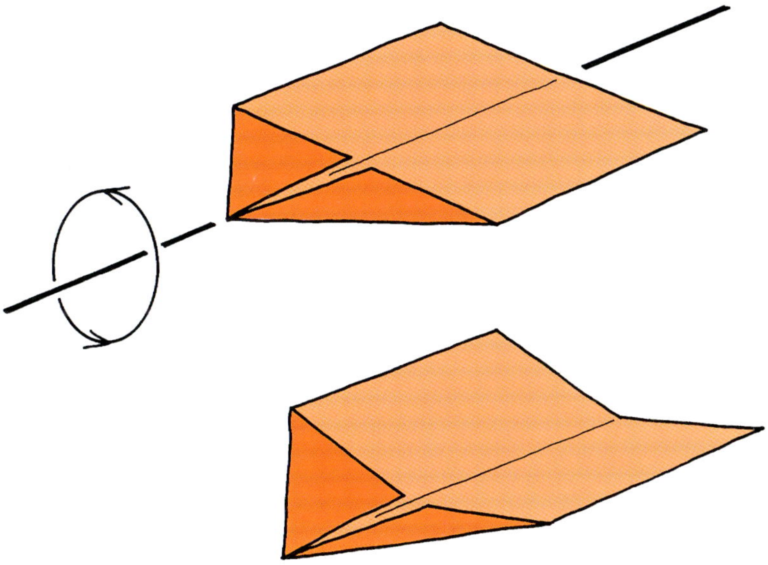

Nicken

Ein Flieger nickt, wenn er sich um seine Querachse dreht, so daß sich die Nase hebt oder senkt. Dies läßt sich korrigieren, indem man die hinteren Ecken der Flügel im Falle des Absinkens (Sturzflug) nach oben und im Falles des Aufstellens (Strömungsabriß) nach unten biegt.

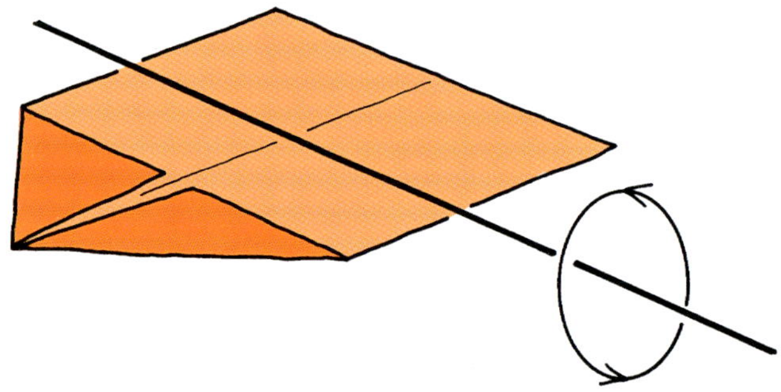

Wenn die Nase absinkt

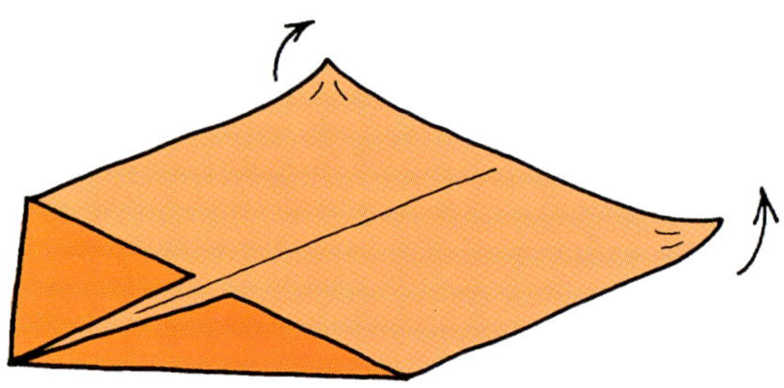

Wenn sich die Nase aufstellt

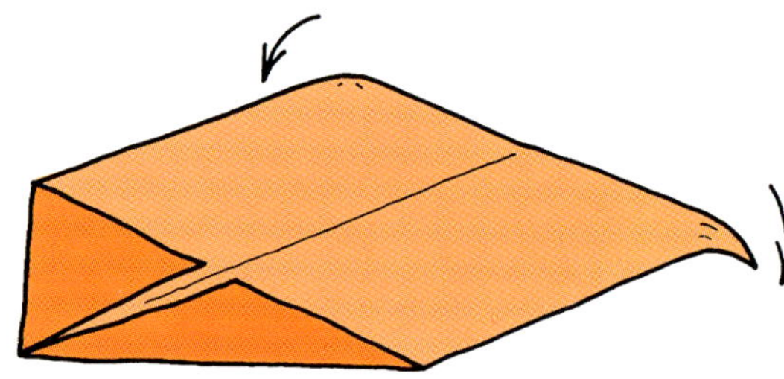

Gieren

Ein Flieger giert, wenn er sich um seine Hochachse dreht und so im Kreis fliegt. Dies wird behoben, indem vertikale Flächen hinzufügt werden, die dem Gieren entgegenwirken. Das erreicht man gewöhnlich dadurch, daß man Seitenruder an den Flügelrändern oder einen Rumpf faltet – oder beides.

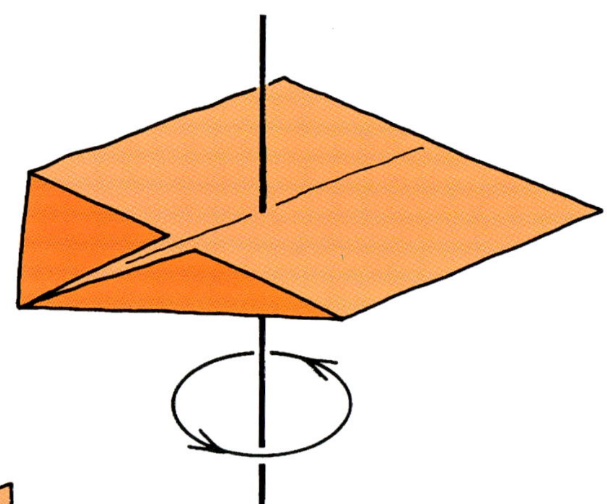

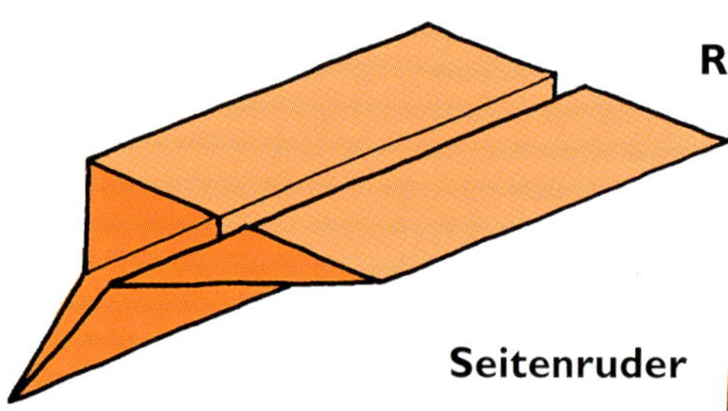

Rumpf

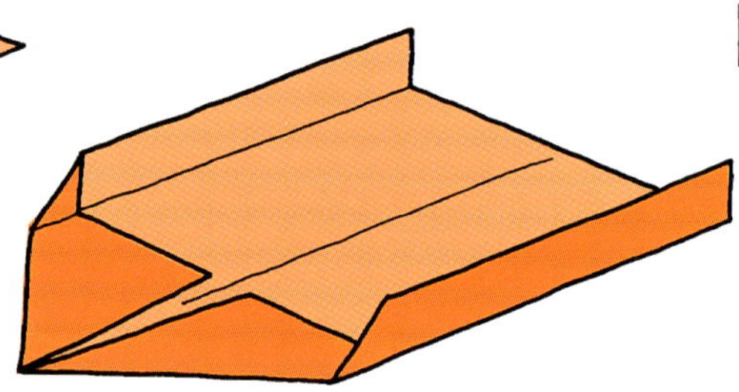

Seitenruder

Um Rollen, Nicken oder Gieren zu verhindern, werden normalerweise alle drei Korrekturen am selben Modell angewendet. Ein Modell mit nur einer Korrektur fliegt meist nicht so stabil wie eines mit zweien oder allen dreien. So könnte unser instabiler flacher Flieger mit einem V-Winkel, der das Rollen verhindert, gebogenen Flügelenden, die dem Nicken (Sturzflug oder Strömungsabriß) entgegenwirken, und einem Rumpf oder Seitenrudern, die ein Gieren ausschließen, komplettiert werden.

Verbesserter Flieger

Mit dem richtigen Abwurfwinkel und der richtigen Wurfgeschwindigkeit – und ein paar Nachbesserungen – sollte er gut fliegen. Und denken Sie daran: Wenn Ihr Flieger hartnäckig instabil bleibt, können Sie ihn immer noch als „Testmodell" ausgeben!

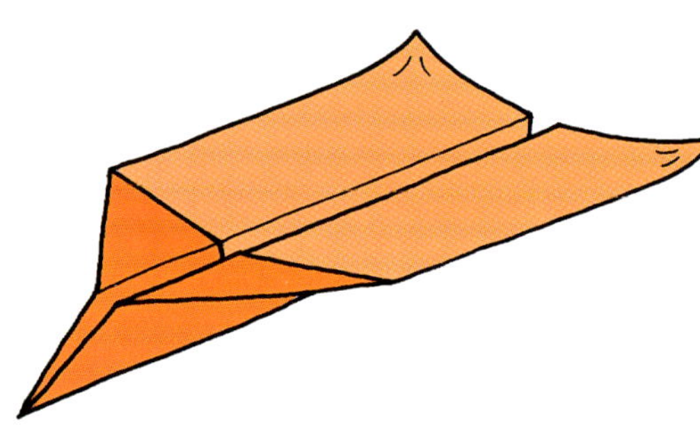

Grundlagen

Geeignetes Papier

Es gibt nicht „das ideale“ Papier für Papierflieger. Allerdings gibt es verschiedene Papiersorten, die man definitiv nicht verwenden sollte. Vor allem sollte kein Papier verwendet werden, in dem die Falten nicht stabil bleiben, wie z.B. Zeitungspapier, Kosmetiktücher und Papierhandtücher. Diese Papiersorten lockern sich nach dem Falten wieder und verlieren ihr aerodynamisches Profil.

Alle schweren Papiersorten sollten ebenfalls gemieden werden, auch wenn es – da leichteres Papier dazu neigt, bei einem übergroßen Maßstab in sich zusammenzufallen – hilfreich sein kann, mit ihnen zu experimentieren, wenn Sie große Modelle bauen wollen. Das große Gewicht erlaubt keine lange Flugphase. Nehmen Sie also keine schweren Sorten wie Zeichen-, Pastell- oder Aquarellpapier.

Im allgemeinen kann man jedoch jedes Papier verwenden, das etwa der Stärke der Seiten in diesem Buch entspricht oder etwas dünner ist. Das schließt die meisten preiswerten und leicht erhältlichen Papiersorten wie Kopier-, Schreibmaschinen-, Brief- und Druckerpapier ein. Wenn Sie viele Flieger falten wollen, ist es am günstigsten, große Packen des Papiers ihrer Wahl in einem Schreibwarengeschäft oder einer kleinen Druckerei zu kaufen. Ich selbst ziehe Kopierpapier vor. Es läßt sich ausgezeichnet falten, ist überaus billig, besitzt die idealen Maße und ist in einer breiten Palette von attraktiven Farben erhältlich, die den Modellen zusätzlichen Reiz verleihen. Die meisten kleinen Druckereien und Kopiergeschäfte bieten eine große Auswahl an Kopierpapieren an und besitzen außerdem elektrische Papierschneidemaschinen, die ganze Packen rechteckiger Blätter zu einem geringen Preis in perfekte Quadrate schneiden können.

Probieren Sie auch ausgefallene Papiersorten aus: gemustertes Geschenkpapier, Prospektpapier, papierbeschichtete Metallfolie, hochwertiges buntes Zeitschriftenpapier, dünnes Pauspapier, leichtes handgeschöpftes Papier und sogar Einwegtischdecken. Solche Papiersorten verleihen ihrem Flieger ein ganz besonderes Erscheinungsbild.

Lagern Sie ihr Papier immer horizontal und eben und vorzugsweise nicht in einer warmen oder feuchten Umgebung. Werfen Sie Blätter mit Eselsohren oder Knitterfalten weg, außer, Sie sind sicher, daß die beschädigten Bereiche tief unter den Lagen der Nase verschwinden, wo sie den gleichmäßigen Luftstrom über die Oberfläche nicht stören können.

Wie man Papierflieger richtig faltet

Dieser Abschnitt mag übertrieben lehrhaft erscheinen, doch bin ich der Meinung, daß das Falten von Papierfliegern mehr Sorgfalt erfordert als das anderer Origami-Arbeiten, und daß einige dieser Feinheiten der Erklärung bedürfen. Lesen Sie also die folgenden Absätze aufmerksam durch, auch wenn Sie schon Erfahrung mit dem Falten von Papier haben.

Arbeiten Sie auf einer festen Unterlage

Falten Sie immer auf einer harten, flachen Unterlage wie einer Tischplatte oder einem Buch mit festem Einband, nie in der Luft, auf dem Schoß oder auf einer weichen Unterlage wie einem Teppich.

Falten Sie sorgsam und akkurat

Papierflieger fliegen nur dann gut, wenn sie langsam, detailgetreu und präzise gefaltet werden. Vergewissern Sie sich also stets, daß die Falten exakt symmetrisch verlaufen, daß spitze Ecken wirklich spitz zulaufen, und daß empfindliche Flügel, die aus nur einer Lage Papier bestehen, nicht versehentlich verbogen worden sind.

Drücken Sie die Falten fest an

Alle Faltungen müssen kräftig durchgeführt werden, damit die Kanten die Luft sauber durchschneiden. Es ist stets besser, bei der Arbeit nicht zu zaudern, betrachten Sie also Ihren ersten Versuch, ein neues Modell zu falten, als Generalprobe und nicht als Premiere.

Glätten Sie die Lagen

Bei einigen Modellen führt die Entstehung von sperrigen Mehrfachlagen an der Nase und/oder den Führungskanten der Tragflächen dazu, daß das Papier nicht mehr vollkommen flach auf der harten Faltunterlage aufliegt, sondern sich nach oben ausbeult. Solche Ausbeulungen vergrößern den Querschnitt des Fliegers im Flug und wirken sich nachteilig auf seine Flugeigenschaften aus.

Dies können Sie verhindern, indem Sie die Schichten nach jedem Schritt glattstreichen. Beginnen Sie an der mittleren Falte und drücken Sie das Papier fest an, wobei Sie nach links und rechts in Richtung der Nase und der Vorderkanten der Flügel streichen. Die Falte an den Vorderkanten wird sich beim Andrücken des Papiers geringfügig verschieben, was aber völlig normal ist.
Hier ist ein Beispiel:

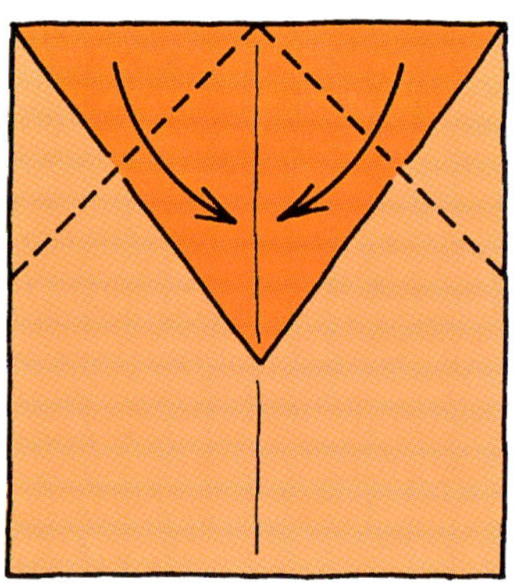

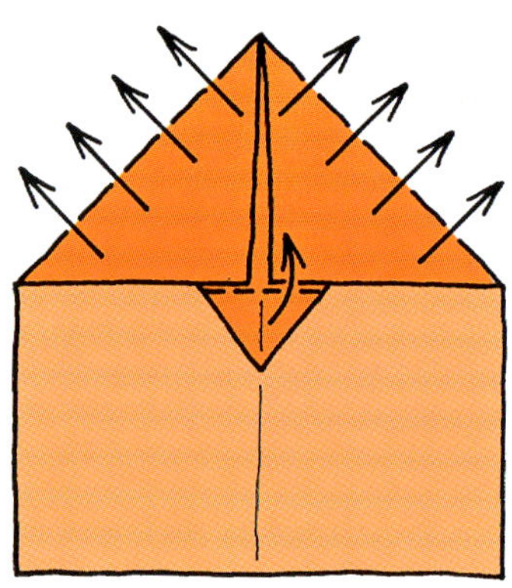

Streichen Sie das Papier nach außen, um es zu glätten.

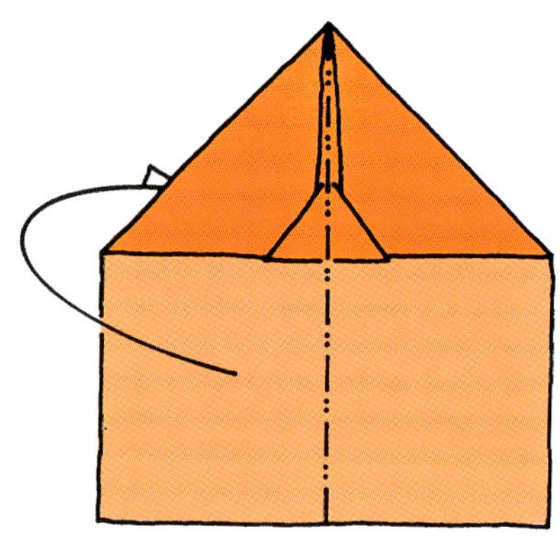

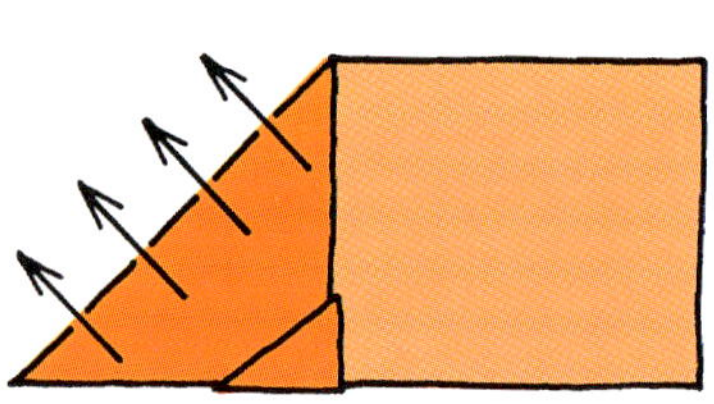

Streichen Sie das Papier nach außen, um es zu glätten.

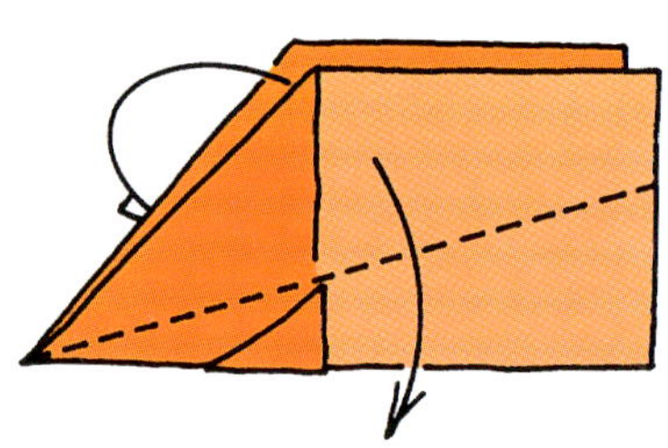

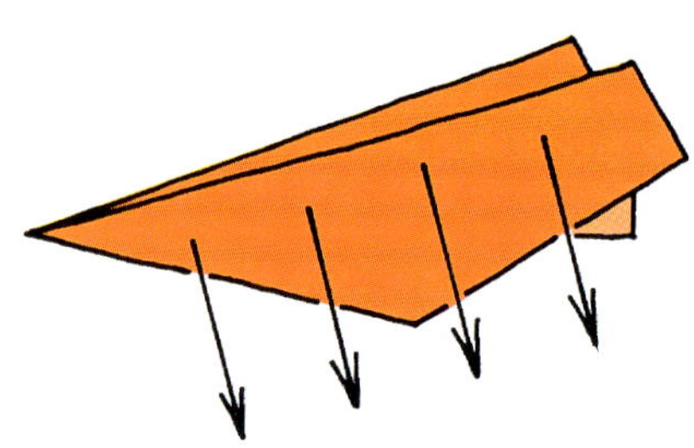

Streichen Sie das Papier nach außen, um es zu glätten.

Wie Ihnen der Abwurf gelingt

Für den richtigen Start eines Papierfliegers reicht es bei weitem nicht, diesen irgendwie in einer beliebigen Stellung zu halten und dann loszuwerfen. So wie es beim Golf verschiedene Griffe und Schwünge gibt, muß auch jeder Papierflieger auf richtige Weise gehalten und geworfen werden, damit das Ergebnis stimmt. Ich kenne einen erfahrenen Papierfliegerbastler, der sogar überzeugt ist, daß er auch einen Ziegelstein dazu bringen könnte, anmutig in die Ferne zu segeln, wenn er nur wüßte, wie er ihn werfen sollte. Das ist natürlich ein Witz, aber es trifft den Punkt doch ganz gut.

Hier sind nun ein paar allgemeine Tips zu Haltung und Abwurf.

Haltung

Werfen Sie einen Flieger mehrmals. Halten Sie ihn zum Vergleich jeweils an verschiedenen Stellen des Rumpfes.

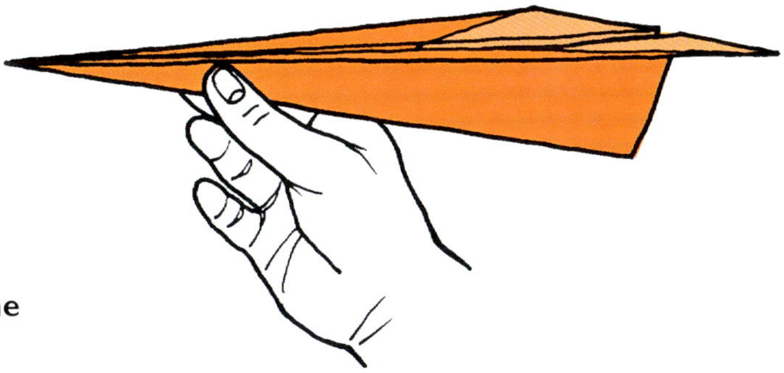

Vorne

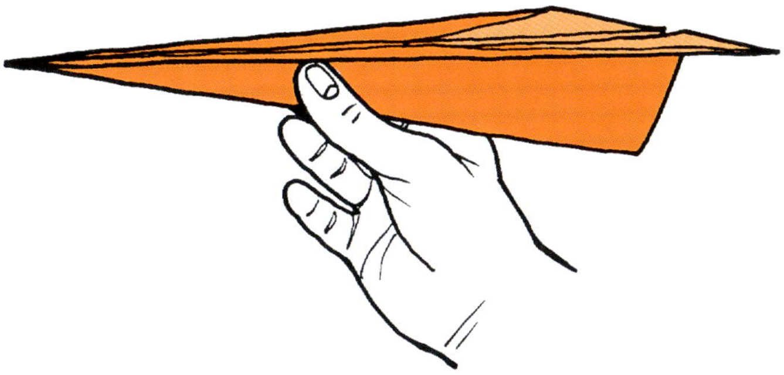

Mitte

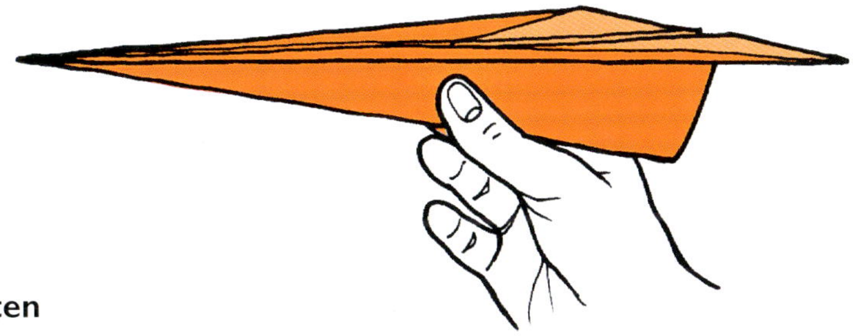

Hinten

Im allgemeinen liegt die beste Griffposition beim Schwerpunkt – dem Punkt, an dem der Flieger in ihrer Hand balanciert. Dennoch ist es wichtig, auch andere Griffpositionen auszuprobieren.

Abwurfgeschwindigkeit

Anfänger neigen dazu, einen Papierflieger entweder zu schwach zu werfen, so daß er nie Auftrieb erfährt und träge zu Boden sinkt, oder mit soviel Kraft, daß er, ohne ein aerodynamisches Profil zu bekommen, kurze Zeit durch die Luft schnellt, ehe er plötzlich abstürzt. Die meisten Flieger müssen mit mäßiger Geschwindigkeit geworfen werden, obwohl es immer nützlich ist, andere Abwurfgeschwindigkeiten auszuprobieren und herauszufinden, was man unter „gemäßigt" zu verstehen hat.

Abwurfwinkel

Die vier grundlegenden Abwurfwinkel sind senkrecht nach oben, diagonal nach oben, waagrecht und nach unten.

Der Abwurf senkrecht nach oben bringt unvorhersehbare Resultate und wird am besten kraftvoll und mit Schwung ausgeführt. Ziel ist es, den Flieger so hoch wie möglich zu schleudern, bevor er sich ausrichtet und (hoffentlich) langsam heruntersegelt. Für diese Art des Abwurfs ist selbstverständlich ein sehr hohes Zimmer oder ein windstiller Tag im Freien nötig, doch sind die Erfolgsaussichten beschränkt. Wenn der Abwurf allerdings gut gelingt, setzt diese Technik neue Bestmarken für Flugdauer und -strecke. Sie ist es wert, einmal spaßeshalber ausprobiert zu werden.

Ein Abwurf diagonal nach oben in einem Winkel zwischen 30° und 45° zur Horizontalen ist am gebräuchlichsten und vielseitigsten. Mit mäßiger Geschwindigkeit geworfen, erzielen die meisten Flieger gute Resultate. Probieren Sie verschiedene Abwurfwinkel aus, bis Sie den richtigen finden, da ein zu steiler Abwurf einen Strömungsabriß verursachen und ein zu flacher Winkel die Flugdauer oder -strecke verkürzen kann.

Ein horizontaler Start führt zu stabilen, unspektakulären Flügen und eignet sich am besten für empfindliche Papierflieger, wenn Platzmangel herrscht. Fast alle Modelle fliegen, wenn sie so geworfen werden, aber wahrscheinlich fliegen sie noch besser, wenn sie in einem anderen Winkel geworfen werden.

Ein Abwurf nach unten mag widersinnig erscheinen, kann aber zu hervorragenden Kunstflügen führen. Probieren Sie es aus! Wenn der Flieger im Sturzflug zu Boden fällt, biegen Sie einfach die Hinterkanten der Tragflächen nach oben. Dadurch entsteht zusätzlicher Auftrieb, der die Flugbahn nach oben lenkt. Entscheidend dabei ist, niemals schwach, sondern immer mit beträchtlicher Geschwindigkeit zu werfen.

„Mein Flieger fliegt nicht!"

Wie oft habe ich das schon gehört! Tatsache ist, daß Papierflieger beim ersten Start selten gut fliegen. Der erste Start soll zeigen, wie sich der Flieger verhält: Stürzt er steil ab oder stellt er sich auf? Hat man das Problem festgestellt, kann man Abhilfe suchen. Denken Sie aber daran, daß alle Flieger launisch sind. Ein Flieger, der abstürzt, wenn ihn ein bestimmter Mensch wirft, bleibt vielleicht in der Luft stehen, wenn ihn jemand anders wirft. Oder ein Flieger segelt beim ersten Start majestätisch in die Ferne, dann aber nie wieder. Lassen Sie sich also nicht entmutigen, wenn Ihnen die Verbesserung der Flugeigenschaften manchmal wie ein Buch mit sieben Siegeln erscheint – wir kämpfen alle mit demselben Problem.

Es gibt jedoch einige zuverlässige Methoden, die Flugleistung zu verbessern. Wenn experimentiert wird und Erfahrungswerte gesammelt werden, kann die ideale Kombination von Korrekturen und Startvarianten mit etwas Glück dazu führen, daß selbst das hoffnungsloseste Exemplar passabel, ja ausgezeichnet fliegt.

Also: Probieren Sie alle diese Hilfsmaßnahmen aus, bevor Sie einen Flieger endgültig abschreiben.

Tragflächenwinkel

Dies ist der Winkel, den die Tragflächen über dem Rumpf bilden. Im Normalfall fliegt ein Modell am besten, wenn die Tragflächen im Flug waagrecht stehen, was bedeutet, daß die Tragflächen einen leichten V-Winkel bilden, wenn der Rumpf unmittelbar vor dem Abwurf zusammengedrückt wird.

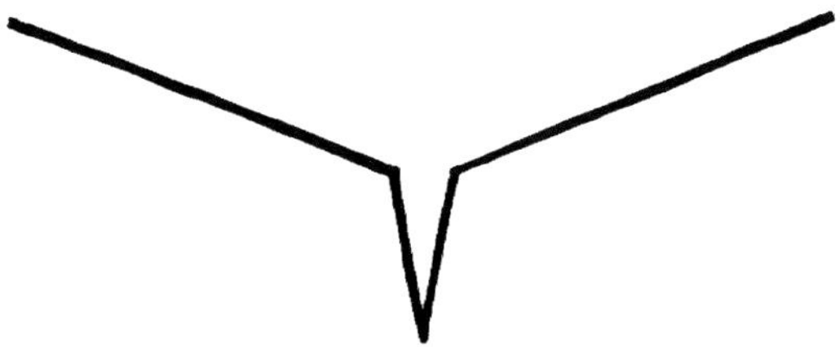

Tragflächenwinkel eines in der Hand gehaltenen Fliegers

Derselbe Flieger in der Luft

Es ist ein weitverbreiteter Fehler, die Tragflächen beim Halten in der Hand horizontal stehen zu lassen, so daß sie während des Flugs wie im folgenden Beispiel nach unten zeigen:

Tragflächenwinkel eines in der Hand gehaltenen Fliegers

Derselbe Flieger in der Luft

Leichte Veränderungen des Winkels können die Flugleistung dramatisch beeinflussen. Ein Beispiel:

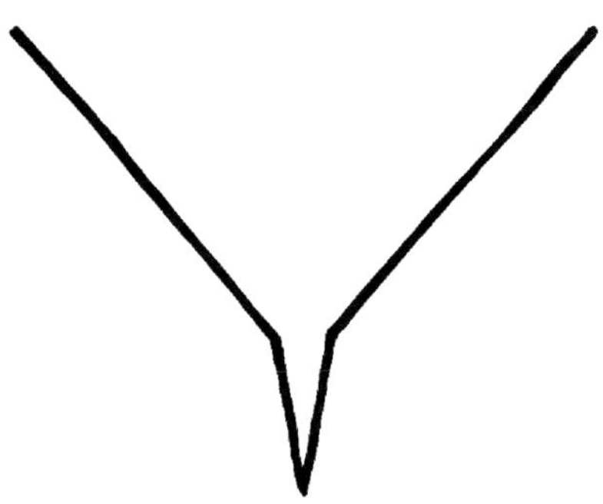

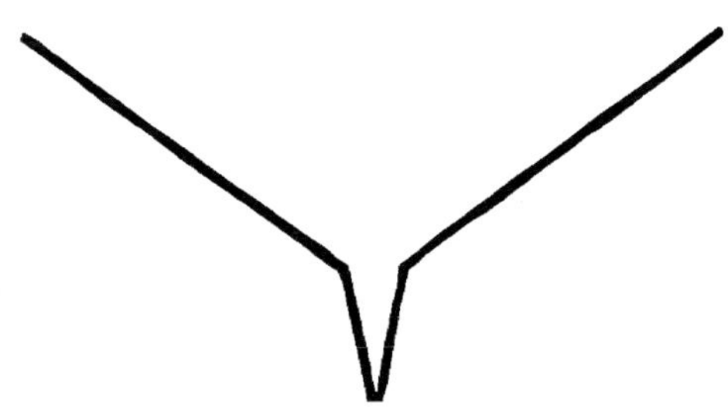

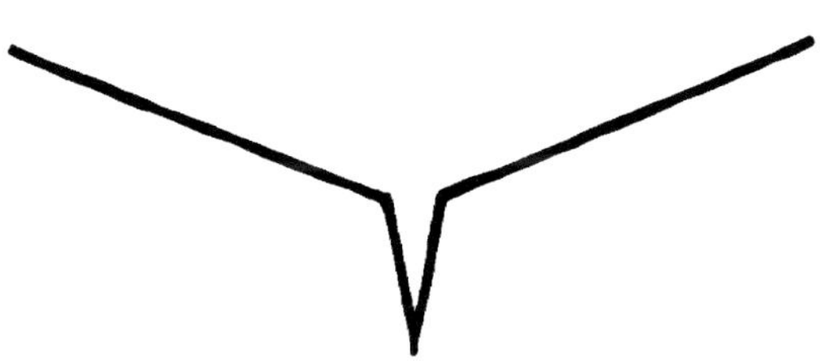

Wenn Ihr Exemplar also nicht gut fliegt, sollte die erste und einfachste Verbesserung die Veränderung des Tragflächenwinkels sein.

Strömungsabriß

Dabei bleibt das Flugzeug, wenn es nach oben fliegt, in der Luft stehen und fällt wie ein Stein zu Boden. Der Grund ist meist eine zu leichte Nase oder eine zu schwere hintere Hälfte des Fliegers, denn der Schwerpunkt des Fliegers liegt zu weit hinten und muß nach vorne verschoben werden.

Das einfachste Gegenmittel ist, die Hinterkanten der Flügel wie folgt nach unten zu biegen:

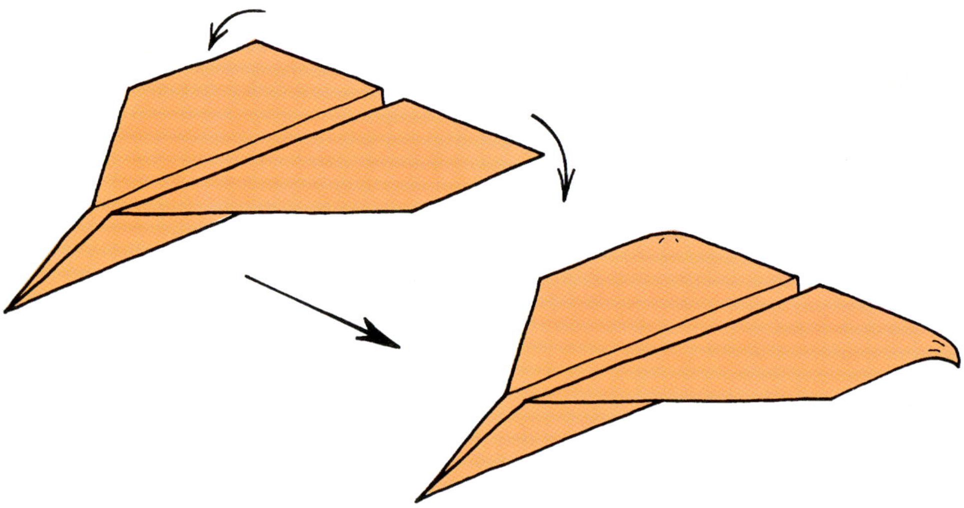

Je stärker sie gebogen sind, desto besser wirken sie dem Strömungsabriß entgegen. Der Winkel ist also von absolut entscheidender Bedeutung für einen geraden Flug. Wenn der Flieger noch immer in der Luft stehenbleibt, biegen Sie die Kanten stärker um; wenn er nach unten stürzt, glätten Sie sie ein wenig. Richtig angewendet, ist diese Technik äußerst wirkungsvoll.

Wenn die Biegung nicht ausreicht, um dem Strömungsabriß entgegenzuwirken, probieren Sie es damit, die Papierlagen an der Nase zu verstärken, indem Sie sie wie abgebildet ein oder zwei Mal umfalten:

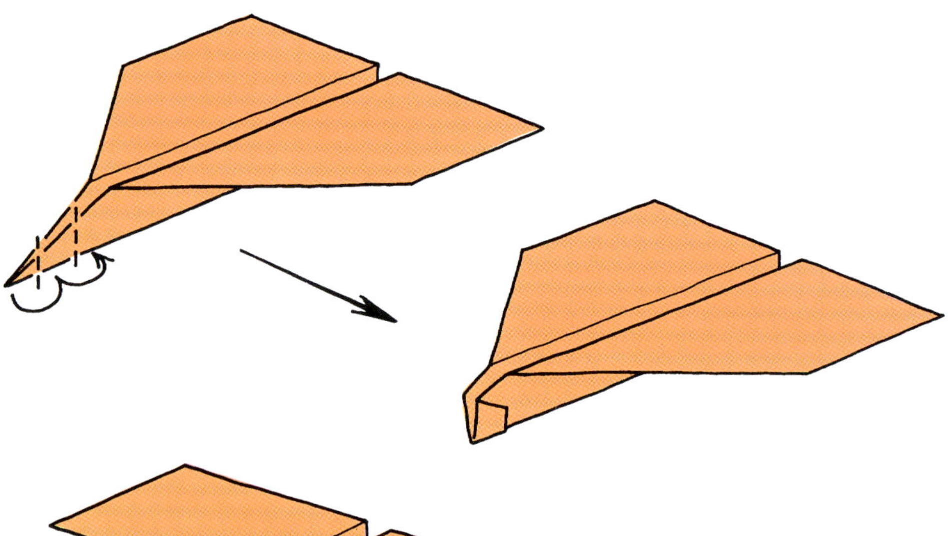

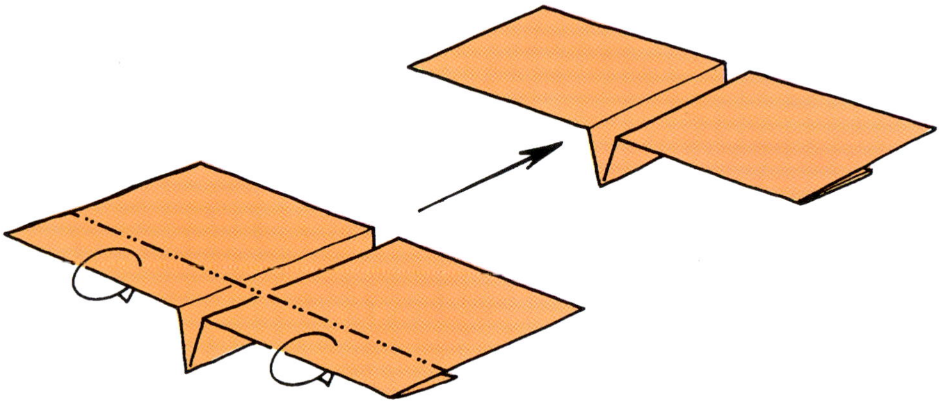

Bei einigen Modellen ist dieses Zurückfalten nicht möglich. Experimentieren Sie statt dessen mit einem Stück Haftmasse oder einer Büroklammer, die Sie an der Nase anbringen.

Die Position und das genaue Gewicht der Büroklammer(n) oder der Haftmasse sind entscheidend.

Sturzflug

Zum Sturzflug kommt es, wenn der Flieger nach unten gelenkt wird. Dann ist die Nase zu schwer oder die hintere Hälfte zu leicht, so daß der Schwerpunkt zu weit vorne liegt.

Das einzig wirkungsvolle Gegenmittel ist, die Hinterkanten der Tragflächen nach oben zu biegen:

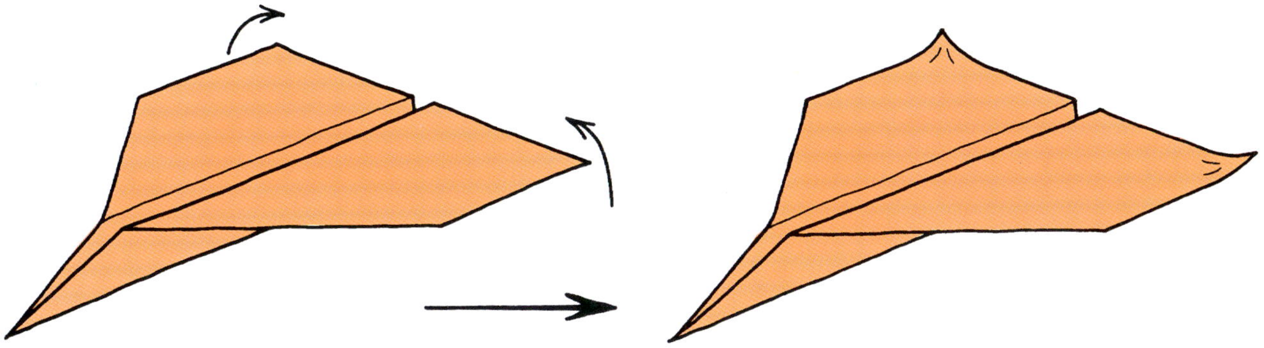

Je stärker sie nach oben gebogen sind, um so mehr wird die Tendenz zum Sturzflug ausgeglichen. Sie werden vermutlich feststellen, daß bei den meisten Fliegern, gleich welcher Bauart, die Hinterkanten der Flügel etwas nach oben gebogen werden müssen. Richten Sie sich also darauf ein.

Weitere Korrekturen

Wenn die oben beschriebenen Methoden nicht funktionieren, probieren Sie folgendes:

Halten Sie den Flieger weiter vorne oder weiter hinten („Haltung", S. 11).

Probieren Sie höhere oder niedrigere Geschwindigkeiten aus („Abwurfgeschwindigkeit", S. 12).

Probieren Sie steilere oder flachere Winkel aus („Abwurfwinkel", S. 12).

Zusammenfassung

Wenn Ihr Exemplar beim Jungfernflug nicht gut fliegt, sollte eine der oben dargestellten Korrekturen wirken, also gehen Sie sie der Reihe nach durch. Manchmal besteht die Lösung aus einer Kombination von Korrekturen. Vielleicht müssen Sie den Tragflächenwinkel vergrößern oder verkleinern und die hinteren Ecken der Flügel nach oben oder nach unten biegen und Ihren Flieger schneller oder langsamer als zuvor werfen. Diese Versuche lassen sich in Sekundenschnelle und mit wenigen Testflügen durchführen. Es kommt auch vor, daß ein soeben gefaltetes Flugzeug einmal gut fliegt und nicht mehr zu einem zweiten Flug bewegt werden kann. Dann muß es aus einem anderen Blatt Papier neu gefaltet werden.

Mit der Zeit werden Sie feststellen, daß sich ein guter Flug selten vorhersagen läßt; vielmehr kann man darauf hoffen und hinarbeiten.

Symbole

Die folgenden Symbole werden in diesem Buch durchgehend benutzt, um anzugeben, wo und wie das Papier gefaltet wird.

Es ist wichtig, immer schon an den nächsten Schritt zu denken, um das Ergebnis des gegenwärtigen zu erfassen. Die Schritte greifen also ineinander; sie sind jeweils das Ergebnis der Anleitungen des vorhergehenden Schrittes und bereiten mit ihren Anweisungen den nächsten vor. Betrachten Sie also nie einen Schritt für sich allein, sondern schauen Sie voraus. Vergewissern Sie sich auch, daß Sie bei jedem Schritt jedes Symbol beachten. Falten Sie also langsam und achten Sie auf die Einzelheiten.

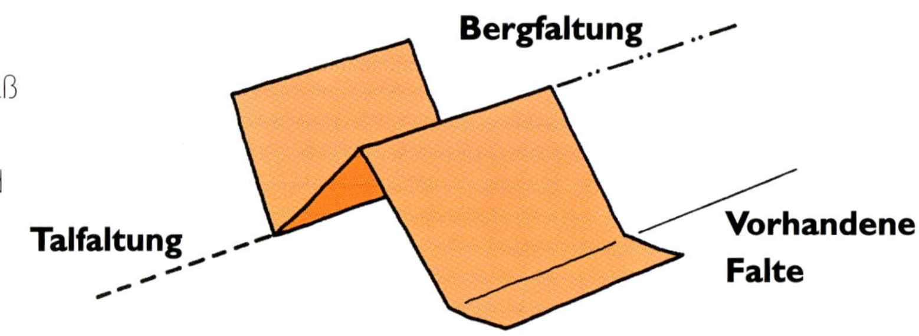

Talfaltung

Bergfaltung

Vorhandene Falte

Verdeckte Falte / Verlängerung

Nach vorne falten 

Nach hinten falten 

Punkt auf Punkt legen 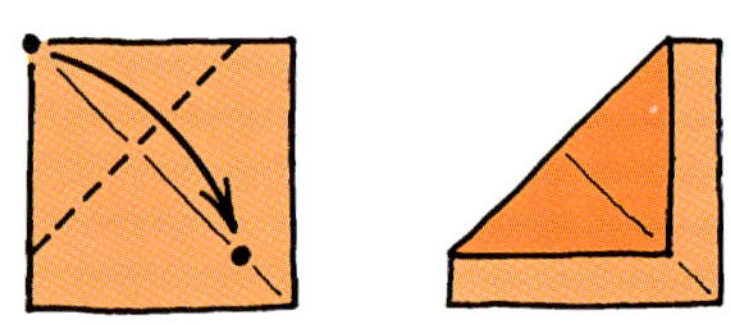

Umdrehen 

Auffalten, öffnen 

Diese Längen sind gleich 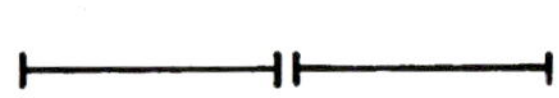

Diese Winkel sind gleich 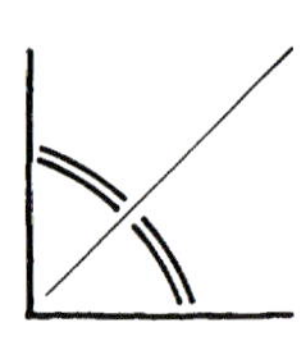

Schneiden 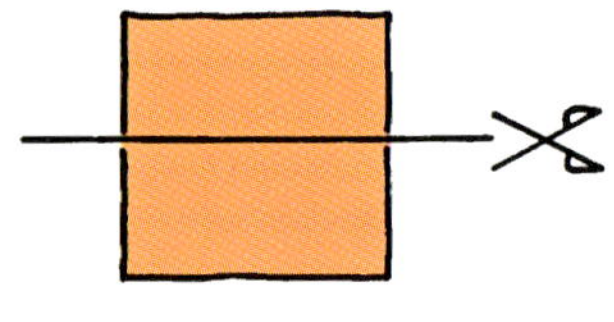

Wie Sie ein Quadrat erhalten

Die meisten im Handel erhältlichen Papiersorten sind rechteckig und müssen für die Modelle, die aus einem Quadrat gefaltet werden, zugeschnitten werden, und zwar nach zwei Methoden:

1. Quadrat mit diagonaler Falte

Diese Methode eignet sich für Modelle, die eine diagonale Falte benötigen.

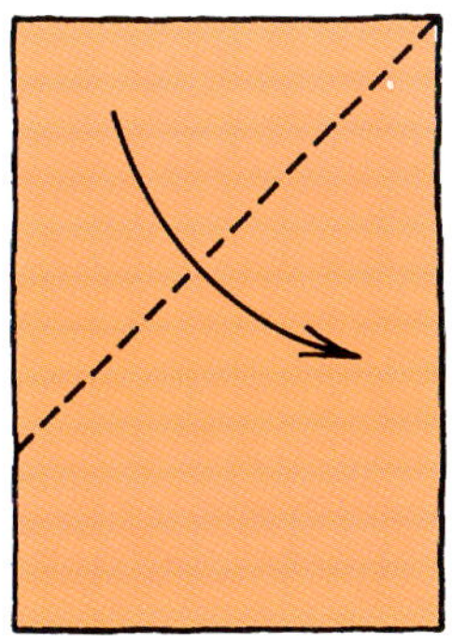

Falten Sie ein Dreieck um.

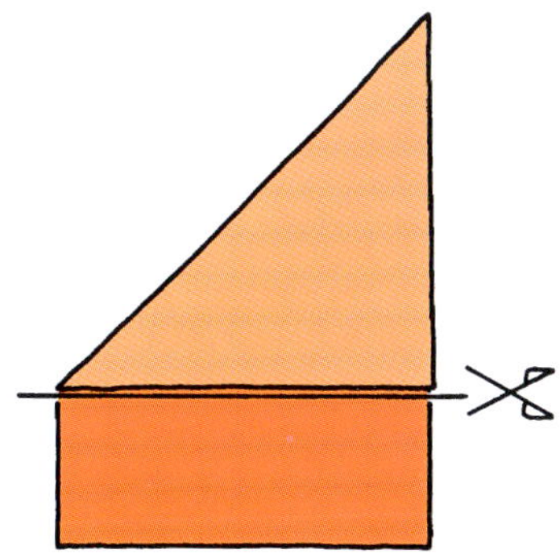

Schneiden Sie das Rechteck ab.

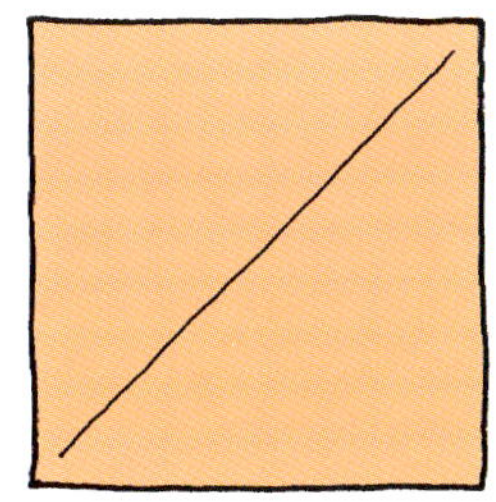

Das fertige Quadrat mit diagonaler Falte

2. Quadrat ohne diagonale Falte

Diese Methode eignet sich für Modelle, die keine diagonale Falte benötigen.

Legen Sie zwei Blätter genau aneinander, zeichnen Sie eine Linie am Rand des hochkantigen.

Falten Sie das Blatt auf Höhe der Markierung zusammen.

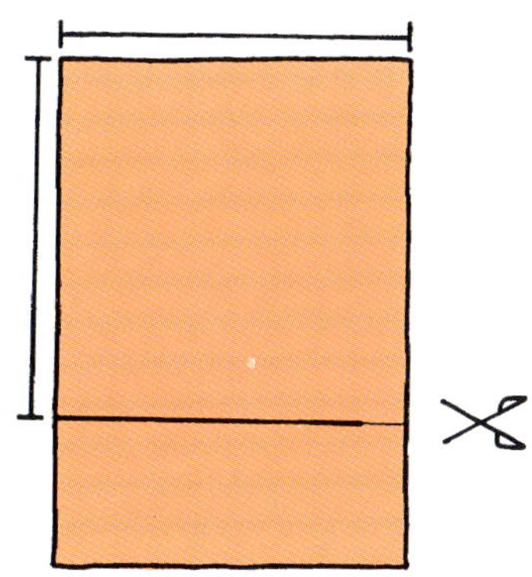

Schneiden Sie das Rechteck ab.

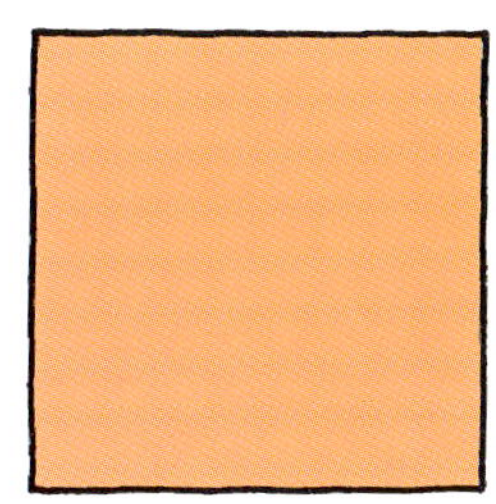

Das fertige Quadrat ohne diagonale Falte

Wenn Sie nur ein Blatt zur Hand haben, müssen Sie etwas anders vorgehen.

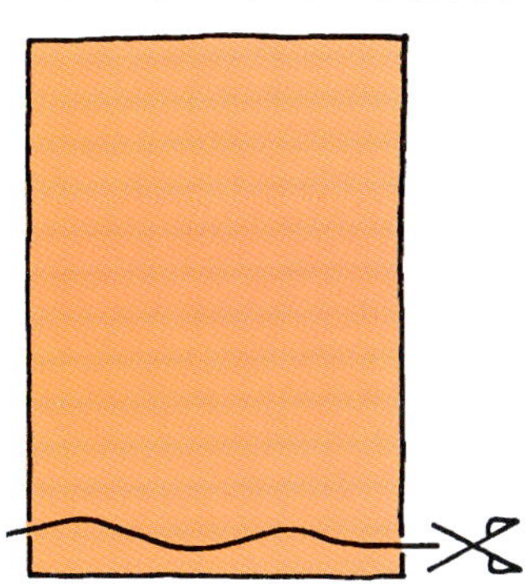

Schneiden Sie einen schmalen Streifen am unteren Ende ab. Der Schnitt braucht nicht gerade zu sein.

Legen Sie das abgeschnittene Stück an das Rechteck an und verfahren Sie weiter wie oben.

Wie Sie ein Rechteck im Verhältnis 1:√2 erhalten

Das Rechteck im Verhältnis 1:√2 ist das Standardpapierformat, das weltweit verwendet wird, außer in den USA. Die Größe des Rechtecks im Verhältnis 1:√2 wird gewöhnlich als „A" angegeben: A1, A2, A3, A4, A5 usw., wobei das bei weitem gebräuchlichste Format „A4" ist, das in Kopiergeräten verwendet wird.

Seine Proportionen lassen sich so erklären: Wenn ein Quadrat die Seitenlänge 1 hat, dann entspricht die Diagonale nach Pythagoras √2 (d.h., 1,414...). In die Senkrechte verschoben, bestimmt die Diagonale den Punkt C.

Punkt A in Rechtecken des „A"-Formats kann dann von Punkt C aus konstruiert werden, so daß, wenn die Seitenbreite gleich 1 ist, die Seitenhöhe √2 beträgt.

Entscheidend ist: Faltet oder zerschneidet man es in der Mitte, ergibt jede Hälfte wieder ein Rechteck im Verhältnis 1:√2.

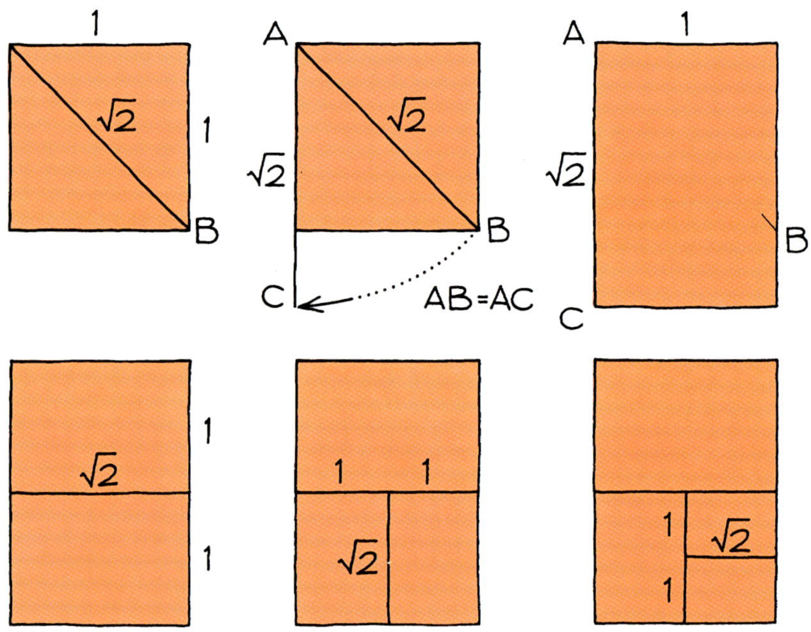

Kein anderes rechteckiges Format reproduziert sich selbst, wenn es halbiert oder verdoppelt wird. Deshalb ist dieses Rechteck perfekt für Faltarbeiten, da die Falten und Proportionen die Eigenschaft besitzen, übereinzustimmen bzw. identisch zu sein, was Abfolgen von Faltungen vereinfacht.

Haben Sie jedoch nur das in den USA übliche Papier im Format 8,5 x 11 Zoll zur Hand, können Sie es so in ein Rechteck im Verhältnis 1:√2 umwandeln:

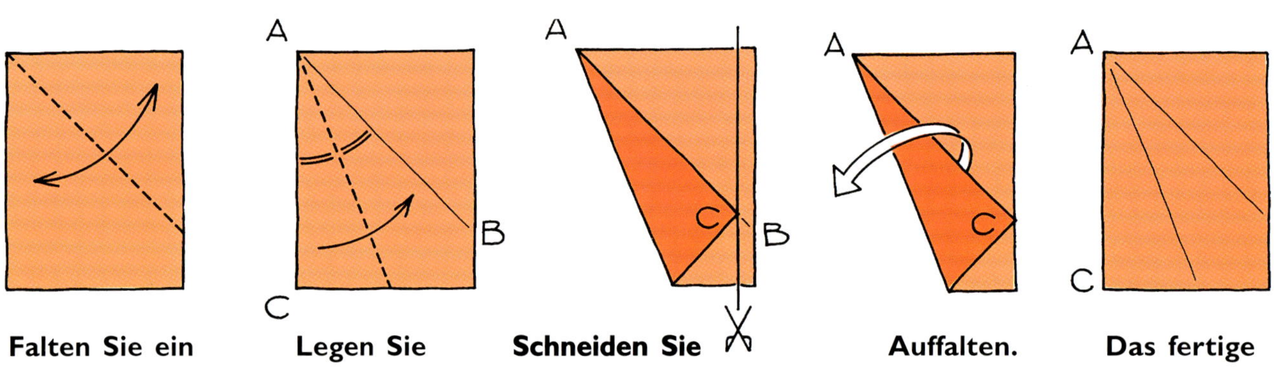

Falten Sie ein Dreieck. Auffalten.

Legen Sie AC auf AB.

Schneiden Sie parallel zum rechten Rand einen Streifen ab, der die Ecke C berührt.

Auffalten.

Das fertige Rechteck im Verhältnis 1:√2

Alle Modelle in diesem Buch fliegen tadellos, wenn sie mit 8,5 x 11-Zoll-Papier gefaltet werden. Das Papier in den Abbildungen hat jedoch ein Seitenverhältnis von 1:√2, so daß Leser, die mit dem Format 8,5 x 11 Zoll arbeiten, gelegentlich feststellen, daß sich ihre Flieger geringfügig von den Abbildungen unterscheiden und einige Falten angepaßt werden müssen, damit sie deckungsgleich bleiben.

Benutzer dieses Formats können ihr Problem immer dadurch lösen, daß sie ihr Papier mit der oben dargestellten Methode in ein Rechteck im Verhältnis 1:√2 umwandeln.

Falttechniken

Die gewöhnliche einmalige Faltung, die sogenannte „Talfaltung", und ihr Gegenteil, die „Bergfaltung", bedürfen keiner Erklärung. Sie stellen keine Techniken dar, sondern die Grundlage des Faltens. Von Techniken spricht man, wenn zwei oder mehr Falten gleichzeitig bearbeitet werden.

Diese Techniken lassen sich in Gruppen einordnen und benennen. In diesem Buch werden Techniken angewendet, die gemeinhin als doppelseitige Faltung nach innen, doppelseitige Faltung nach außen und Preßfaltung bezeichnet werden. Statt sie jedes Mal ausführlich zu erklären, wenn von ihnen die Rede ist, erklären wir zur Platzersparnis alle zusammen hier im Kapitel Grundlagen.

Wenn Sie also keine Erfahrung mit Preßfaltungen und doppelseitigen Faltungen haben, gehen Sie bitte diese Übungen durch.

Preßfaltung

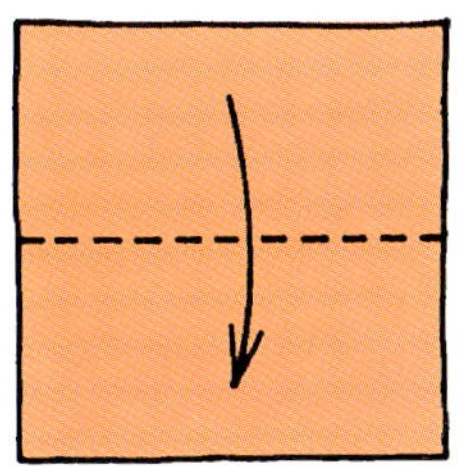

Auf die Hälfte zusammenlegen.

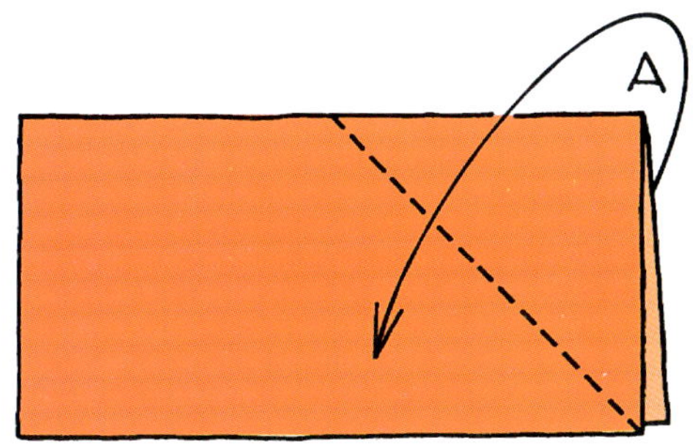

Machen Sie eine diagonale Falte, indem Sie Ecke A nach oben biegen.

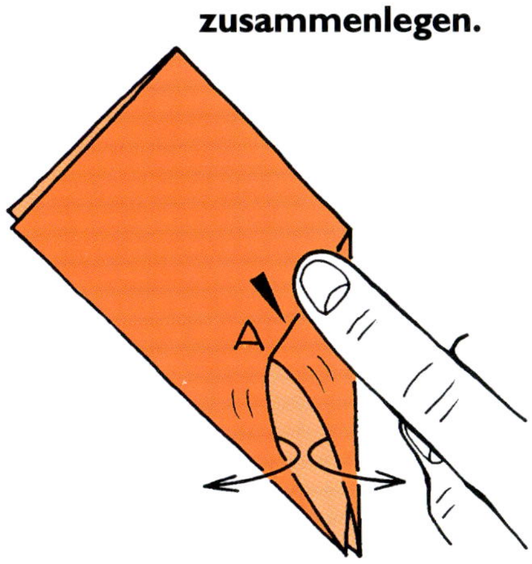

Drücken Sie auf die Kante hinter der Ecke A, um die Tasche aufzubiegen.

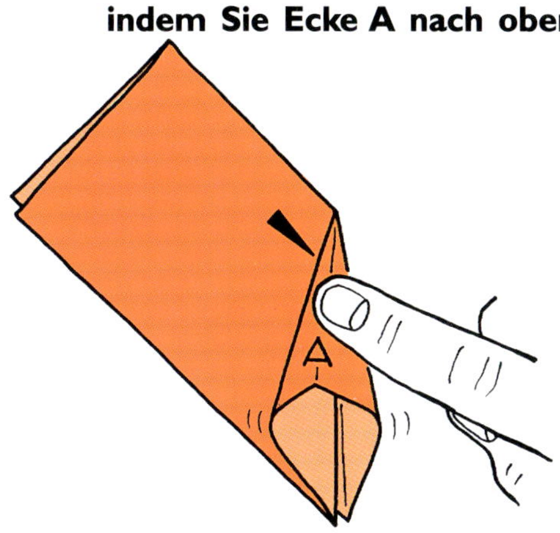

Pressen Sie A flach und drücken Sie die Falten fest an.

Die fertige Preßfaltung

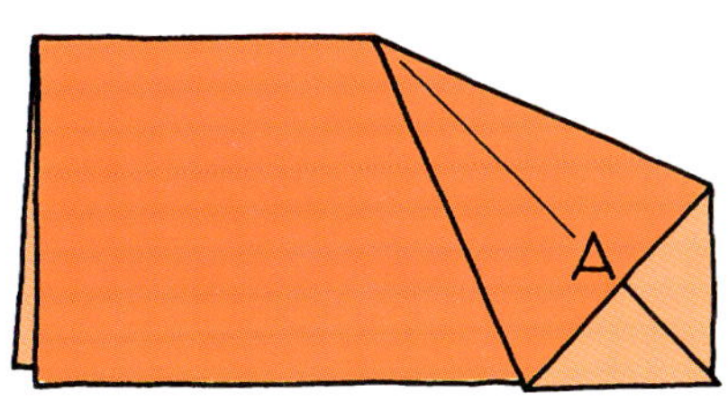

Im Buch wird eine Preßfaltung so dargestellt:

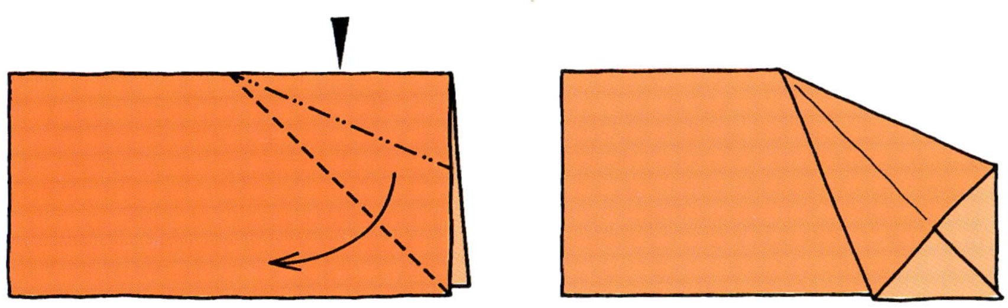

Doppelseitige Faltung nach innen

Variante A

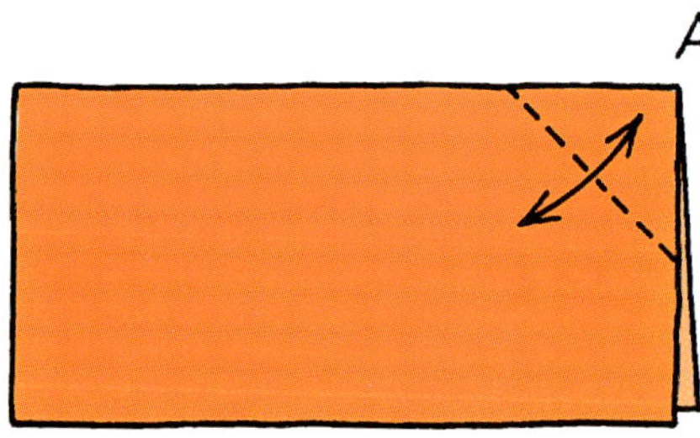

Mit Schritt 2 der Preßfaltung beginnen, dann umfalten. Auffalten.

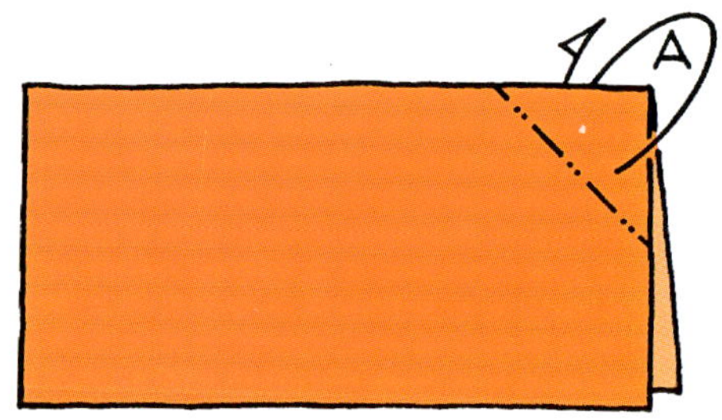

Entlang der bestehenden Talfalte einen Berg falten.

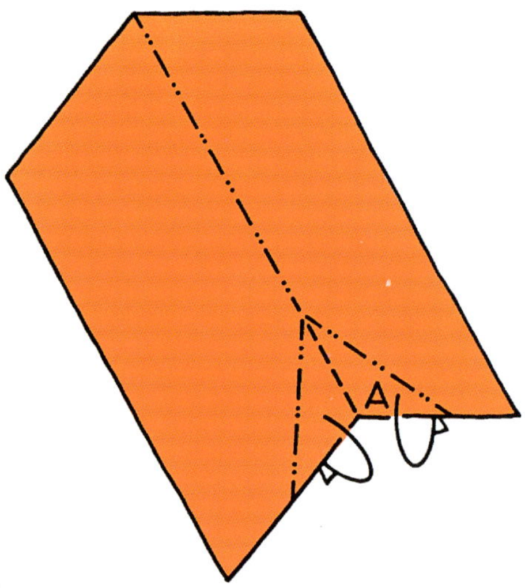

Eine Tal- und drei Bergfalten folgen lassen.

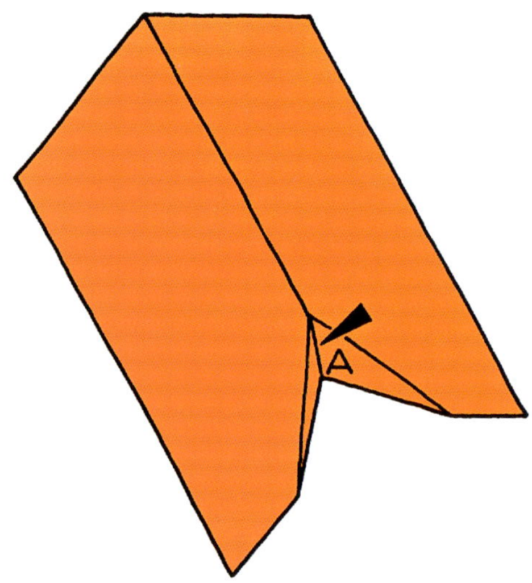

Das Blatt wieder in der Mitte zusammenfalten, jetzt aber die Ecke A nach innen zwischen die beiden Hälften drücken.

Die fertige doppelseitige Faltung nach innen

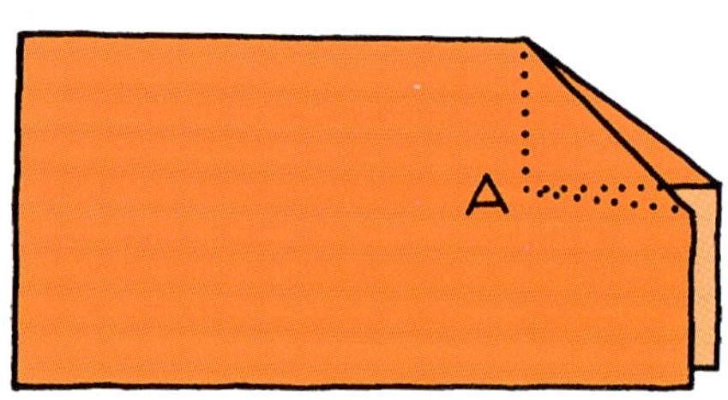

Im Buch wird diese Variante der doppelseitigen Faltung nach innen so dargestellt:

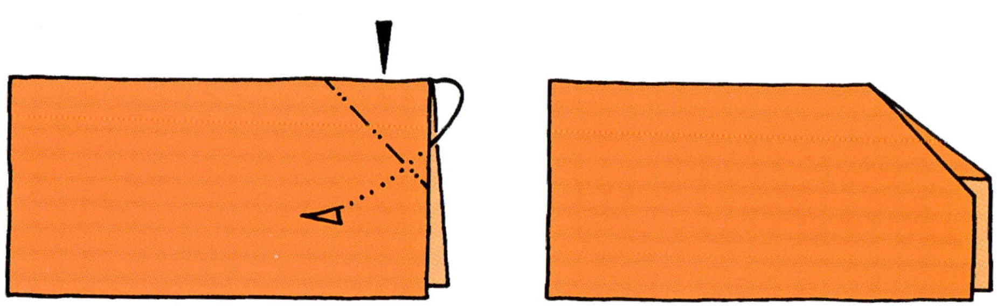

Variante B

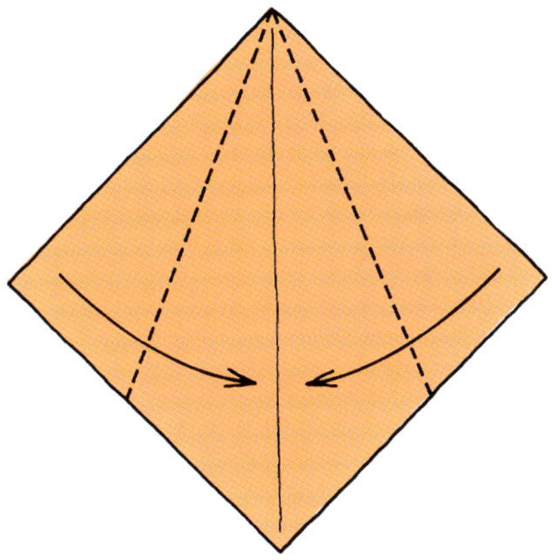

Legen Sie die oberen Kanten auf eine bestehende Mittelfalte.

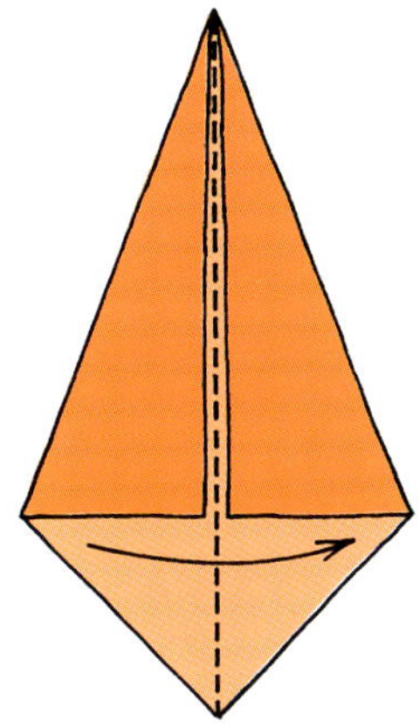

In der Mitte zusammenfalten.

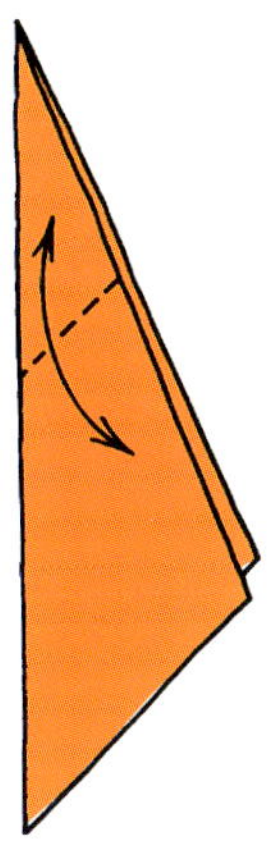

Ein Tal falten und wieder auffalten.

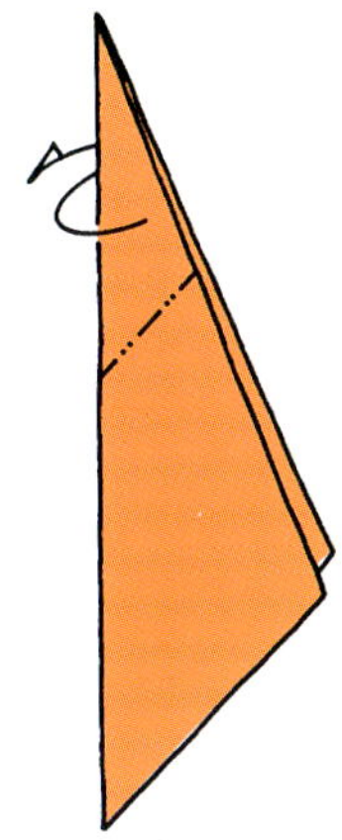

Entlang der bestehenden Talfaltung einen Berg falten. Wieder auffalten.

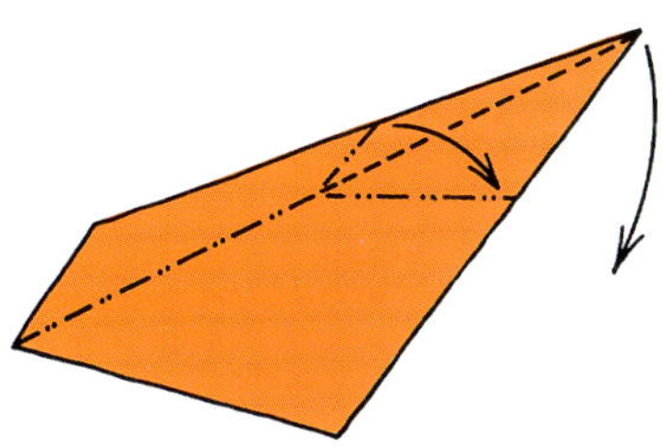

Wie dargestellt, drei Berge und ein Tal falten.

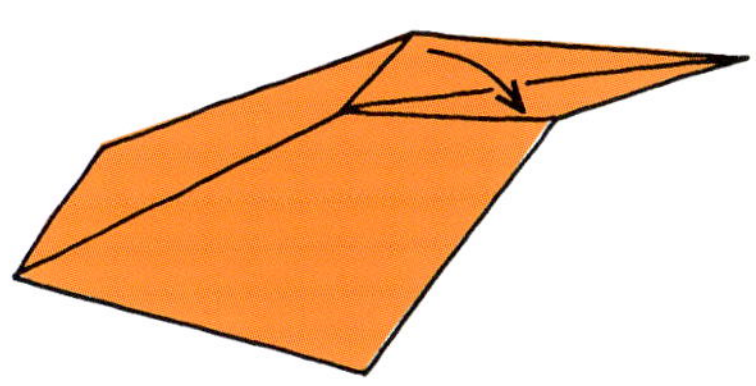

Auf die Hälfte zusammenlegen und die Falten nach innen drücken.

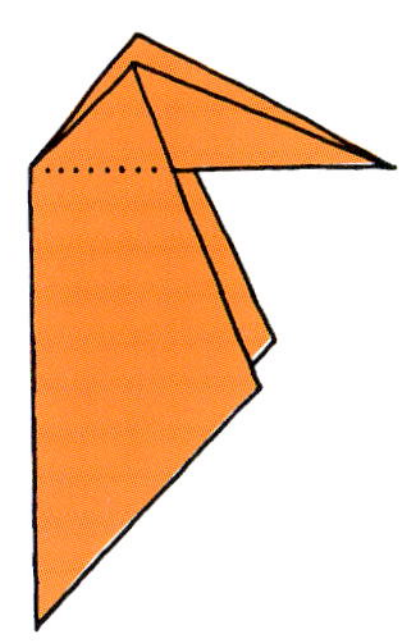

Die fertige doppelseitige Faltung nach innen

Im Buch wird diese Variante der doppelseitigen Faltung nach innen so dargestellt:

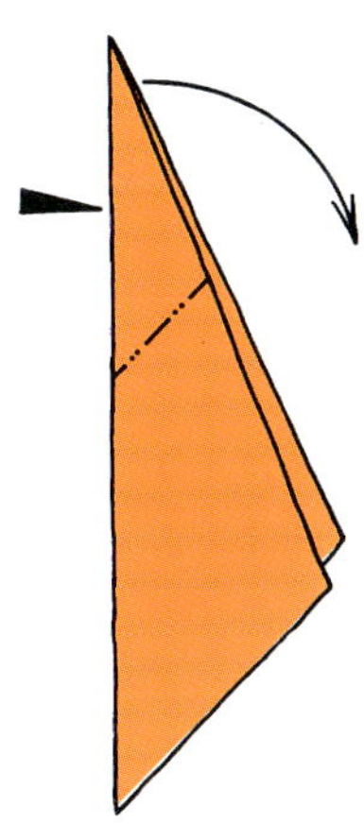

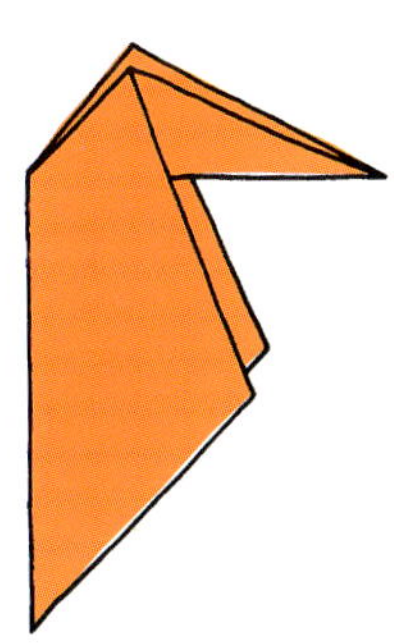

Doppelseitige Faltung nach außen

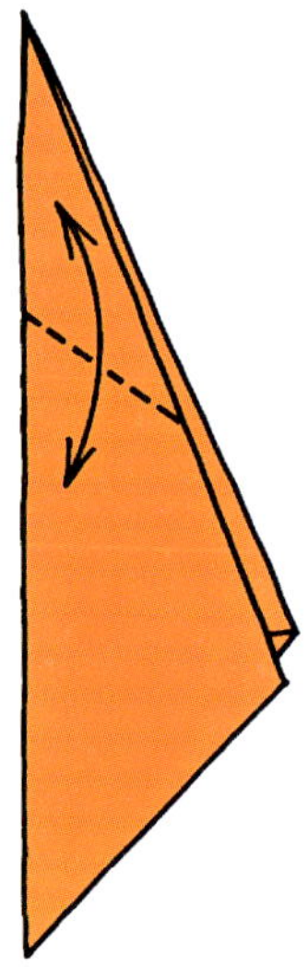

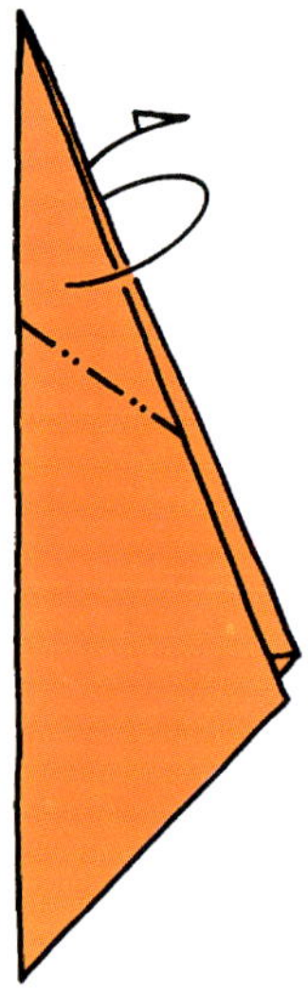

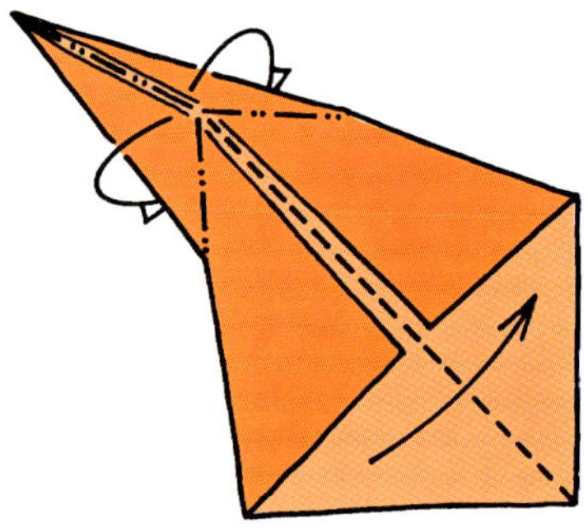

Mit Schritt 3 der Variante B der doppelseitigen Faltung nach innen beginnen, dann ein Tal falten. Wieder auffalten.

Entlang der bestehenden Talfaltung einen Berg falten und wieder auffalten.

Wie dargestellt, drei Berge und ein Tal falten, dann das Blatt in der Mitte zusammenlegen, um alle Falten einzuknicken.

Die fertige doppelseitige Faltung nach außen.

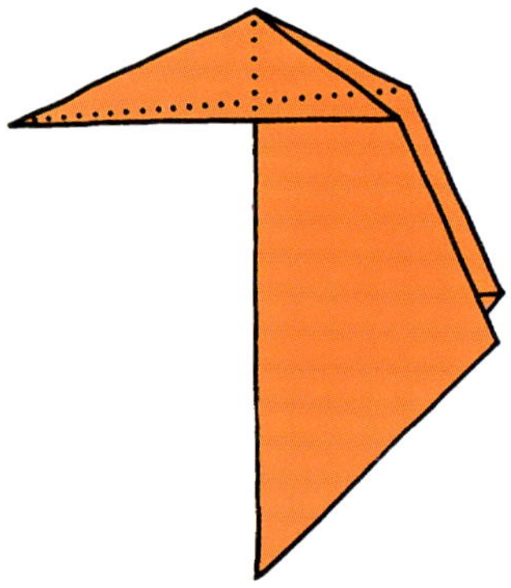

Im Buch wird die doppelseitige Faltung nach außen so dargestellt:

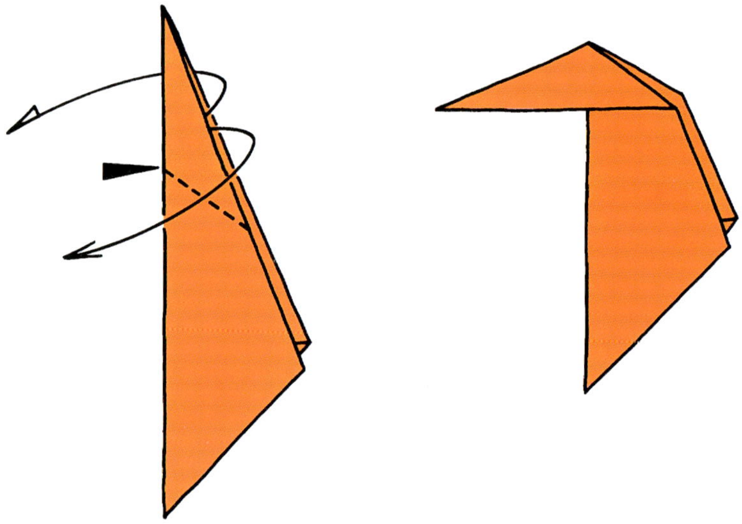

Einfache Modelle

Das Wort „einfach" ist vielleicht irreführend, da es simple, langweilige Modelle erwarten läßt. Tatsächlich ist ein guter einfacher Papierflieger jedoch eine sehr ausgefeilte Konstruktion, bei der mit wenigen Faltvorgängen die typische aerodynamische Form erzielt wird. Diese einfach geformten Modelle durchschneiden die Luft problemlos, während ein komplizierteres Modell unter Umständen Turbulenzen verursacht. Daher fliegen einfache Modelle gewöhnlich am besten.

Kondor

Die im Verhältnis zur Länge extreme Breite dieses Modells läßt es wie einen Raubvogel langsam durch die Luft gleiten. *Entwurf: Paul Jackson, GB.*

A4- oder Letter-Papier

1

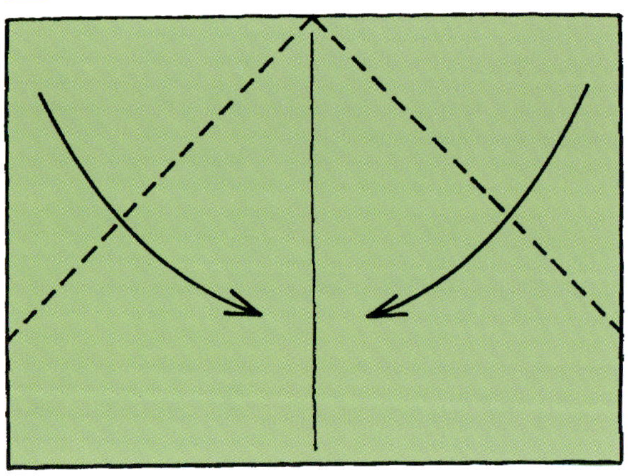

2

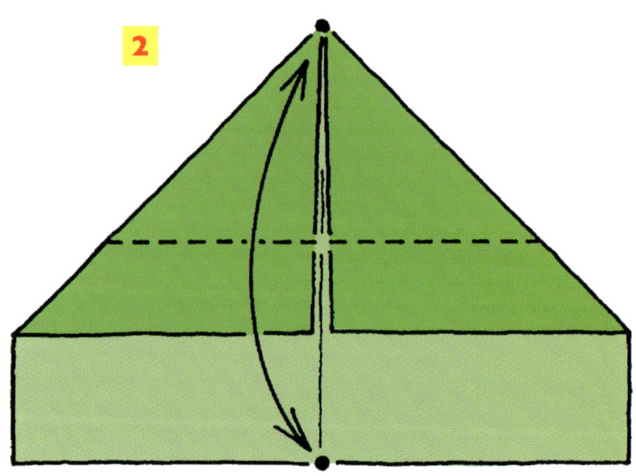

3

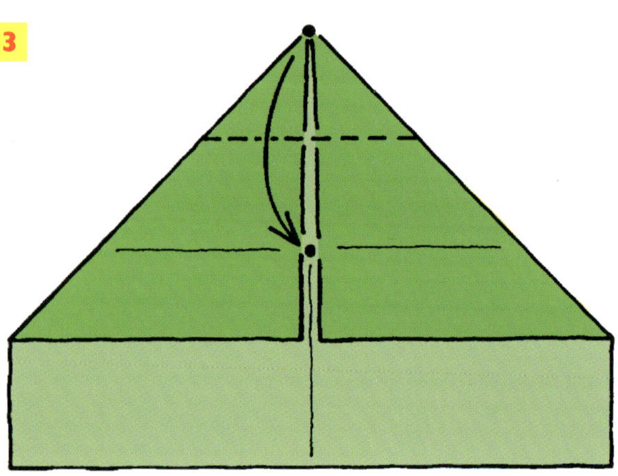

4

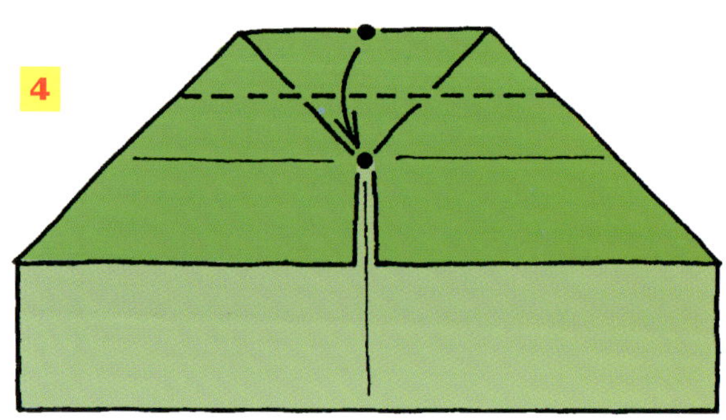

1. Das Blatt der Breite nach halbieren, wieder auffalten, die oberen Ecken auf die Mittelfalte legen.

2. Punkt auf Punkt legen und auffalten.

3. Punkt auf Punkt legen.

4. Erneut Punkt auf Punkt legen.

5

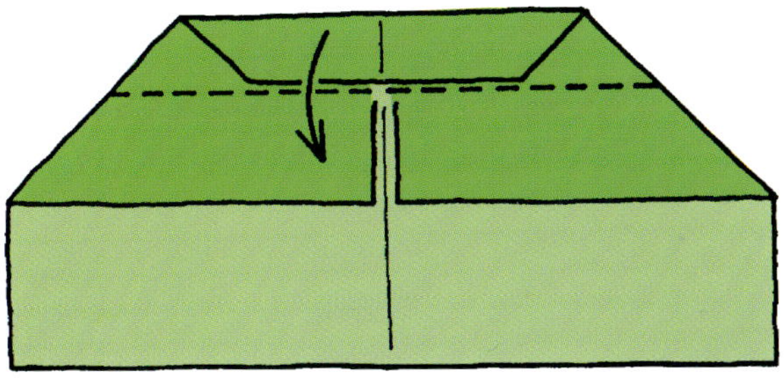

6

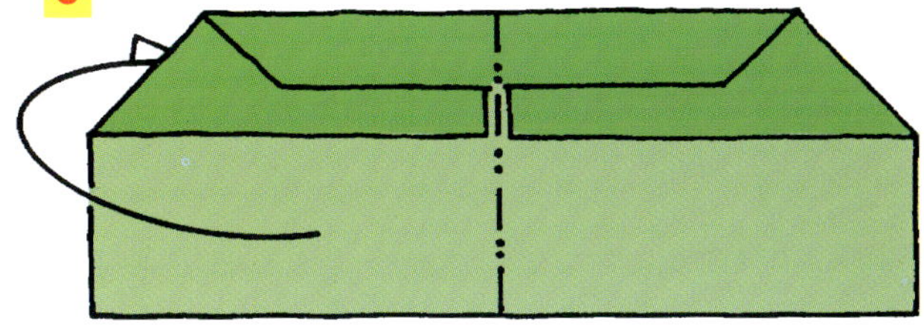

5. An dem Knick aus Schritt 2 orientieren und umfalten.

6. Mit einer Bergfaltung auf die Hälfte zusammenklappen.

7

7. Die Flügel falten und darauf achten, daß beide Falten parallel zum unteren Rand verlaufen. Die Entfernung der Falten vom unteren Rand ist nicht ausschlaggebend.

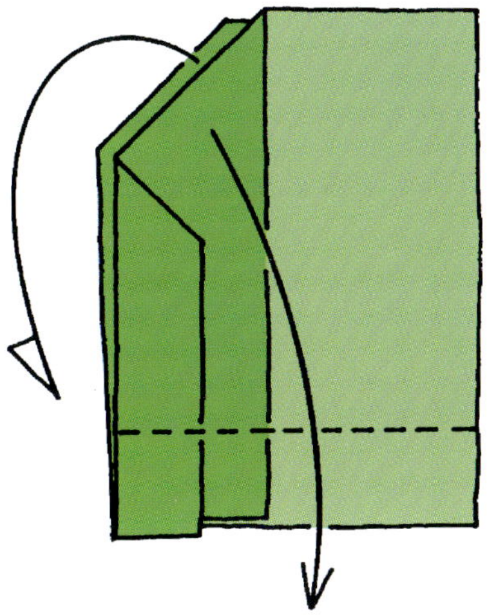

8

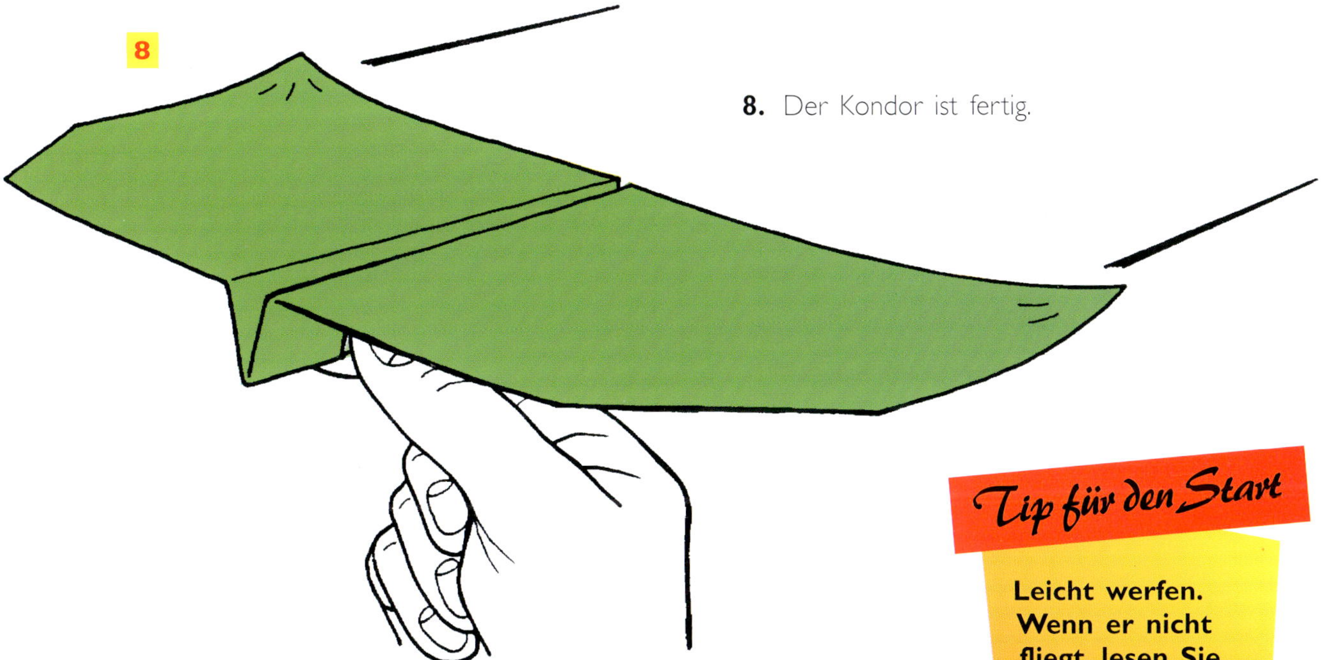

8. Der Kondor ist fertig.

Tip für den Start

Leicht werfen. Wenn er nicht fliegt, lesen Sie „Mein Flieger fliegt nicht!“ (S. 12).

Taube

Dieses einfache Modell fliegt hervorragend, auch wenn es nur ansatzweise die Gestalt einer Taube hat. Ein paar Extrafaltungen an der Nase ergeben eine Kopfform, die der einer Taube eher ähnlich sieht. *Traditionelles japanisches Modell.*

Dünnes quadr. Papier (Seiten: 15–20 cm)

1

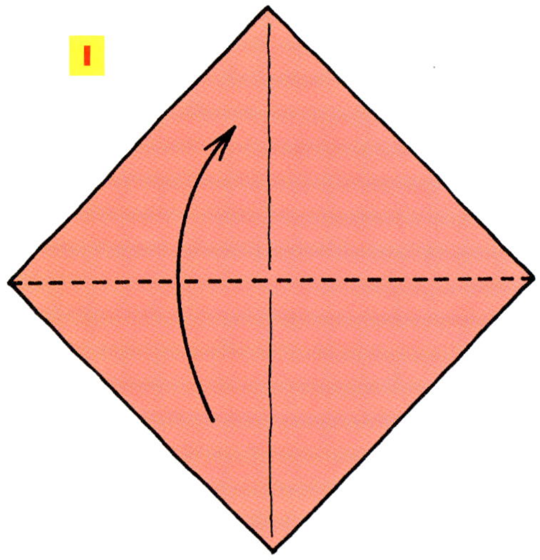

2

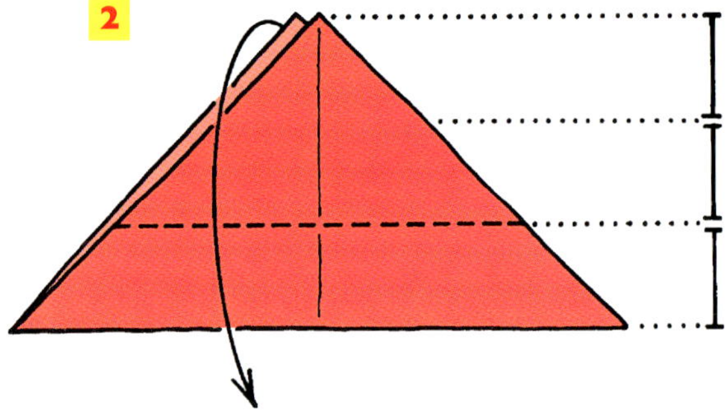

3

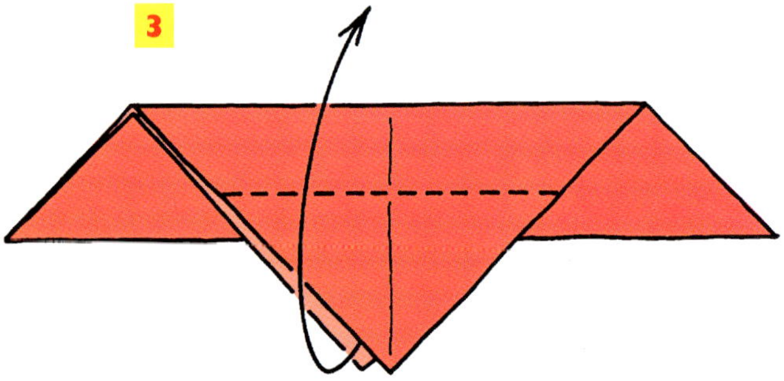

1. Zunächst die vertikale Diagonale falten und auffalten, dann die horizontale Diagonale falten.

2. Das obere Eck auf einer Linie, die einem Drittel der Entfernung zwischen dem unteren Rand und dem oberen Eck entspricht, nach unten einschlagen.

3. Nur die obere Lage exakt an der abgebildeten Stelle nach oben klappen.

4

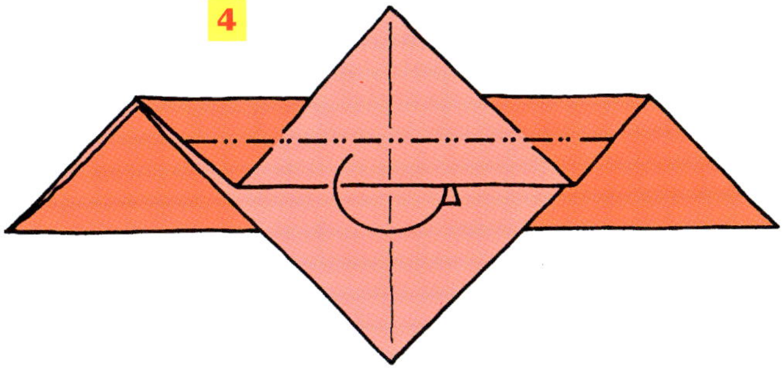

5

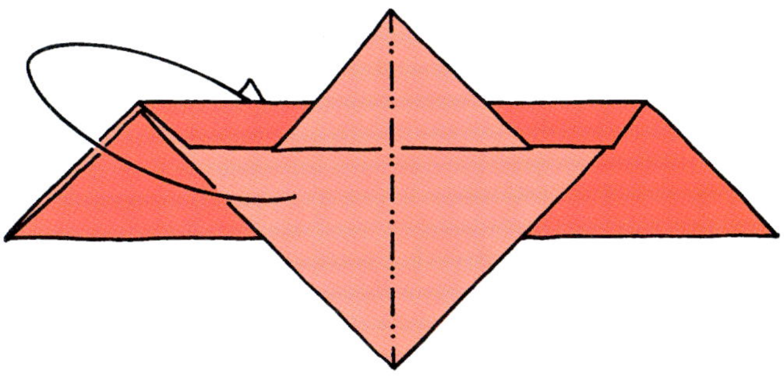

4. Die freistehende Kante so weit wie möglich einschlagen und feststecken.

5. Mit einer Bergfaltung auf die Hälfte zusammenlegen.

6

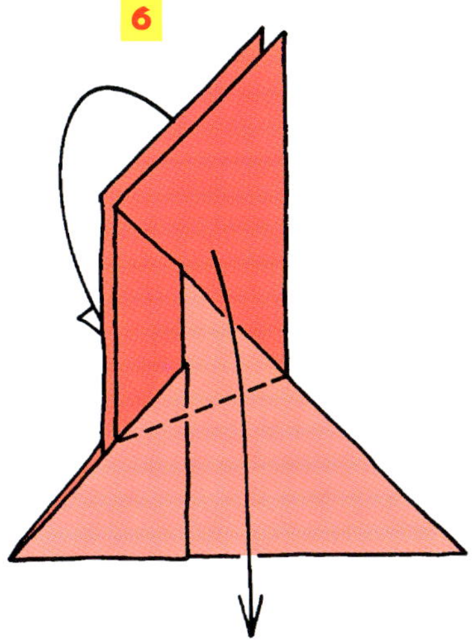

6. Den oben liegenden Flügel entlang der Linie zwischen dem Punkt, an dem das Dreieck der Nase auf die Führungskante des Flügels trifft, und dem Punkt, an dem das Dreieck am Heck einen Winkel mit der Flügelhinterkante bildet, nach unten falten. Auf der Rückseite wiederholen.

Tip für den Start

Zeigefinger auf die Mittelfalte legen und die Taube mit sanftem Schwung fliegen lassen.

7

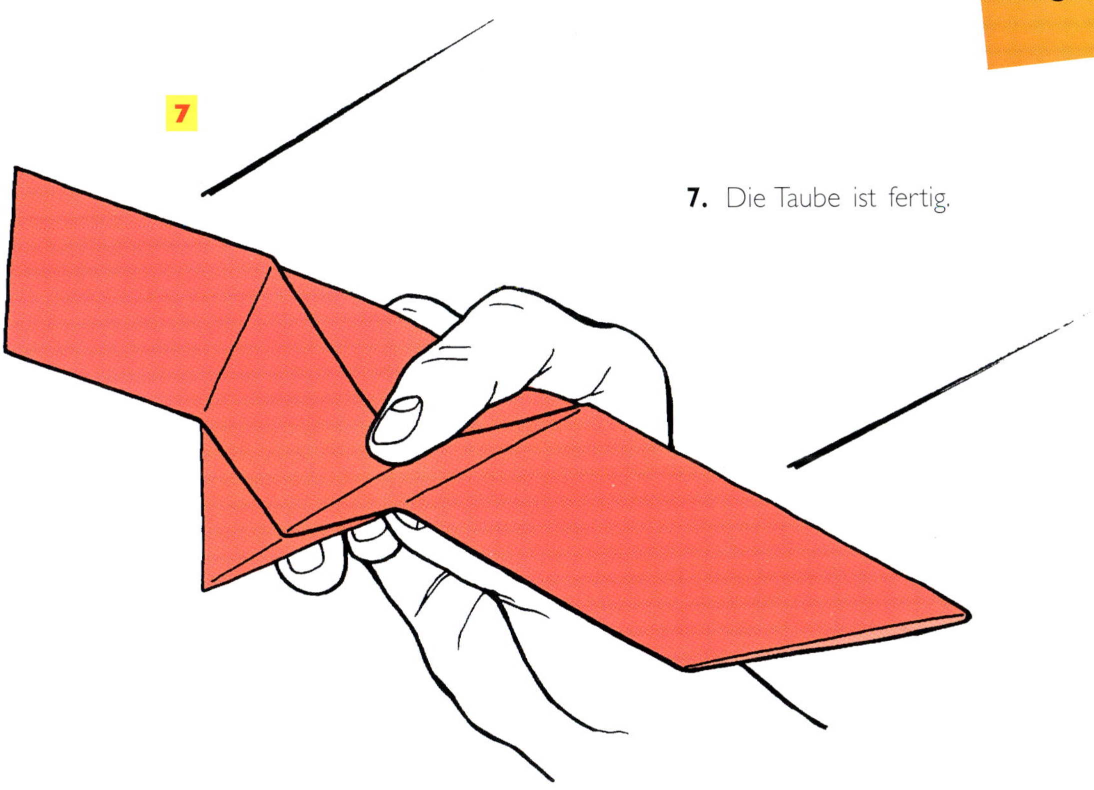

7. Die Taube ist fertig.

Stapelflieger

Die schlichte Konstruktion und Erscheinung dieses Modells läßt vermuten, daß es gar nicht fliegen kann – aber das kann es! Dank seiner hauchdünnen Form lassen sich mehrere Exemplare übereinanderstapeln und gemeinsam starten. *Entwurf: Michael LaFosse, USA.*

Quadratisches Papier

1

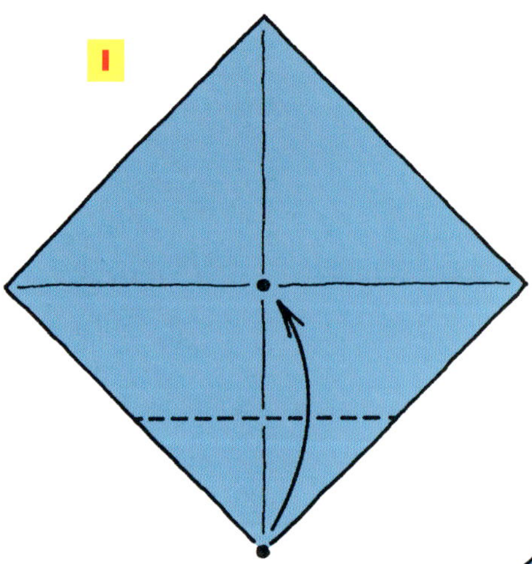

2

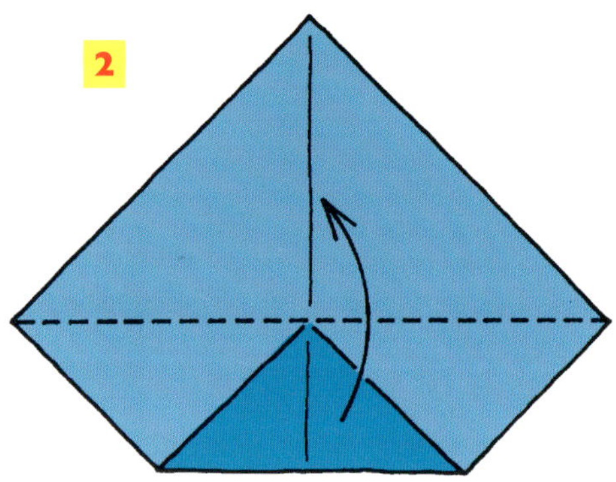

3

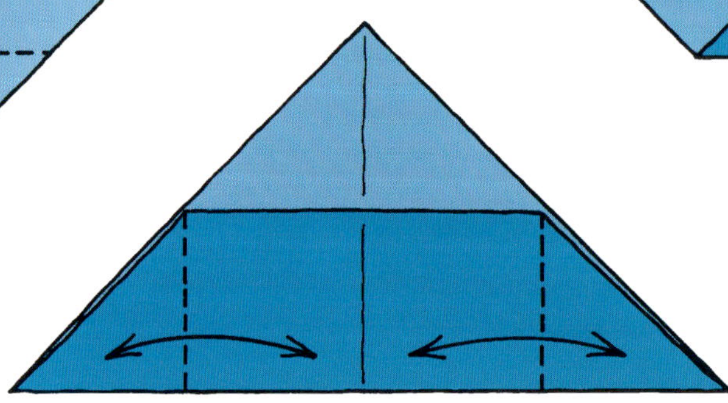

4

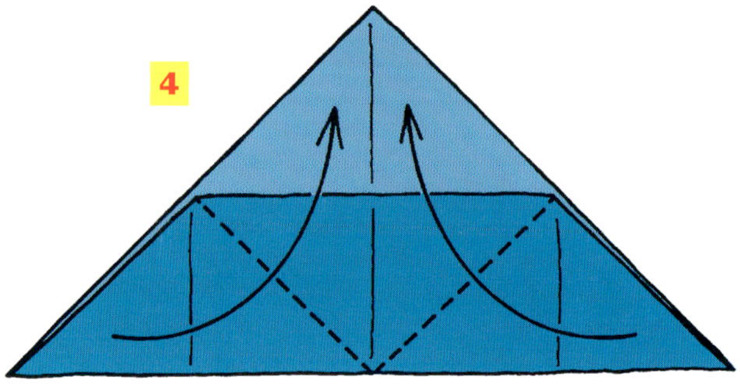

1. Beide Diagonalen falten und auffalten, danach die untere Ecke auf die Mitte legen.

2. Entlang der Diagonale zusammenlegen.

3. Die Ecken zur Mitte einschlagen. Wieder auffalten.

4. Die unteren Ecken auf die obere legen.

5

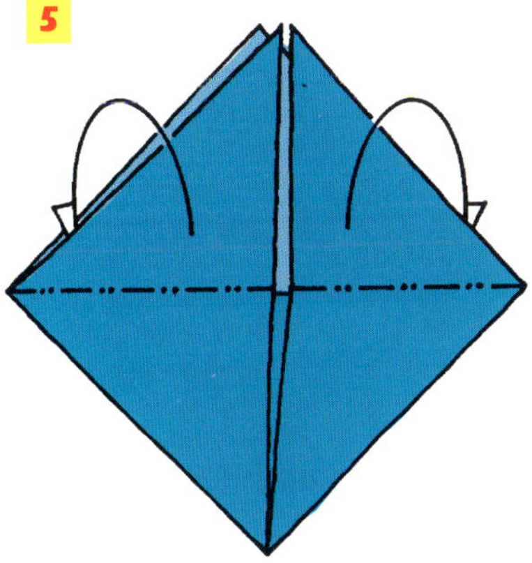

5. Die losen Ecken an den Falten aus Schritt 3 nach innen knicken und feststecken. Das Papier behält so seine flache Form.

6

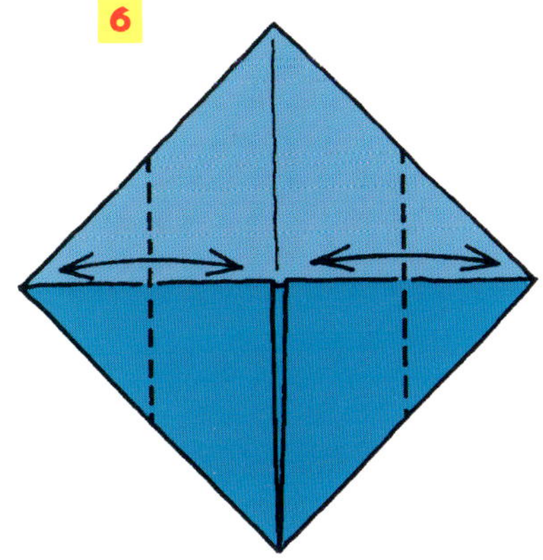

6. Die rechte und linke Ecke auf den Mittelpunkt legen. Auffalten.

7

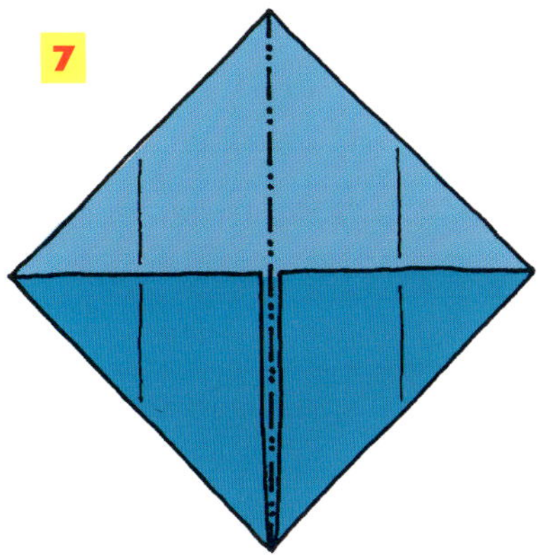

7. Mit einer Bergfaltung auf die Hälfte zusammenlegen.

8. Die Falten so anpassen, daß dieses Profil entsteht.

8

9. Der Stapelflieger ist fertig.

9

Tip für den Start

Zeigefinger auf die Mittelfalte legen und den Flieger leicht nach vorne werfen.

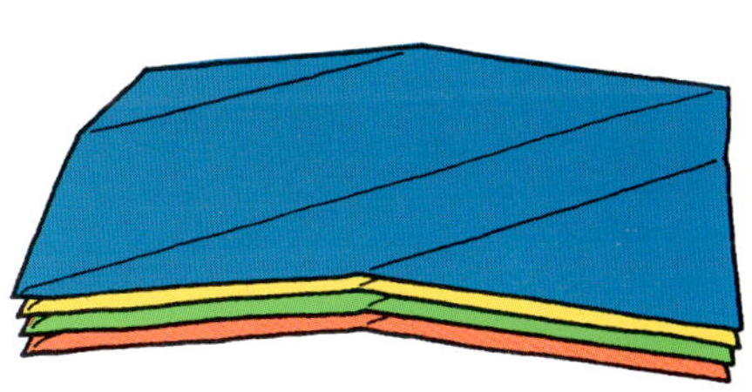

Zur Abwechslung können Sie mehrere Modelle falten und aufeinanderstapeln. Werfen Sie sie hoch in die Luft – und sehen, wie sie in alle Richtungen auseinanderwirbeln!

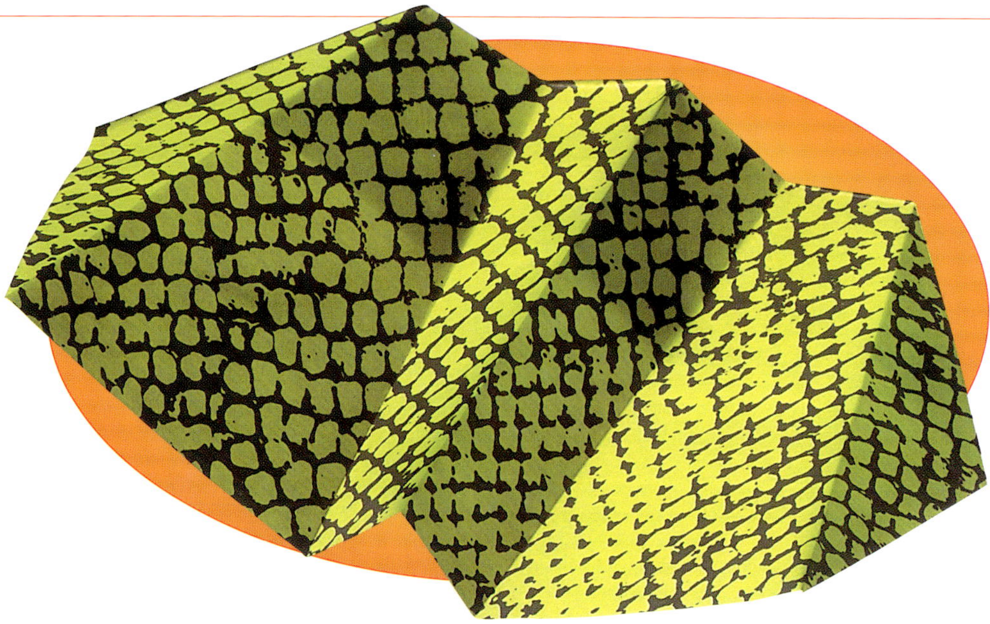

Fliegenpapier

Die meisten Papierflieger sind symmetrisch, nicht jedoch dieses Modell. Trotz des Ungleichgewichts zwischen beiden Seiten fliegt das fertige Modell gleichmäßig geradeaus, statt Kreise zu ziehen, wie man vielleicht vermuten würde. *Entwurf: Paul Jackson, GB.*

A4- oder Letter-Papier mit Seitenverhältnis von 1:√2

1

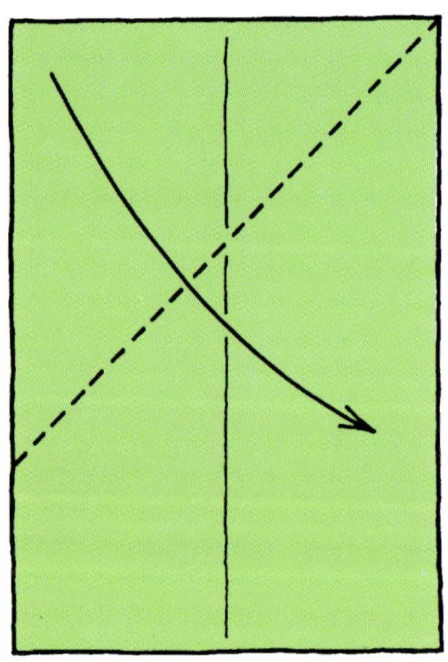

2

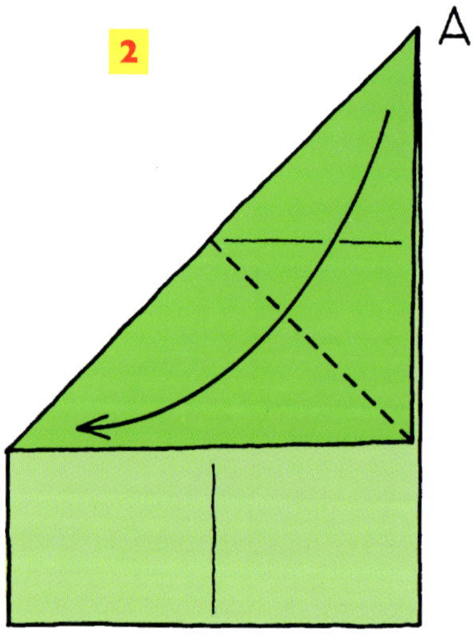

3

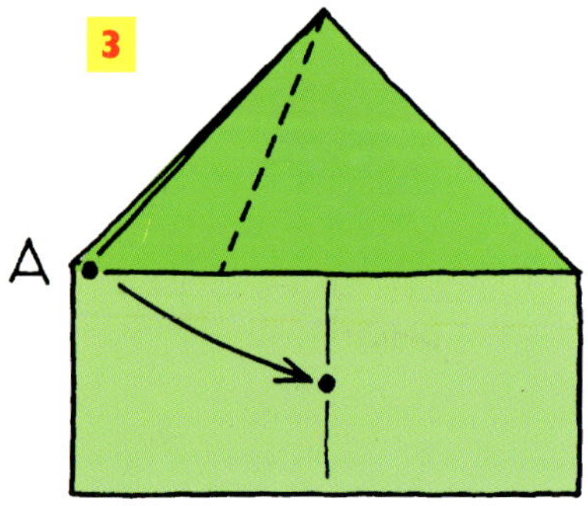

1. In der Mitte falten, wieder auffalten, danach die linke obere Ecke auf den rechten Rand legen und wieder auseinanderfalten.

2. Ecke A nach links legen.

3. Ecke A dann auf die Mittelfalte legen.

4

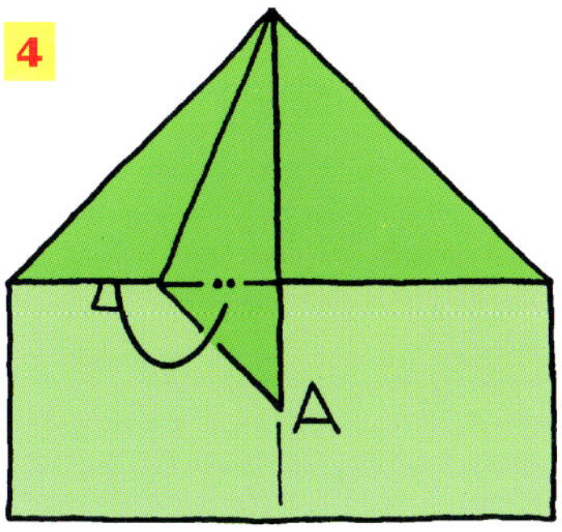

5

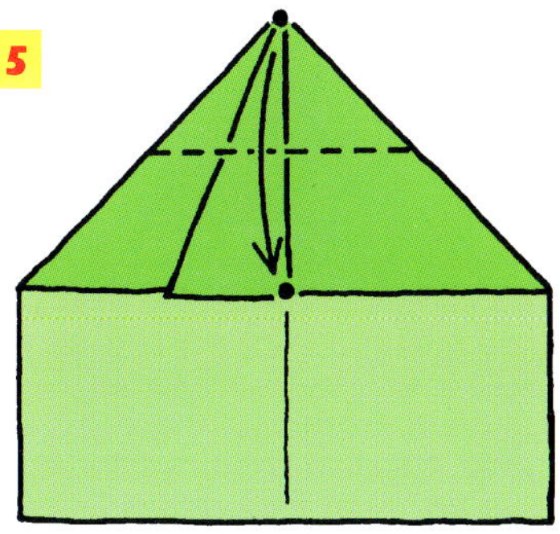

4. Ecke A einschlagen.

5. Punkt auf Punkt legen.

6

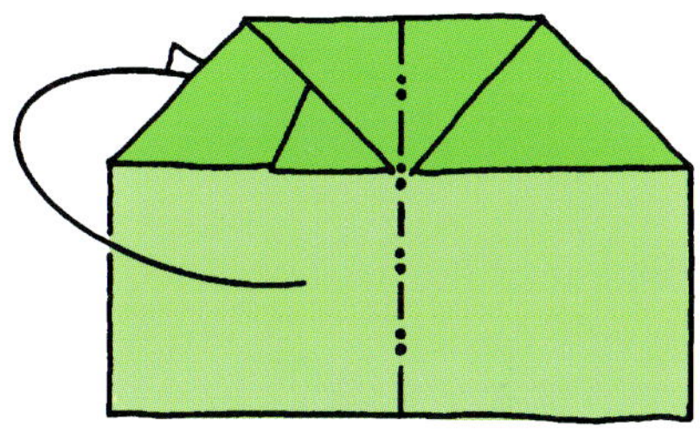

6. Mit einer Bergfaltung halbieren.

7

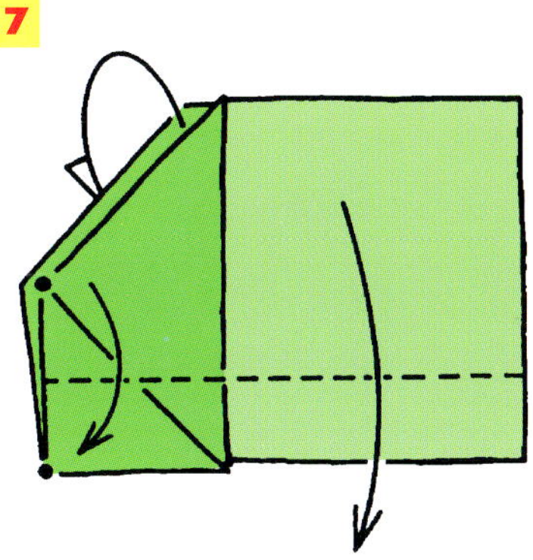

7. Wie abgebildet, Punkt auf Punkt legen, so daß der Falz parallel zur unteren Kante verläuft. Auf der Rückseite wiederholen.

8

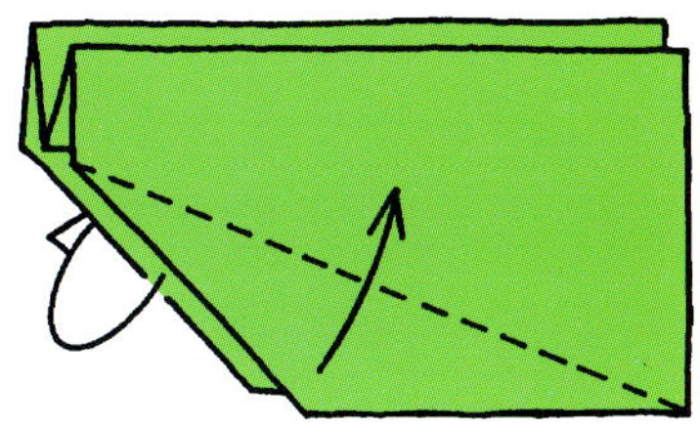

8. Wie abgebildet, ein Dreieck nach oben umknicken. Auf der Rückseite wiederholen.

9

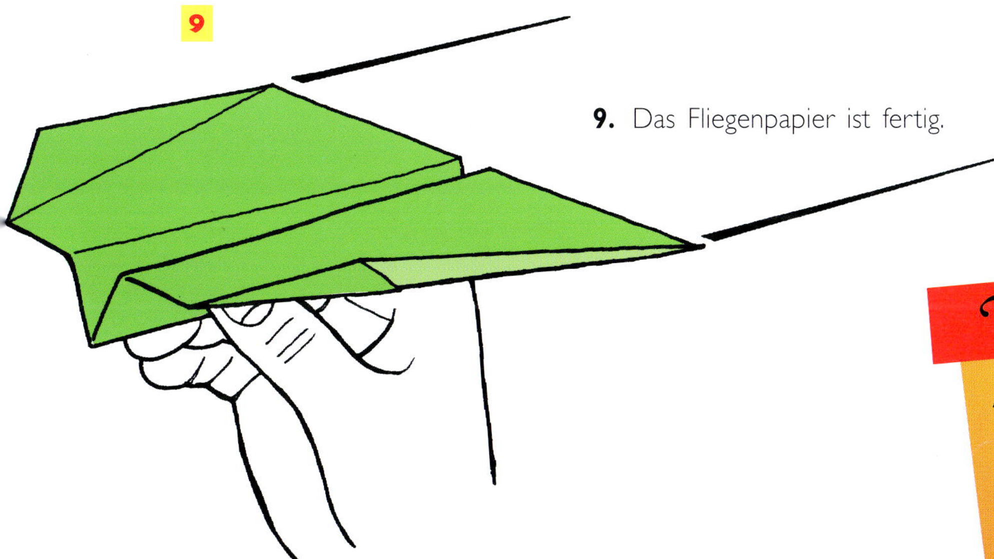

9. Das Fliegenpapier ist fertig.

Tip für den Start

Auf herkömmliche Art halten und werfen. Bei Problemen lesen Sie „Mein Flieger fliegt nicht!“ (S. 12).

Scooter

Eine gespaltene Tragfläche besitzen nur wenige Modelle. Mit ihr zieht der Scooter unbeirrbar seine Bahnen durch die Lüfte. Führen Sie Schritt 2 besonders sorgfältig aus. *Entwurf: Paul Jackson, GB.*

A4- oder Letter-Papier

1. Das Blatt in zwei gleiche Hälften schneiden.

2. Punkt auf (gedachten) Punkt legen, so daß das gleichseitige Dreieck ABC entsteht.

3. In der Mitte zusammen- und wieder auffalten.

4. Punkt auf Punkt legen und wieder auseinanderfalten.

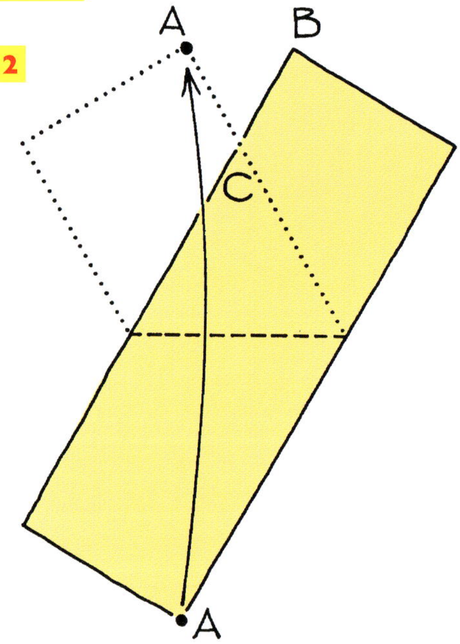

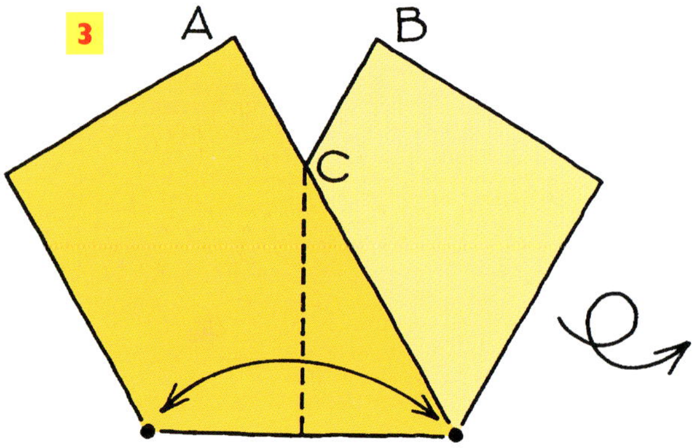

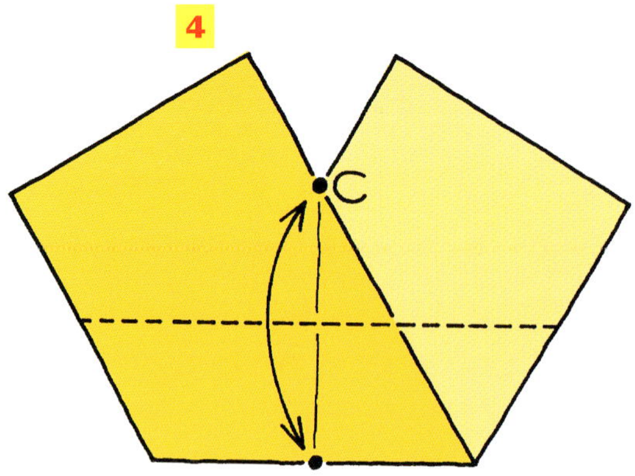

5

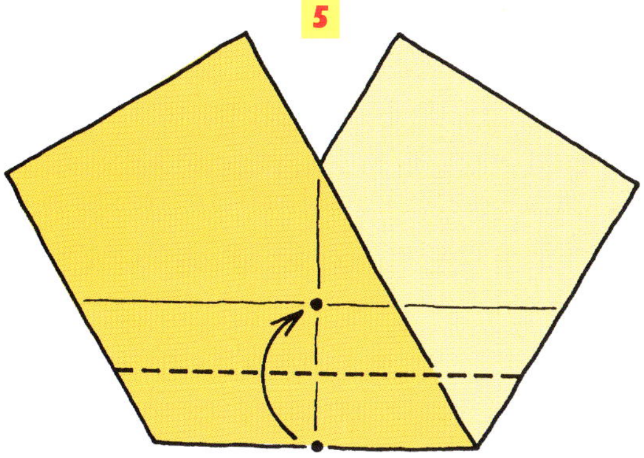

5. Wiederum Punkt auf Punkt legen.

6

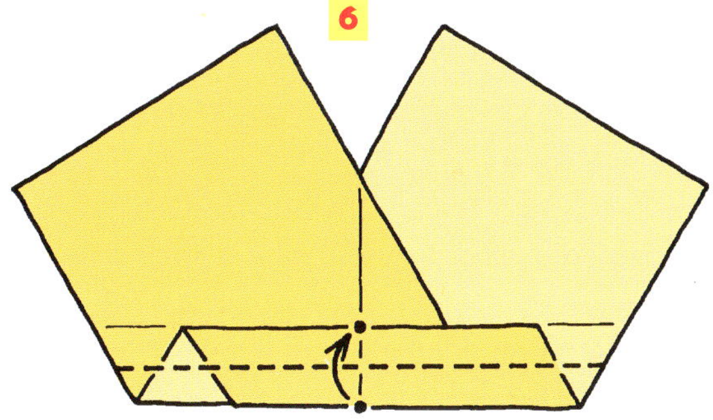

6. Und nochmals Punkt auf Punkt legen.

7

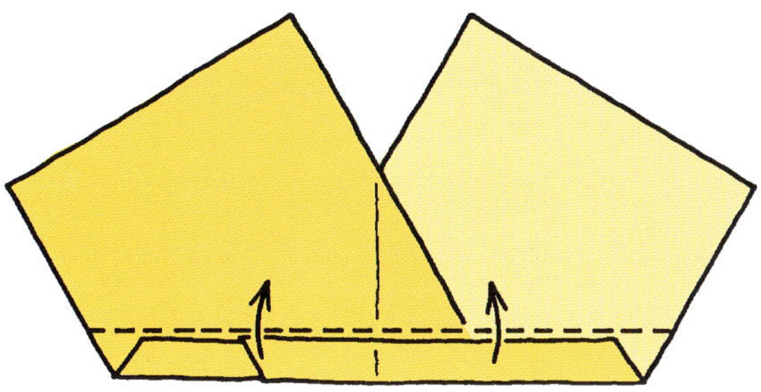

7. An dem Knick aus Schritt 4 umfalten.

8

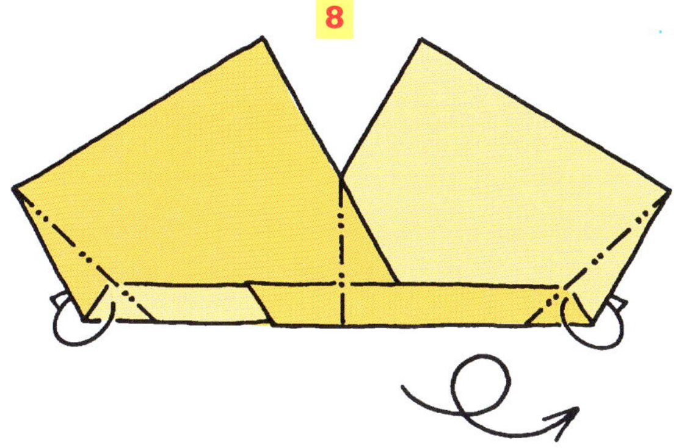

8. Die unteren Ecken nach hinten umknicken.

9. Die Mittelfalte so anpassen, daß dieser V-Winkel entsteht.

9

10

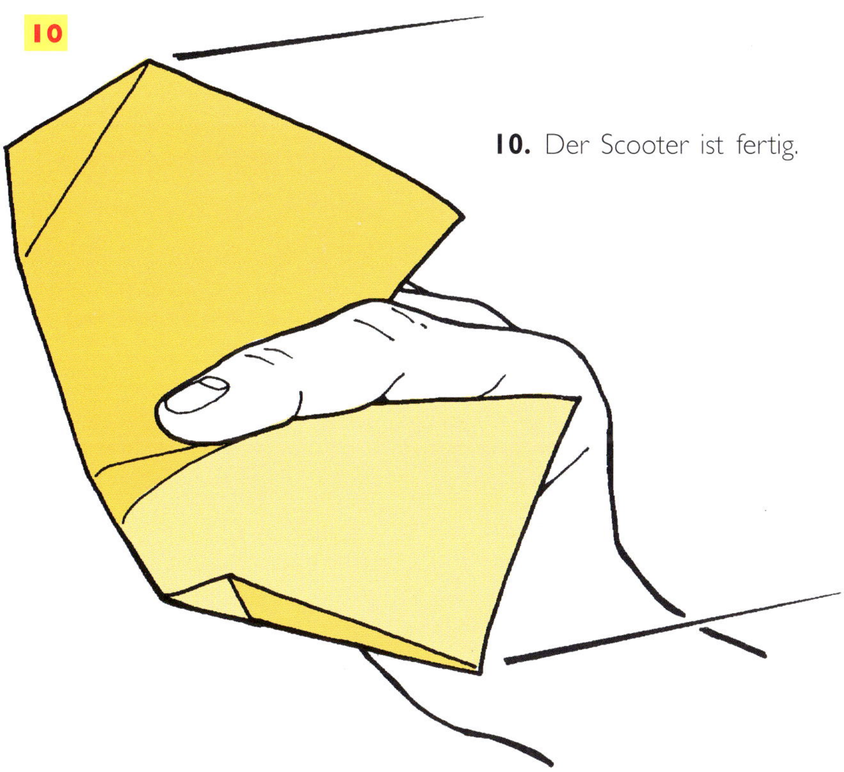

10. Der Scooter ist fertig.

Tip für den Start

Zeigefinger auf die Mittelfalte legen, Scooter leicht aus dem Handgelenk nach vorne werfen.

Jagdfalke

Damit dieses Modell gut fliegt, muß die komplizierte Flügelkonstruktion sorgfältig justiert werden. Ihr Fleiß wird jedoch reich belohnt. *Entwurf: Stephen Weiss, USA.*

A4- oder Letter-Papier mit Seitenverhältnis von 1:√2

1

2

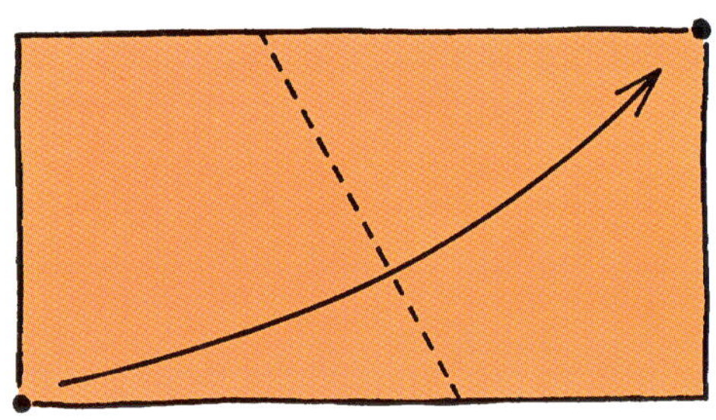

1. Ein Viertel der Breite des Blattes abschneiden.

2. Das Blatt leicht zur Seite drehen, dann die linke untere Ecke auf die rechte obere legen.

3. Wie abgebildet, Punkt auf Punkt legen und dabei darauf achten, daß der Falz parallel zur Unterkante verläuft. Wieder auffalten.

4. Die untere Kante auf den Falz legen.

3

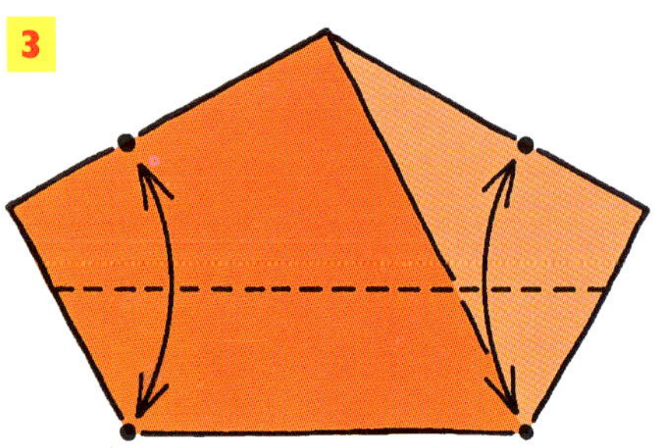

4

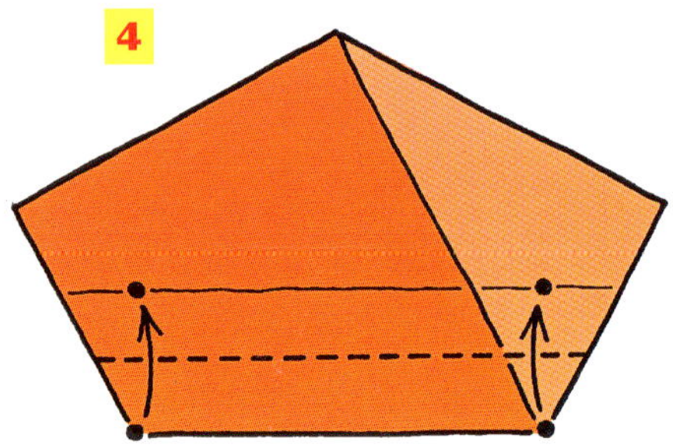

5

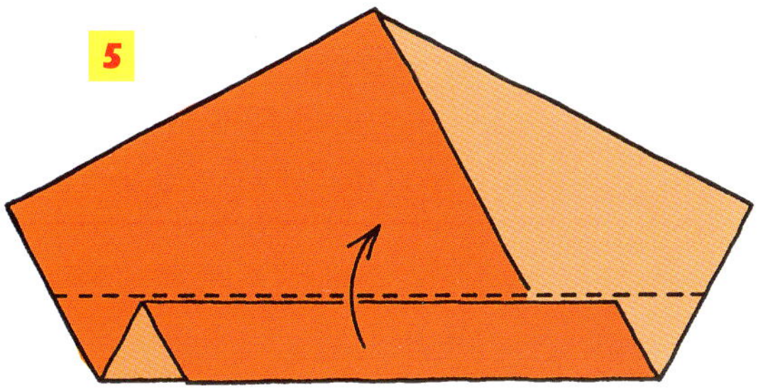

5. Entlang dem Falz aus Schritt 3 umfalten.

6

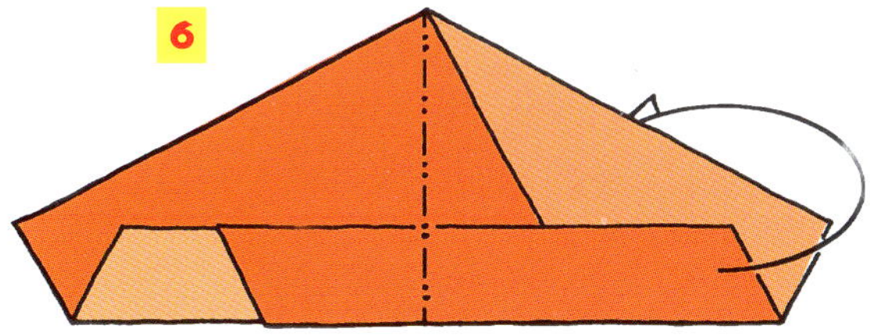

6. Mit einer Bergfaltung auf die Hälfte zusammenlegen.

7

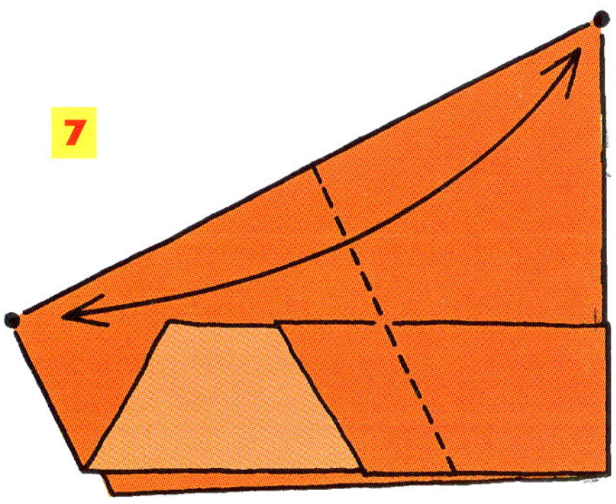

7. Punkt auf Punkt legen. Wieder auffalten und auf der Rückseite wiederholen.

8

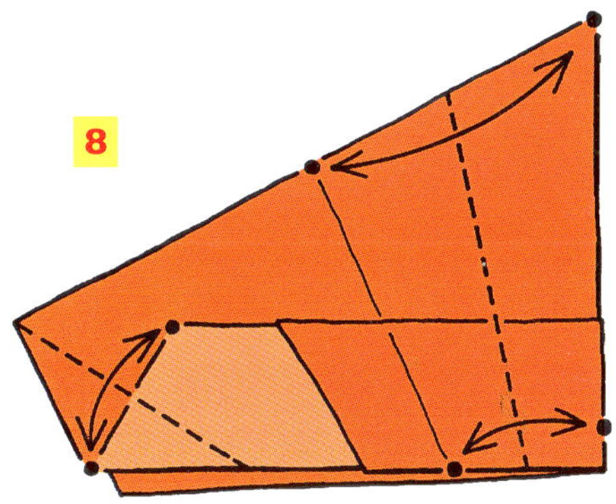

8. Die beiden mittleren Punkte auf die beiden rechten legen. Auffalten, dann auf der linken Seite Punkt auf Punkt legen und wieder auffalten. Alles auf der Rückseite wiederholen.

9

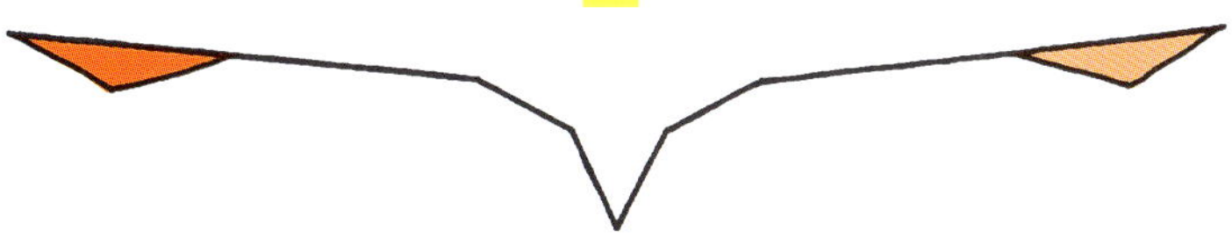

9. Die Falten so anpassen, daß dieses Profil entsteht.

10. Der Jagdfalke ist fertig.

10

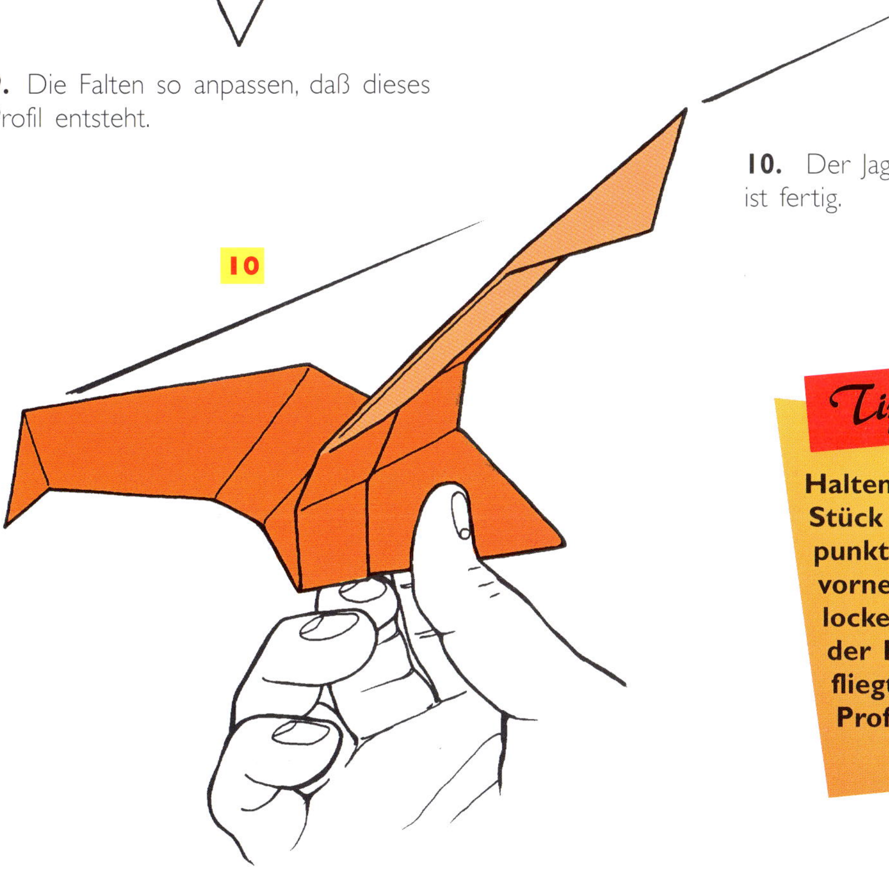

Tip für den Start

Halten Sie das Modell ein Stück hinter dem Schwerpunkt (so daß es nach vorne kippt, wenn Sie es lockerer lassen). Wenn der Falke nicht richtig fliegt, ändern Sie das Profil aus Schritt 9 ab.

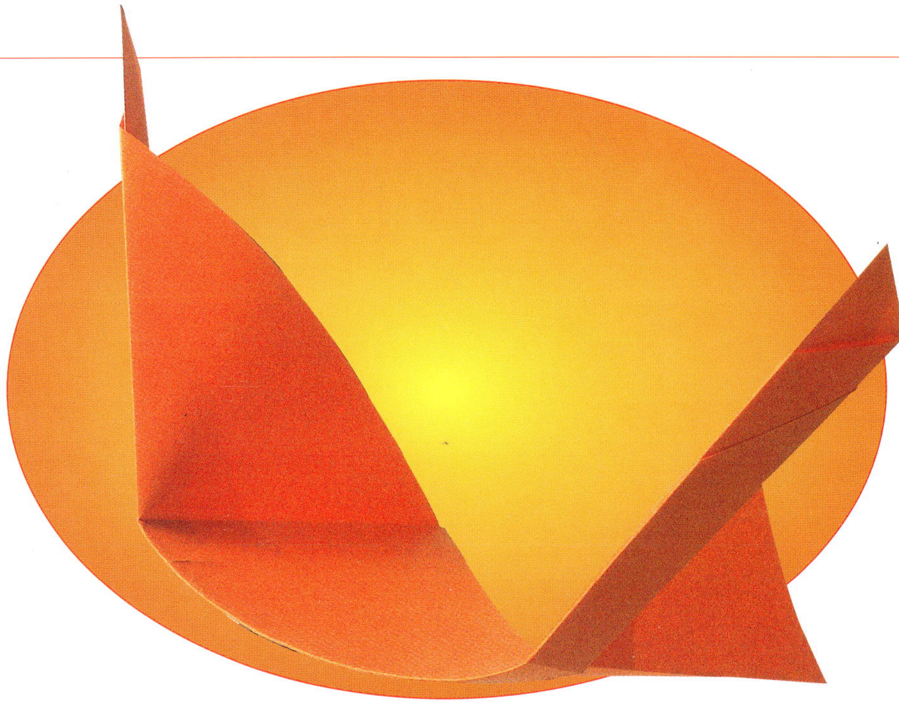

Profi-Segler

Dieses Modell ist ein hervorragender Segler! Präzise geworfen, segelt es sehr weit und verblüfft alle, die glauben, daß Papierflieger wie Flugzeuge aussehen müssen. *Entwurf: John Smith, GB.*

A4- oder Letter-Papier

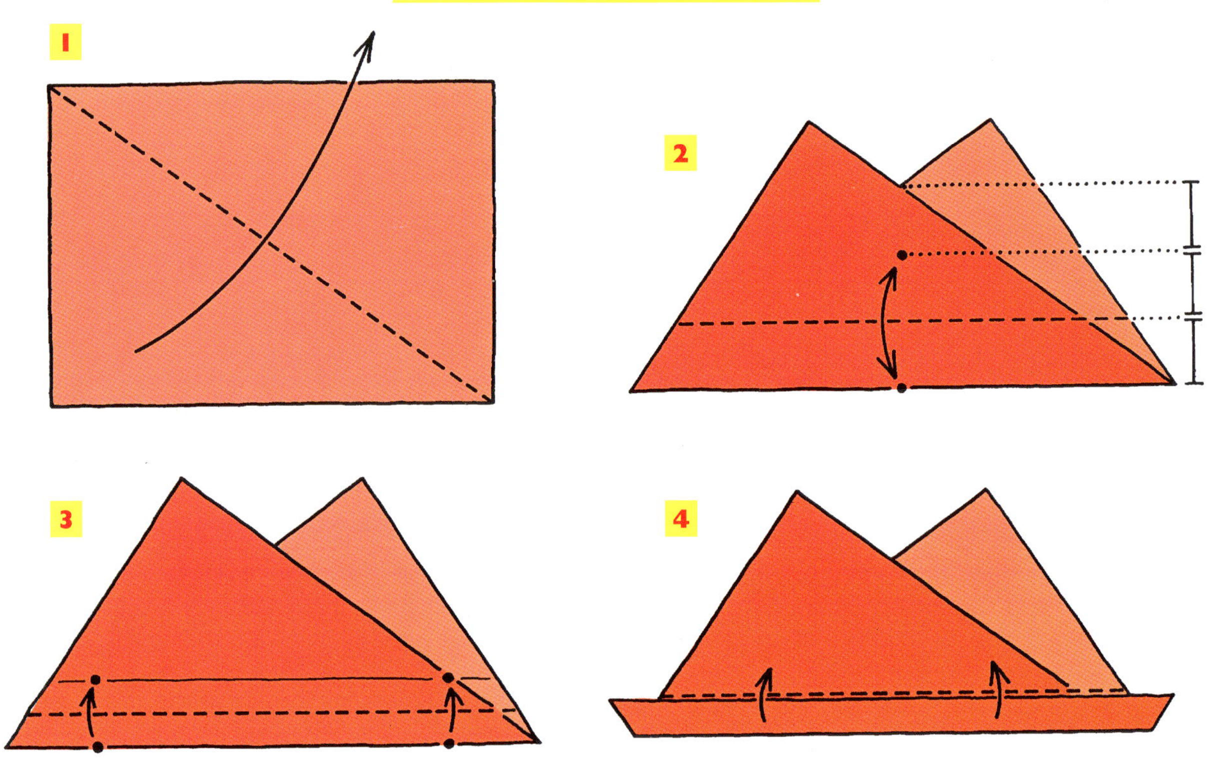

1. Die Diagonale zwischen der oberen linken und der unteren rechten Ecke falten. Das ist nicht einfach, lassen Sie sich Zeit.

2. Die untere Kante auf einen Punkt legen, der einem Drittel der Entfernung zur Einkerbung entspricht. Wieder auffalten.

3. Die Unterkante bis zum Knick aus Schritt 2 umfalten.

4. An dem Knick aus Schritt 2 nach oben falten.

5

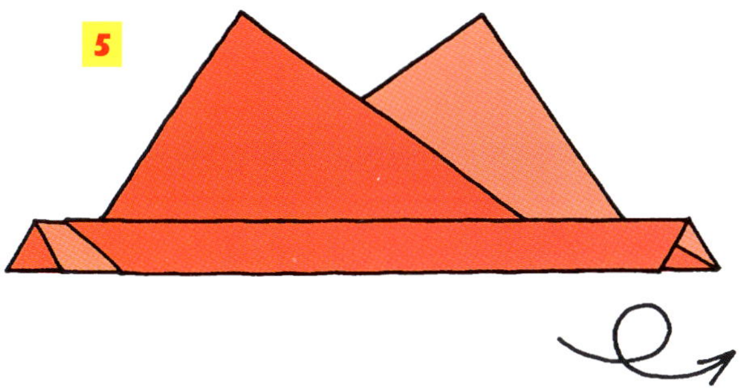

6

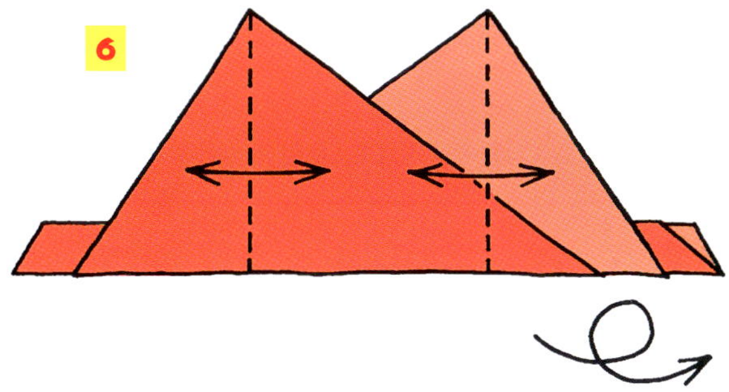

5. Umdrehen.

6. Senkrecht falten, wie abgebildet. Wieder umdrehen.

7

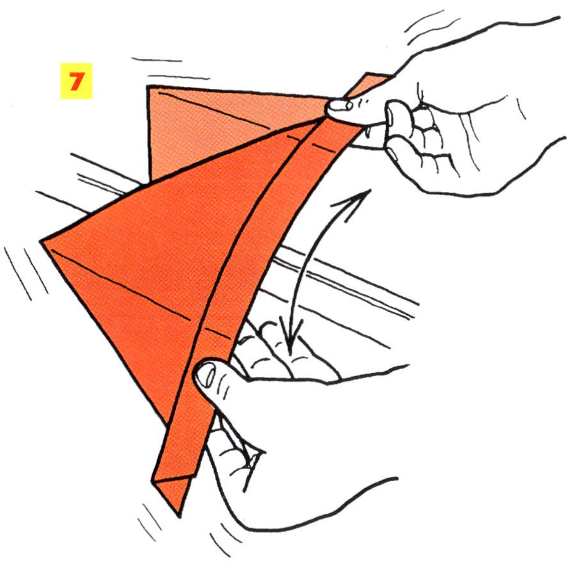

7. Den Abschnitt zwischen den Falten aus Schritt 6 über eine Tischkante reiben, wobei der verstärkte Streifen oben liegt. Dazu ist etwas Kraft nötig, halten Sie sich also nicht zurück!

8. Das Ergebnis von vorne betrachtet. Beachten Sie die geraden senkrechten Kanten, die den gebogenen Mittelteil flankieren.

8

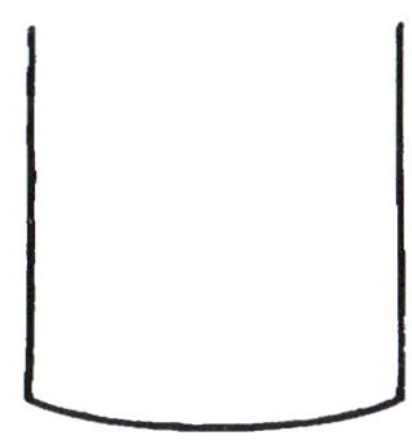

9

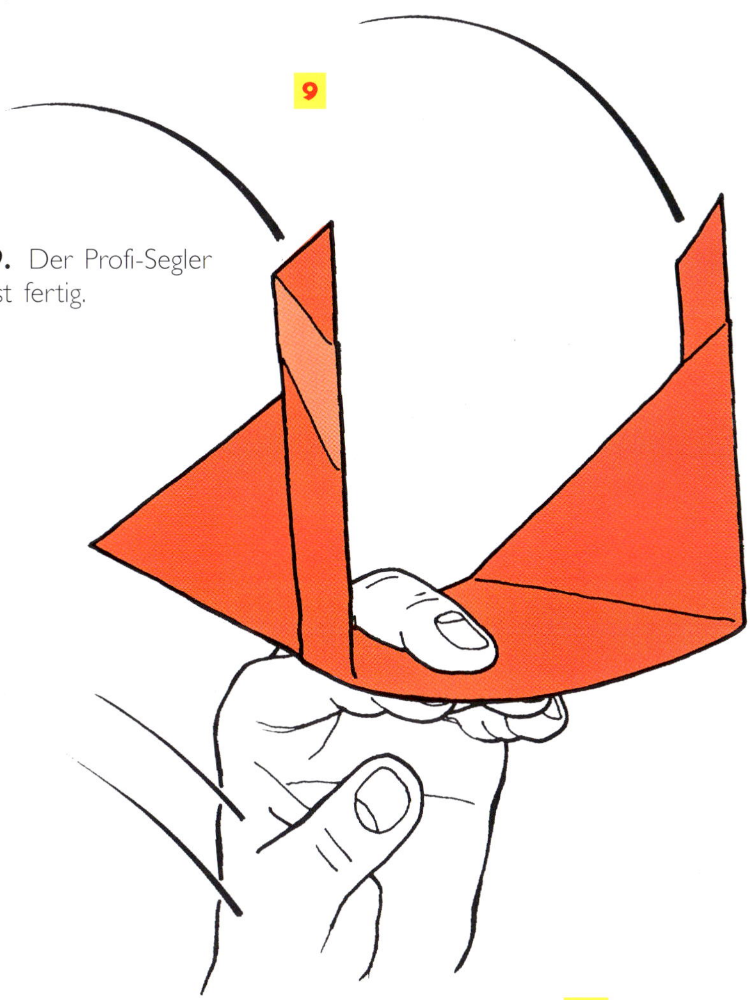

9. Der Profi-Segler ist fertig.

Tip für den Start

Legen Sie den Mittelfinger auf die Oberseite des Mittelteils und stützen es von unten mit Zeige- und Ringfinger. Werfen Sie den Profi-Segler sanft horizontal nach vorne. Werfen Sie so gleichmäßig wie möglich, aber nicht zu langsam – zusätzlicher Schwung ergibt einen weit längeren Flug.

Higby

Die Preßfaltung in Schritt 9 läßt eine hohle Tasche unter der Tragfläche entstehen, die das aerodynamische Profil unterstützt. *Entwurf: Stephen Weiss, USA.*

A4- oder Letter-Papier mit Seitenverhältnis von 1:√2

1. Ein Sechstel der Breite des Blattes abschneiden.

2. In der Mitte vertikal und horizontal zusammenfalten und beide Falten wieder auffalten.

3. Den oberen Rand bis zur Mitte nach unten falten.

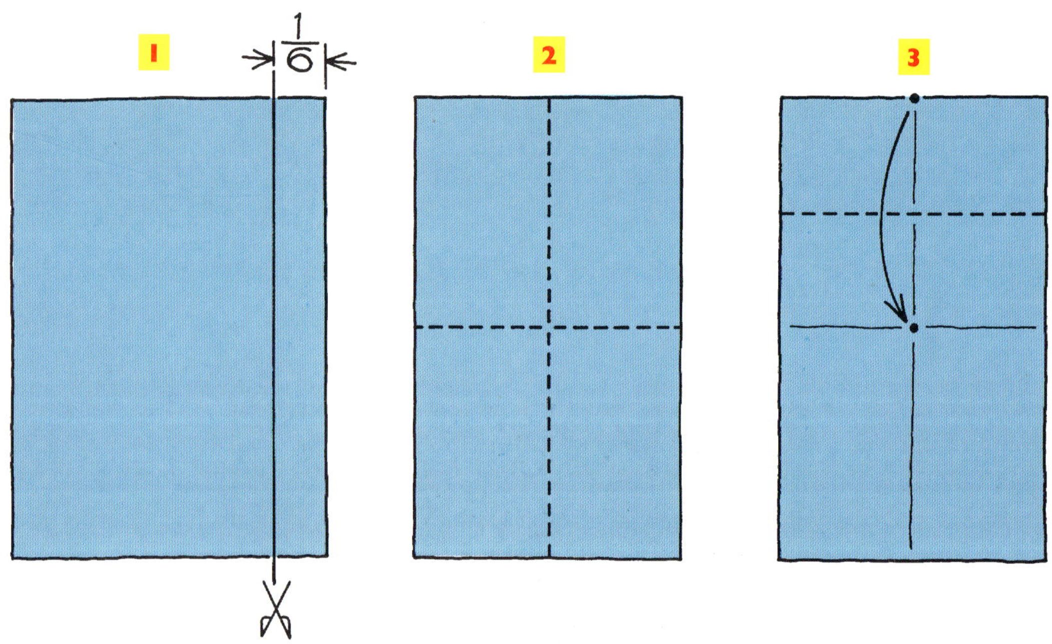

4. Am Mittelfalz nach unten klappen.

5. Die oberen Ecken einschlagen.

6. Zwei schmale Dreiecke nach innen falten, die inneren Ecken unter die doppelten Lagen der Nase stecken.

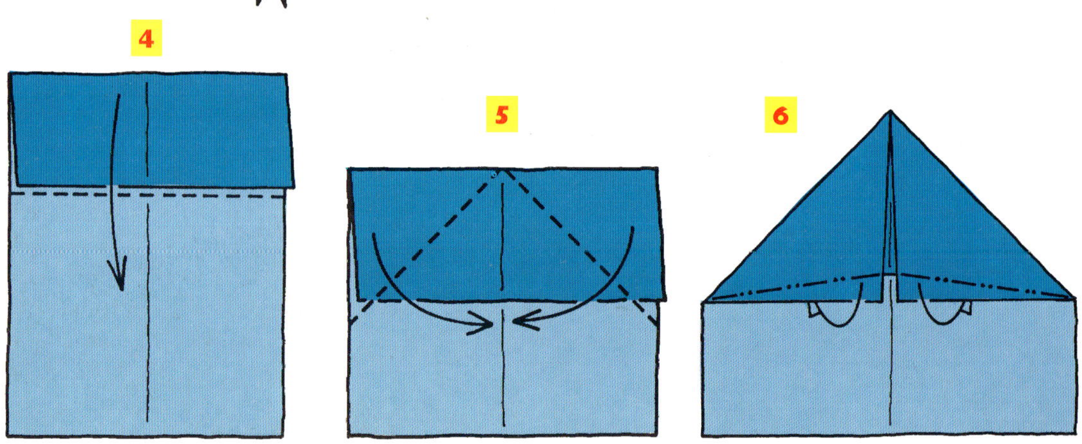

7. Mit einer Bergfaltung auf die Hälfte zusammenlegen.

8. Die beiden oberen Punkte so umlegen, daß sie auf den unteren Punkten liegen. Auffalten. Auf der Rückseite wiederholen.

7

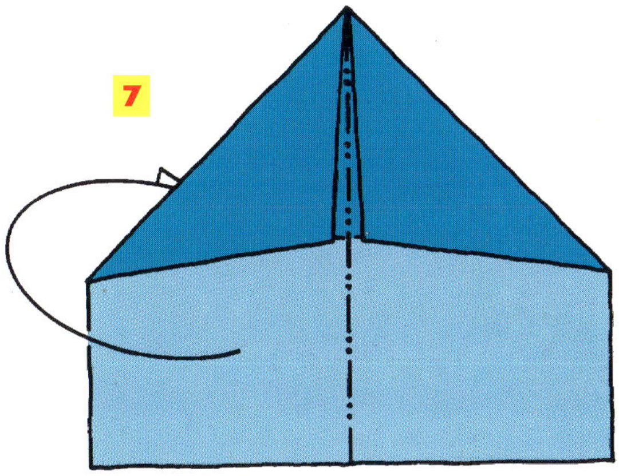

8

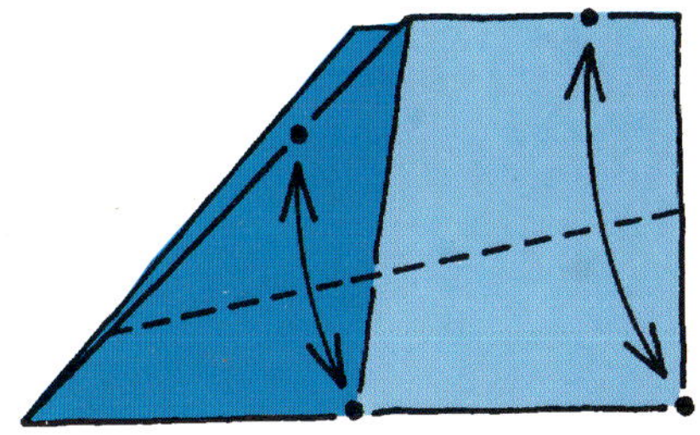

9

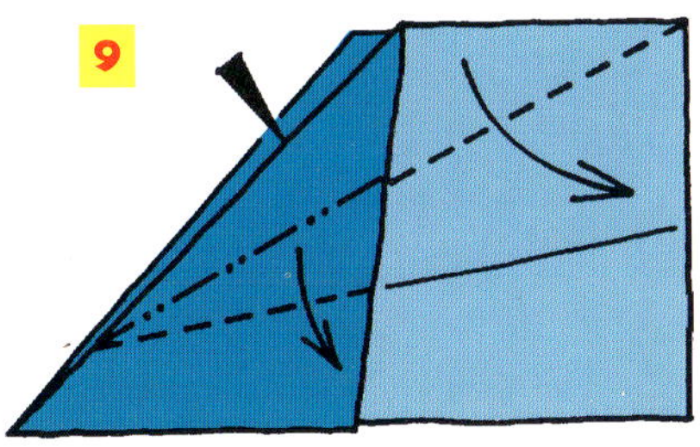

10

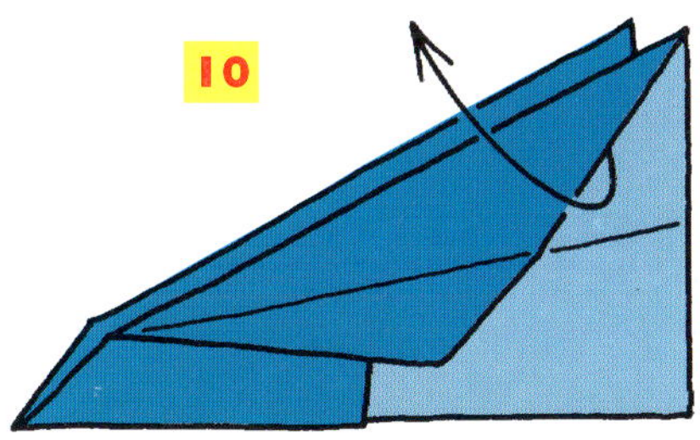

9. Eine Preßfaltung ausführen (siehe „Falttechniken", S. 19), durch die eine neue Falte entsteht, die sich bis zur rechten oberen Ecke erstreckt. Auf der Rückseite wiederholen.

10. Preßfaltung öffnen. Auf der Rückseite wiederholen.

11. Die Taschen der Preßfaltung so regulieren, daß dieses Profil entsteht.

12. Der Higby ist fertig.

11

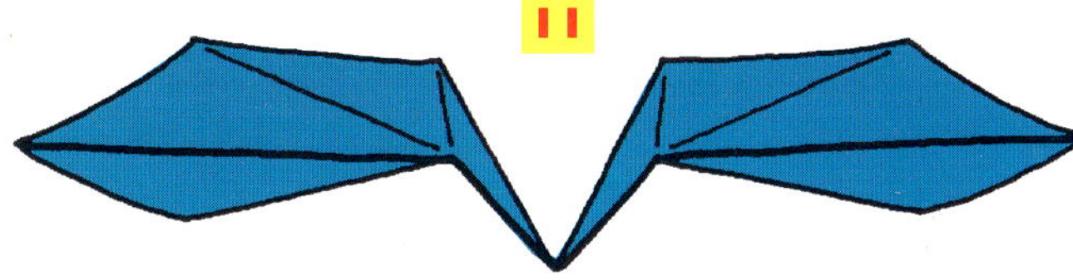

12

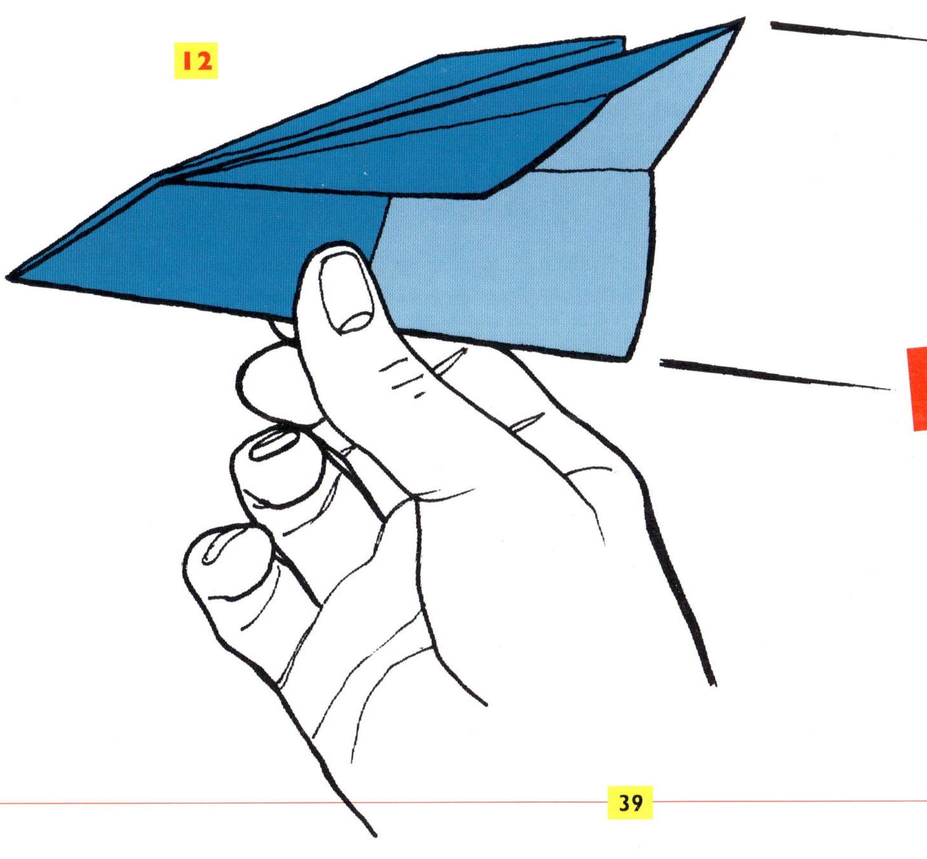

Tip für den Start

Auf herkömmliche Art halten und dann werfen. Bei Problemen lesen Sie bitte „Mein Flieger fliegt nicht!" (S. 12).

Stummelnase

Beachten Sie, wie die doppelseitige Faltung nach innen aus Schritt 7 und die präzise angebrachte Flügelfalte aus Schritt 9 die Nase im Flug zusammenhalten. *Entwurf: Yoshihide Momotani, Japan.*

Quadr. Papier (15–20 cm Seitenlänge)

1

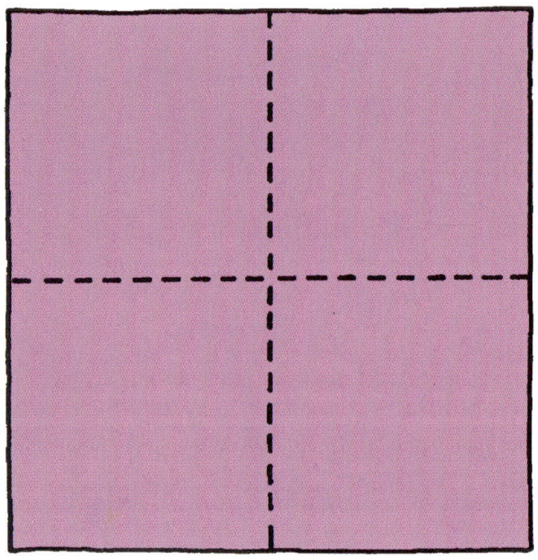

1. Das Quadrat vertikal und horizontal auf die Hälfte legen und wieder öffnen.

2

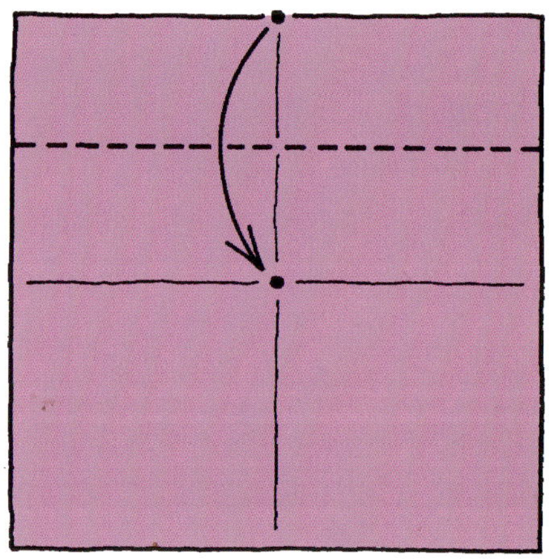

2. Den oberen Rand bis zur Mitte umschlagen.

3

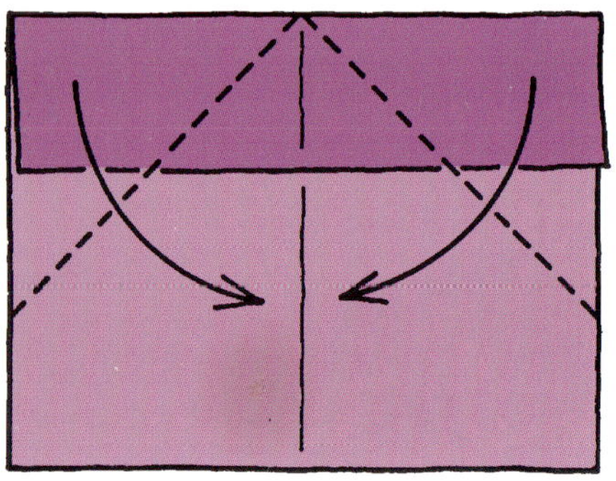

3. Die oberen Ecken auf die Mittelfalte legen.

4

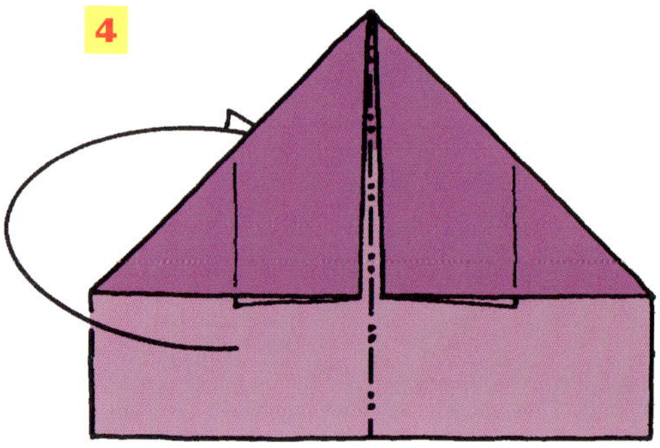

4. Mit einer Bergfaltung halbieren.

5

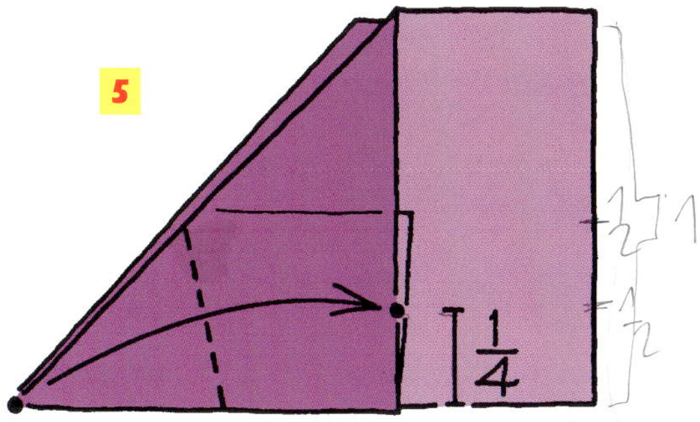

5. Die Nase auf einen gedachten Punkt auf einem Viertel der Höhe der senkrechten Kante falten.

6

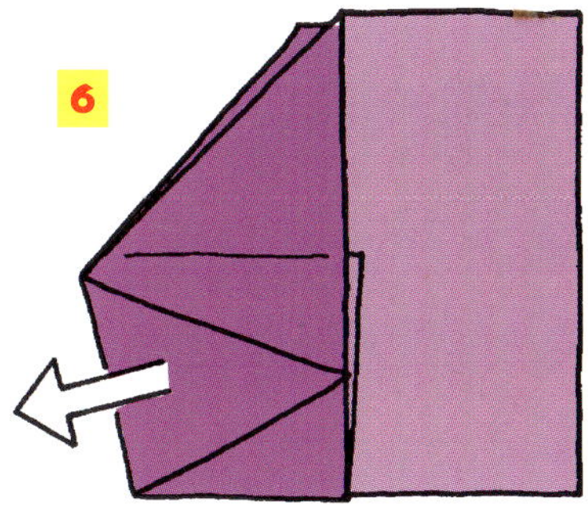

6. Auseinanderfalten.

7

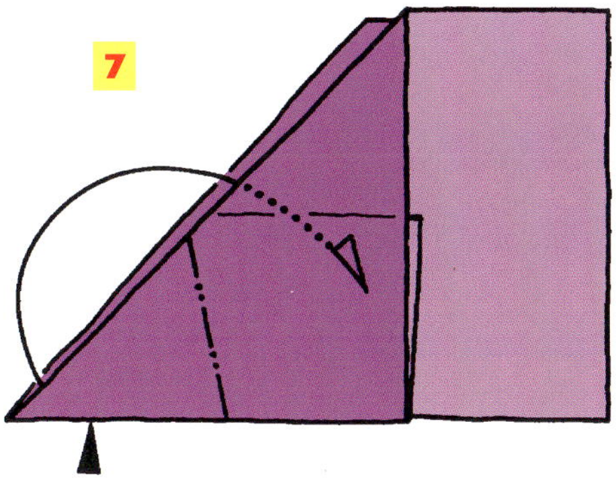

7. Die Nase mit einer doppelseitigen Faltung zwischen die Flügel bringen (siehe „Falttechniken", S. 19).

8

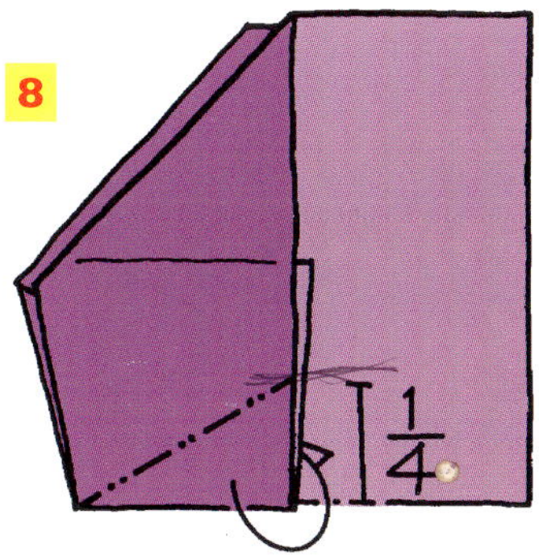

8. Die lose Ecke nach innen knicken und feststecken. Auf der Rückseite wiederholen.

9

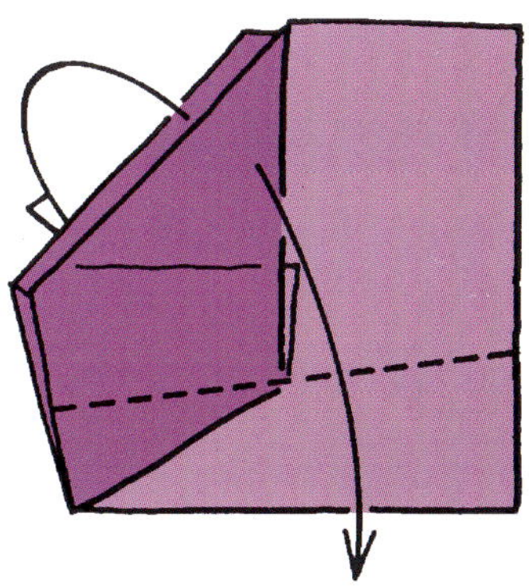

9. Die Flügel nach unten abknicken. Darauf achten, daß beide Linien über die Spitze der eingeknickten Nase verlaufen und hinten leicht ansteigen.

10

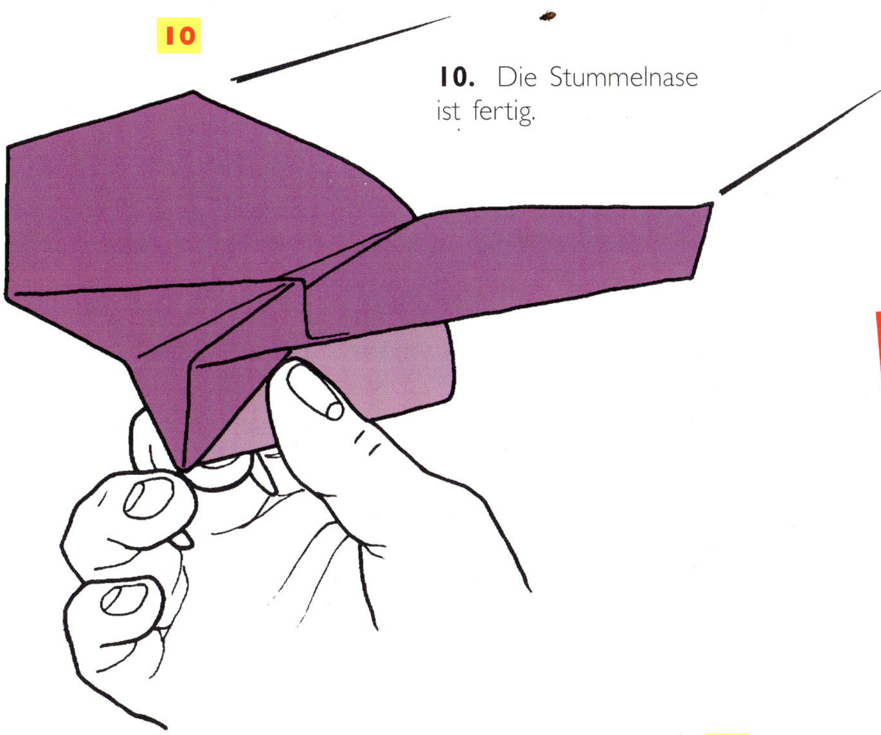

10. Die Stummelnase ist fertig.

Tip für den Start

Auf herkömmliche Art halten und werfen. Bei Problemen lesen Sie „Mein Flieger fliegt nicht!" (S. 12).

Fliegender Geldschein

Dieser bemerkenswert einfache und zuverlässige Flieger ist eine vereinfachte Variante des Jagdfalken (siehe S. 34) und des Scooters (siehe S. 32). Können Sie einen Flieger mit weniger als den hier benötigten fünf Falten bauen? *Entwurf: Earl Oakes, USA.*

A4-Papier oder glatter Geldschein

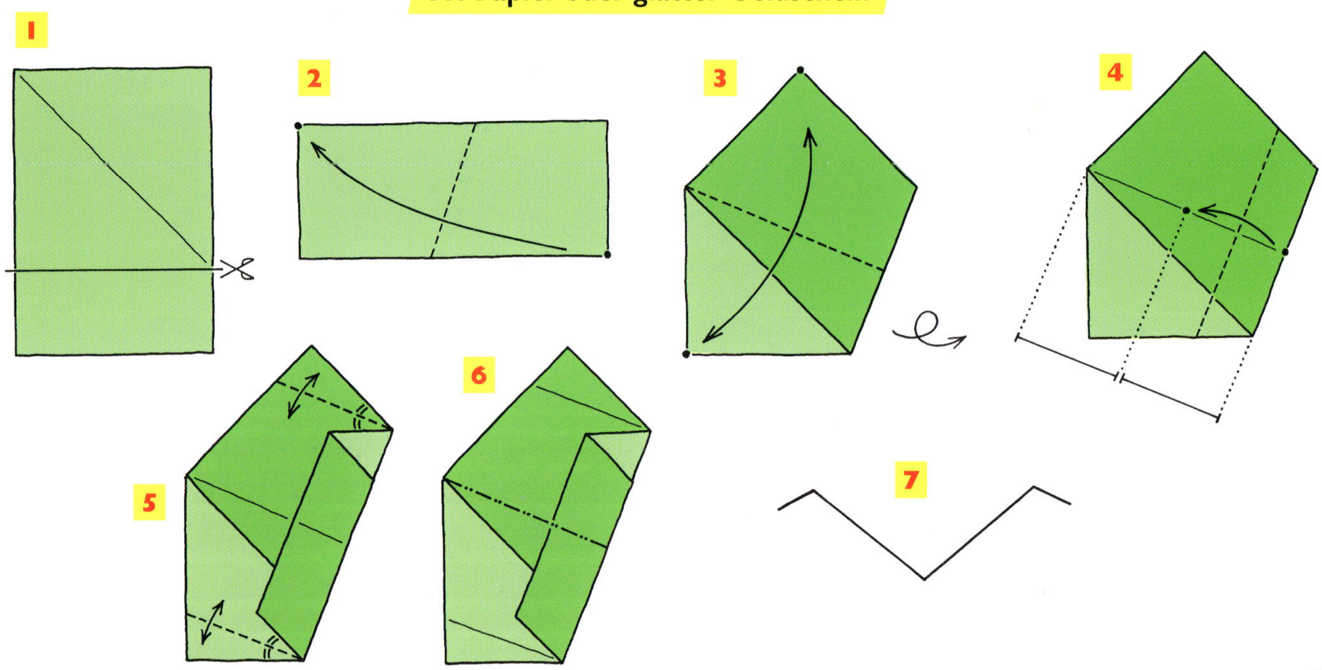

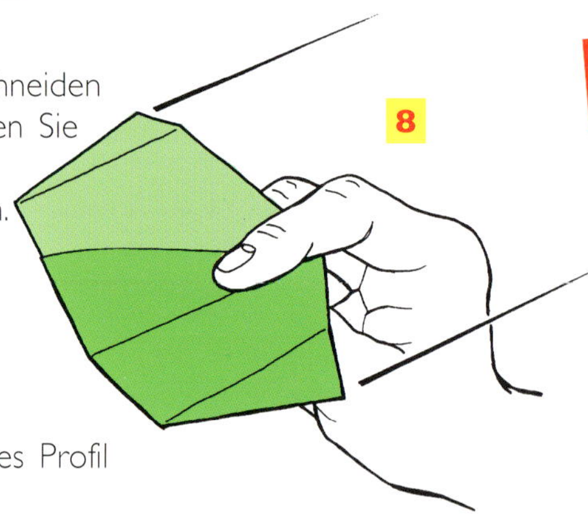

1. Wenn Sie keinen Geldschein verwenden, schneiden Sie ein Quadrat von einem A4-Blatt ab. Nehmen Sie das Rechteck, das Quadrat wird nicht benötigt.
2. Rechte untere Ecke zur linken oberen falten.
3. Punkt auf Punkt legen und auffalten.
4. Punkt auf Punkt legen.
5. Die Seiten so einschlagen, daß sie an den kurzen Innenkanten anliegen. Auffalten.
6. In der Mitte eine Bergfaltung anbringen.
7. Die Falten so anpassen, daß der Segler dieses Profil bekommt.
8. Der fliegende Geldschein ist fertig.

Tip für den Start

Zeigefinger auf die Mittelfalte legen, dann den Flieger im 45°-Winkel nach unten halten und loslassen. Nicht in der Horizontalen loslassen und nicht werfen.

Modelle für Fortgeschrittene

Diese Modelle sind nicht „besser" oder lohnender als die einfachen aus dem vorhergehenden Kapitel und auch nicht raffinierter – nur ihre Bauart ist komplexer. Durch die größere Anzahl an Faltungen und anspruchsvolle Falttechniken erweitert sich das Spektrum der möglichen Formen enorm, so daß die Modelle spektakulärer werden und den Unterhaltungswert des Faltens und Fliegenlassens erhöhen.

Immamura Spezial

Die Form dieses Modells ist konventionell, die nötigen komplizierten Faltungen ergeben jedoch einen Flieger, der so hervorragend ausbalanciert ist, daß er anmutig und überaus zuverlässig dahingleitet. *Entwurf: Paolo Immamura, Brasilien.*

Quadr. Papier (15–20 cm Seitenlänge)

1

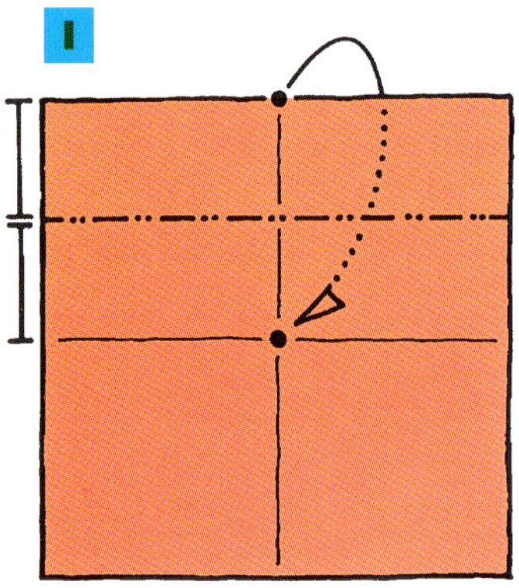

2

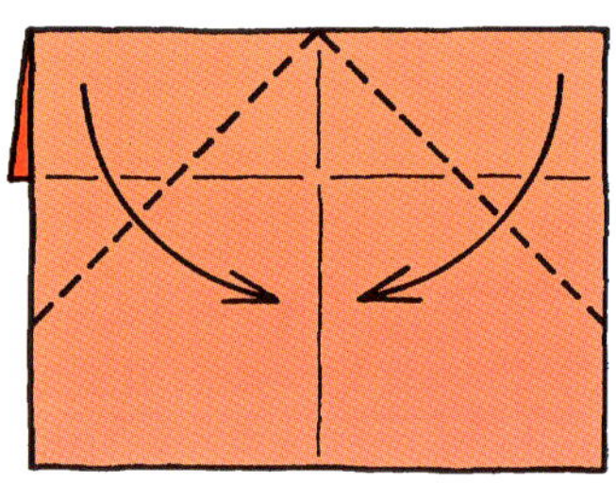

3

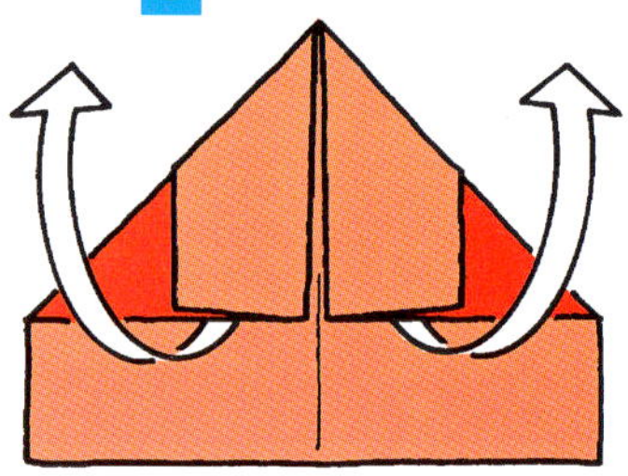

1. Horizontal und vertikal falten und auffalten. Oberen Rand mit einer Bergfaltung nach hinten knicken, so daß er an der Mittelfalte anliegt.

2. Die oberen Ecken einschlagen.

3. Alles auffalten.

4. Vorhandene Falten so zusammenklappen, daß in Schritt 5 …

5. … diese Form entsteht. Die linke obere Lage nach rechts falten.

6. Die obere Lage zurück zur Mitte falten.

4

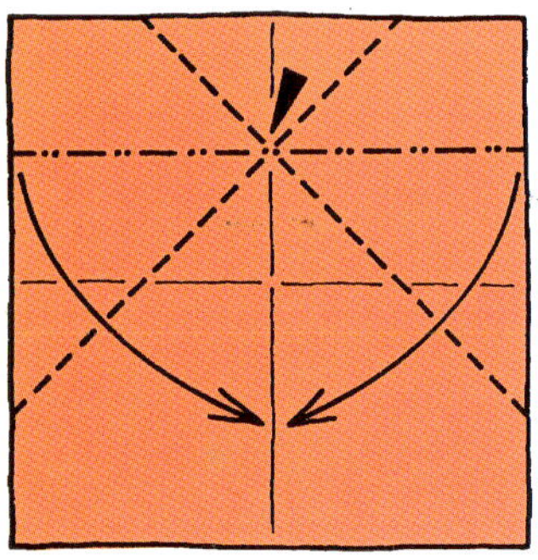

5

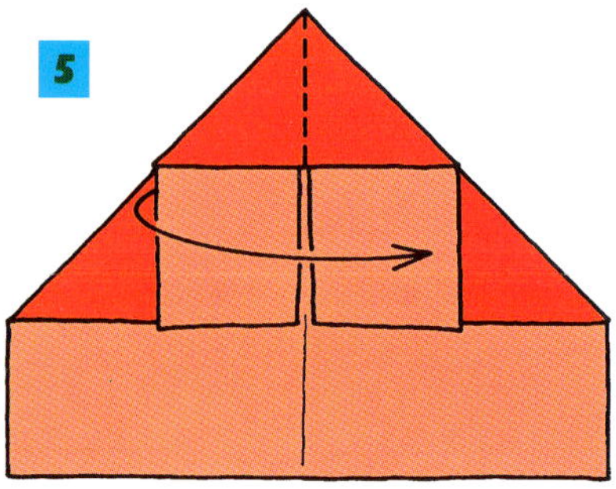

6

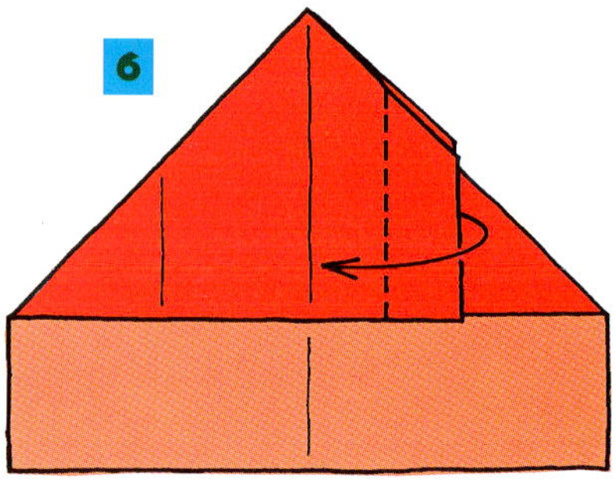

7
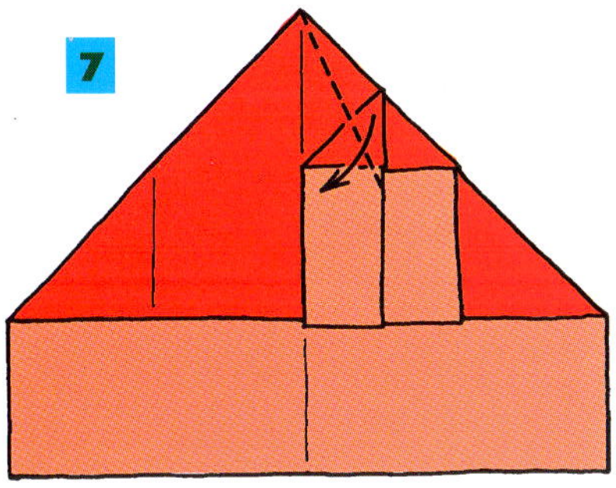

8
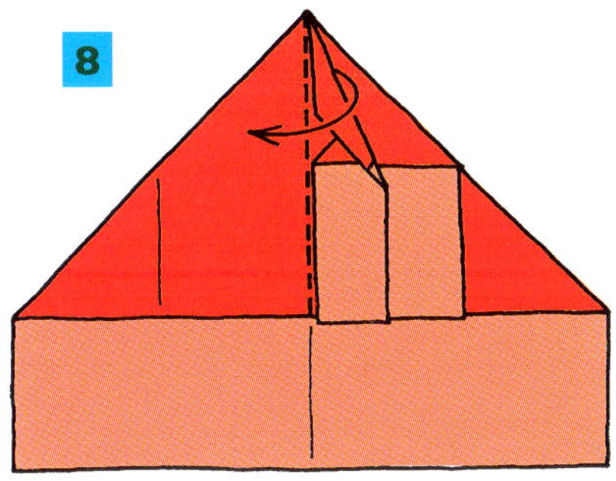

9
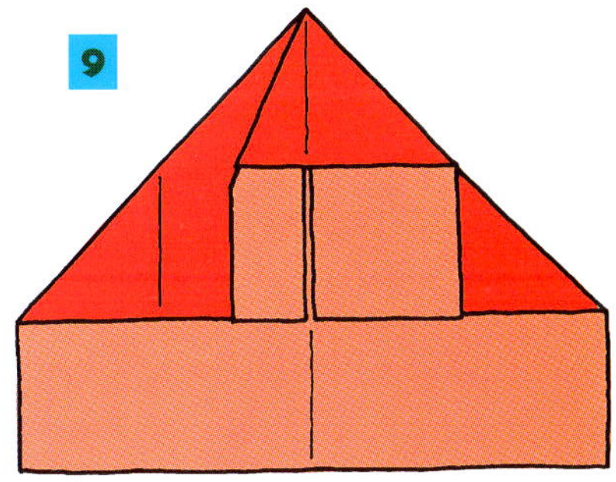

7. Schräge Oberkante zur Mitte nach innen knicken.

8. Die entstandenen Lagen wieder nach links falten.

9. Die Schritte 5 bis 8 auf der rechten Seite wiederholen.

10
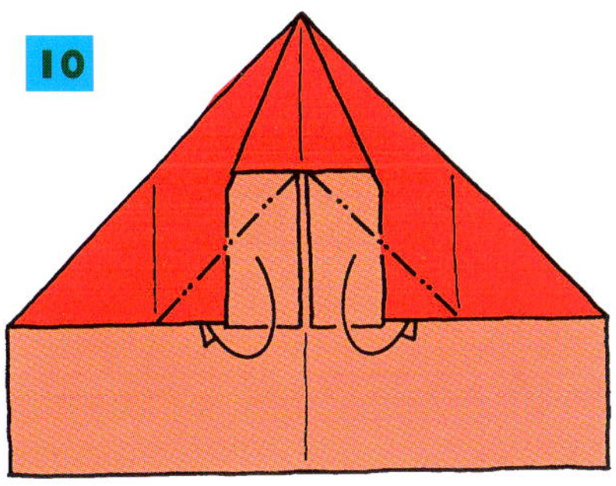

11
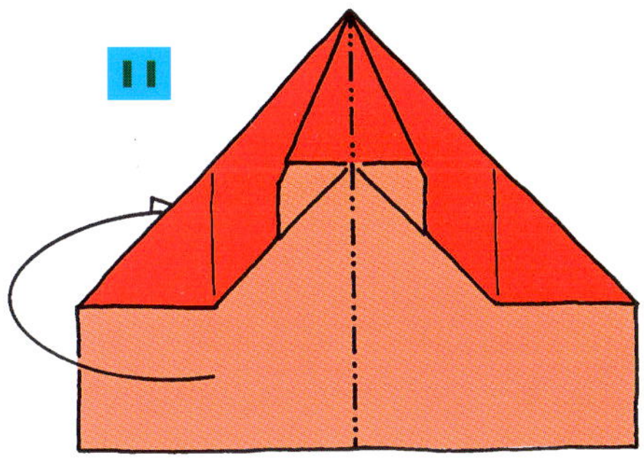

10. Die losen Ecken mit Bergfaltungen verschwinden lassen und feststecken (das ist einfacher, wenn man sie als Talfaltungen vorbereitet).

11. Mit einer Bergfaltung auf die Hälfte zusammenlegen.

12. Den Flügel so nach unten falten, daß der Falz von der Nase über die dicke Kante des verdeckten Dreiecks bis zur Flügelhinterkante verläuft. Auf der Rückseite wiederholen.

12
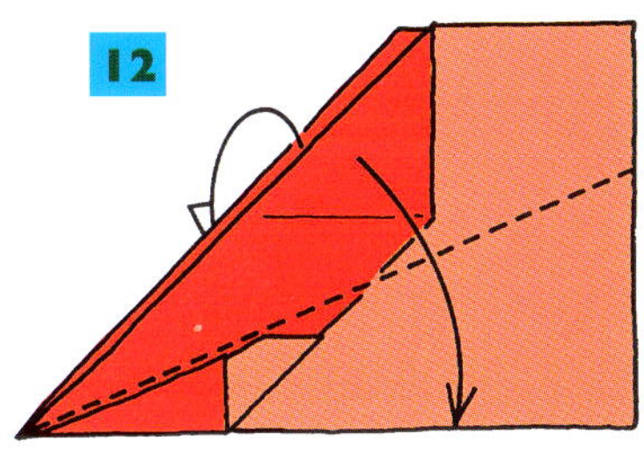

13
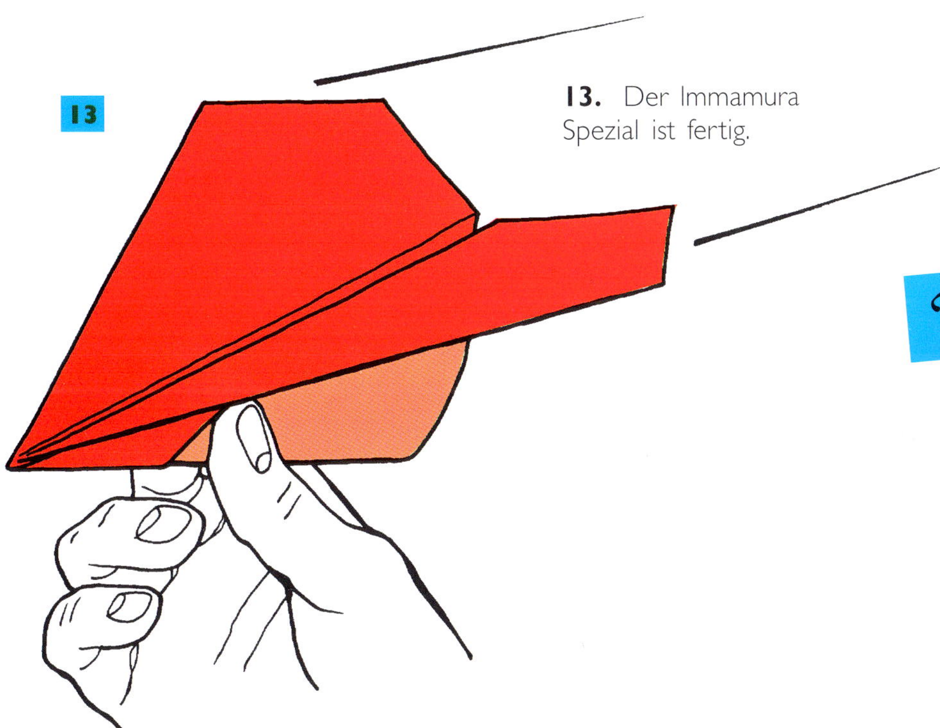

13. Der Immamura Spezial ist fertig.

Tip für den Start

Auf herkömmliche Art halten und werfen. Bei Problemen lesen Sie „Mein Flieger fliegt nicht!“ (S. 12).

Pfeilsegler

Die Verwendung einer doppelseitigen Faltung nach innen in den Schritten 8–10 und durchdachte Ruderfalten in den Schritten 3–7 ergeben ein hervorragend ausbalanciertes, stabiles Modell, das viel Spaß macht. *Entwurf: Michael LaFosse, USA.*

Quadratisches Papier

1

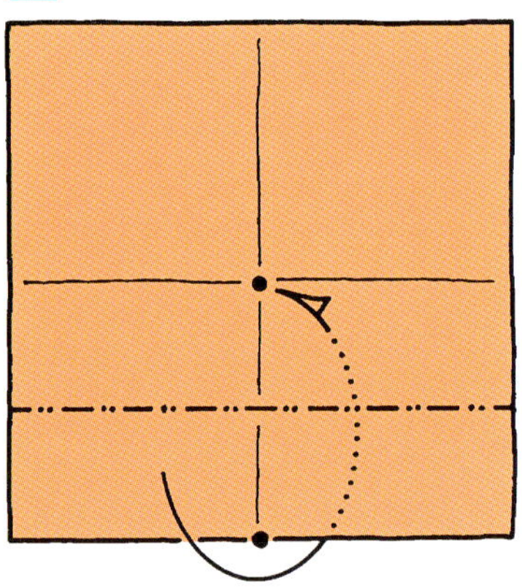

2

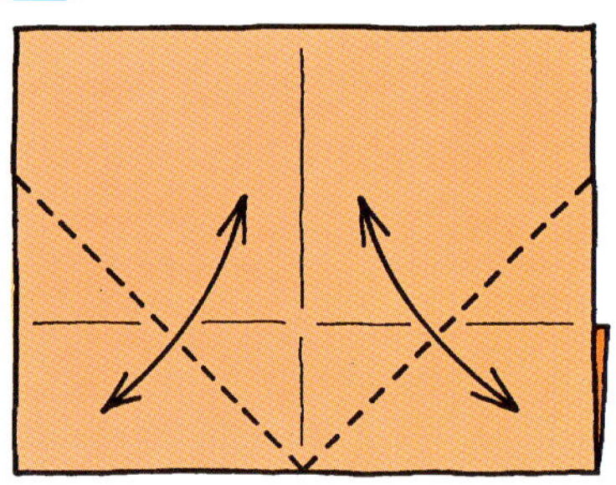

3

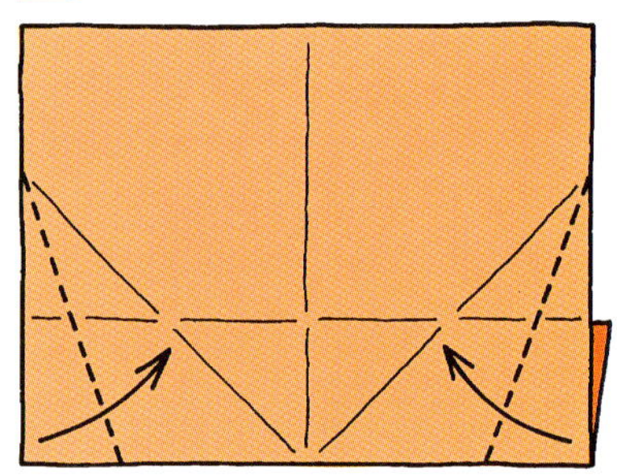

1. Horizontal und vertikal in der Mitte falten, unteren Rand mit Bergfaltung so nach hinten knicken, daß er am mittleren Falz anliegt.

2. Die unteren Ecken nach innen knicken. Auffalten.

3. Die unteren Ecken auf die geöffneten Falze legen.

4. An den Falzen aus Schritt 2 umschlagen.

5. Punkt auf Punkt legen, so daß die schräge Kante an der kurzen senkrechten Innenkante liegt.

6. Die inneren auf die äußeren Punkte legen.

4

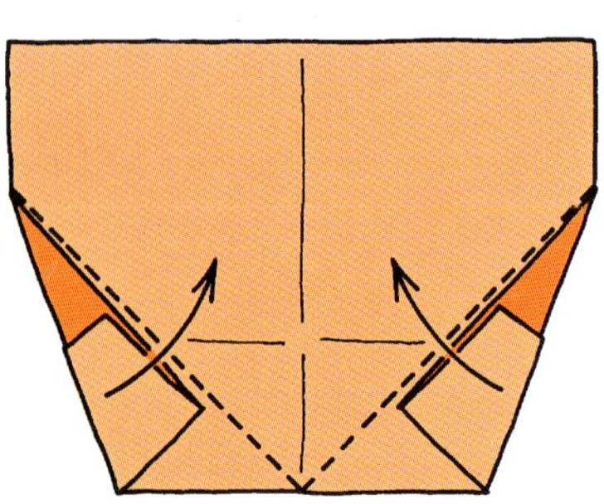

5

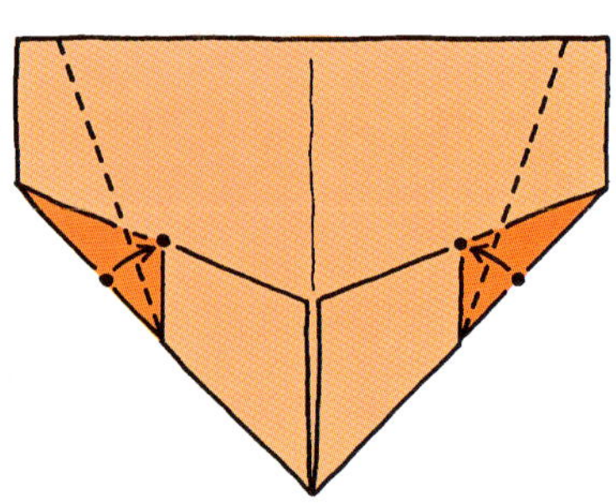

6

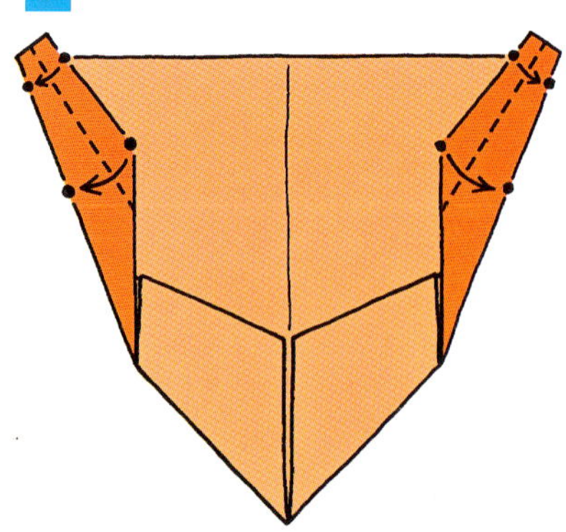

7

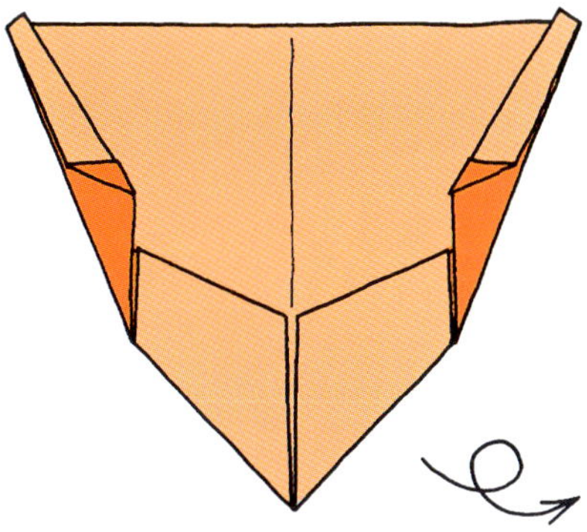

8

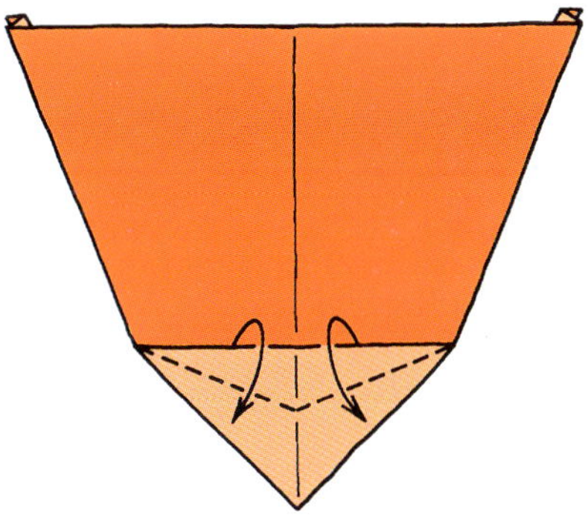

9

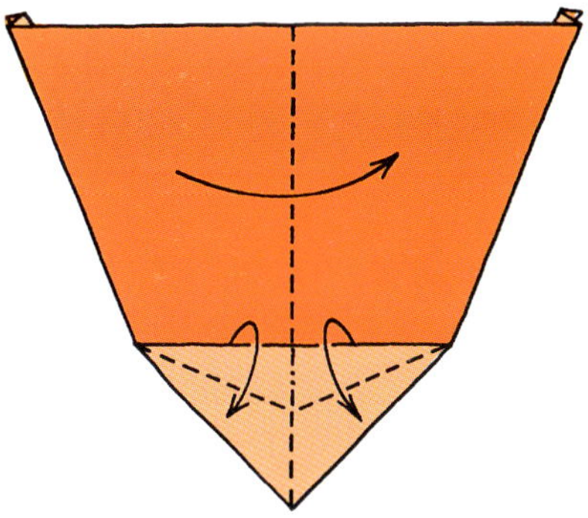

7. Umdrehen.

8. Nur auf der oberen Lage zwei Talfalten entstehen lassen.

9. Blatt in der Mitte zusammenfalten, die Falze aus Schritt 8 …

10

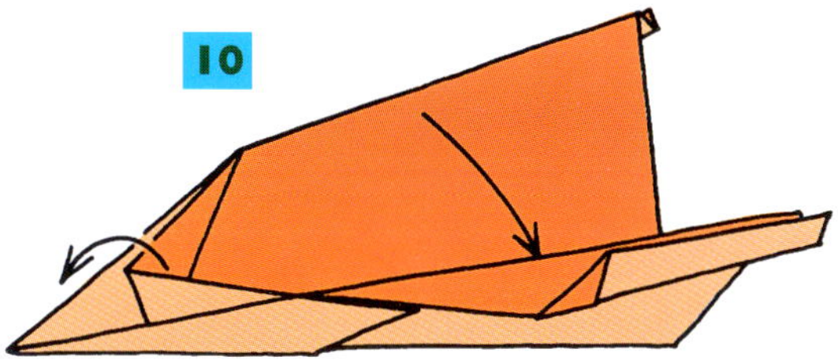

11

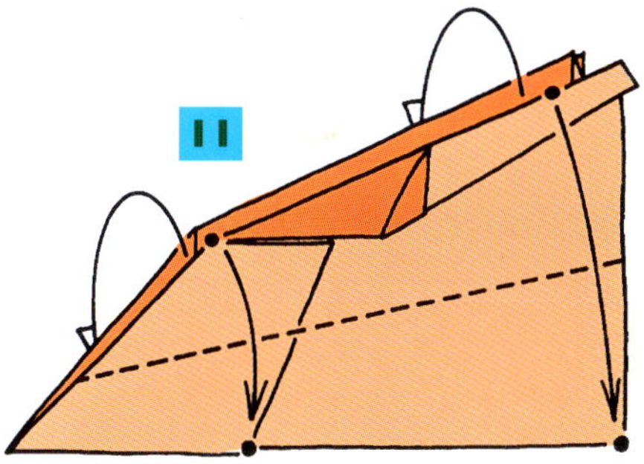

10. … so einknicken. Beachten Sie, wie die V-Form in der Nase zusammenklappt.

11. So falten, daß die oberen Punkte auf den unteren liegen. Auf Rückseite wiederholen. Die zusammengefalteten Ruder öffnen.

12

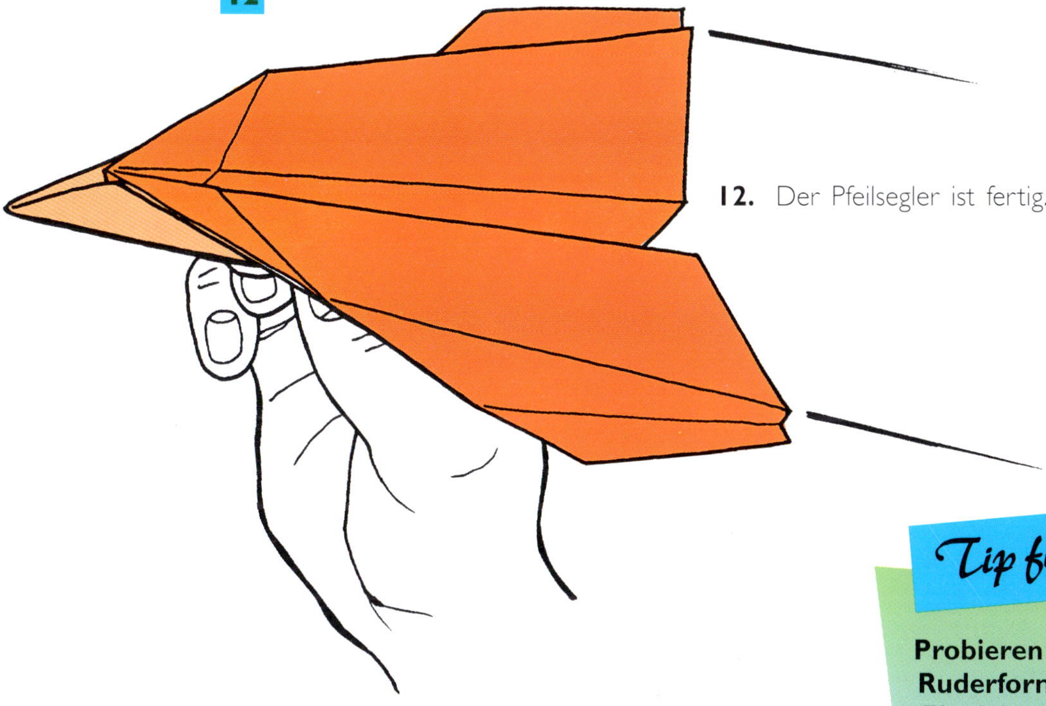

12. Der Pfeilsegler ist fertig.

Tip für den Start

Probieren Sie mit der Ruderform, um die beste Flugleistung zu erreichen. Auf herkömmliche Art halten und werfen.

Manta

Die Verdickung der Lagen zur Nase hin (Schritt 1–8) führt dazu, daß sich die in Schritt 8 gefalteten Ruder nach außen biegen, statt flach und gerade nach oben zu ragen. Lassen Sie sich nicht irritieren! Die Biegung verleiht zusätzliche Stabilität. *Entwurf: Michael LaFosse, USA.*

Quadr. Papier (15–20 cm Seitenlänge)

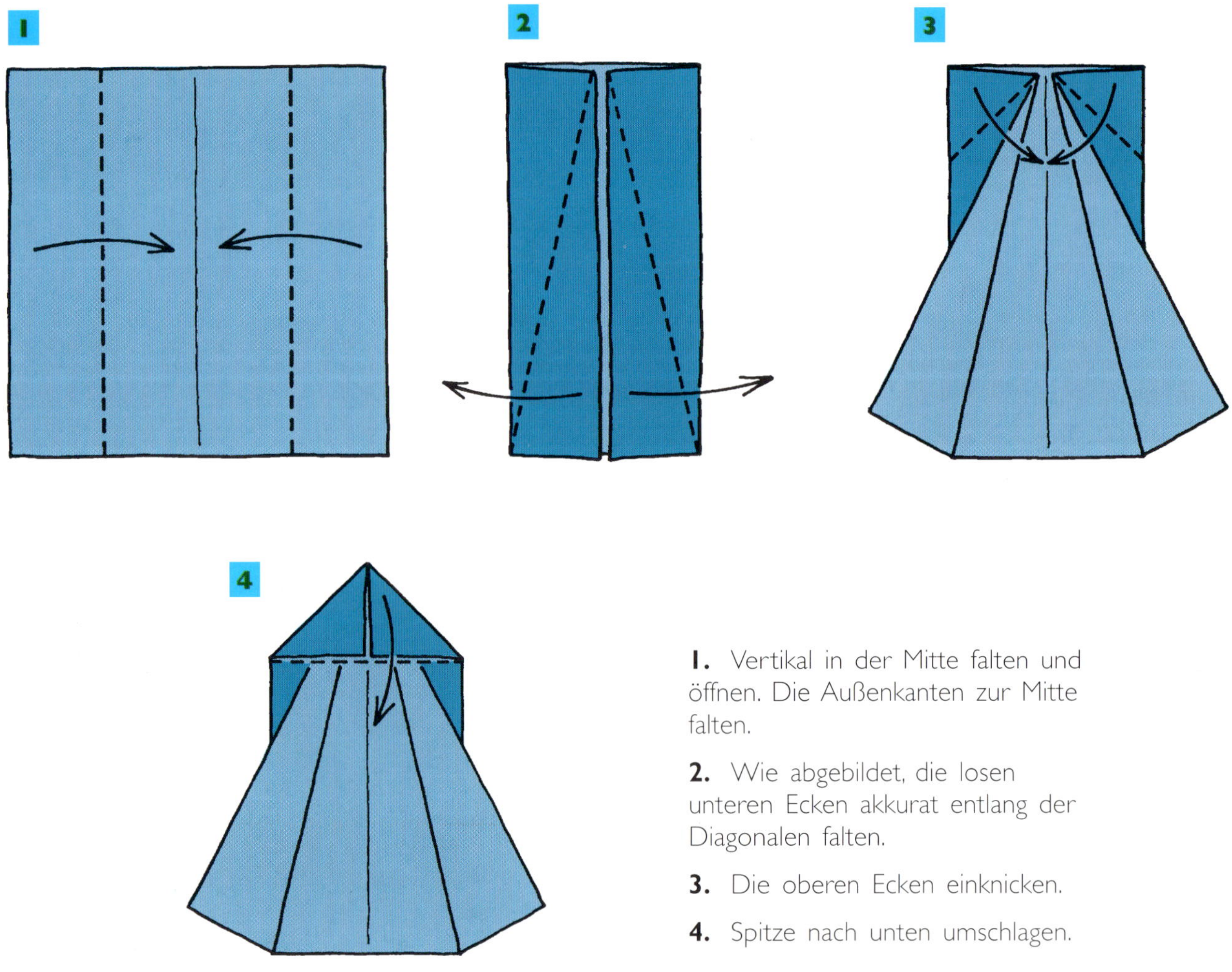

1. Vertikal in der Mitte falten und öffnen. Die Außenkanten zur Mitte falten.

2. Wie abgebildet, die losen unteren Ecken akkurat entlang der Diagonalen falten.

3. Die oberen Ecken einknicken.

4. Spitze nach unten umschlagen.

5
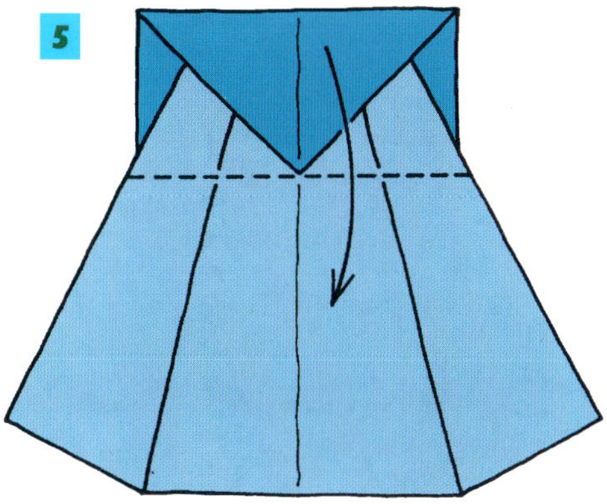

5. Oberen Rand entlang dem Falz, der durch Spitze aus Schritt 4 verläuft, nach unten klappen.

6
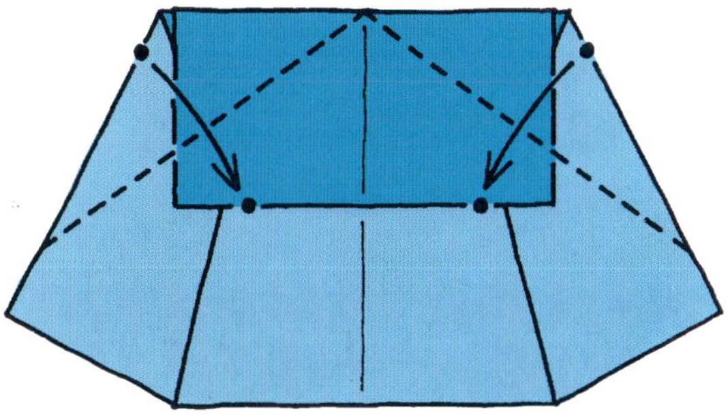

6. Punkt auf Punkt legen.

7
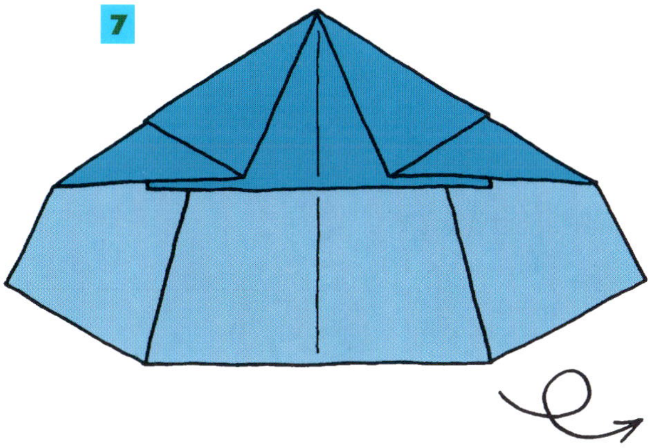

7. Umdrehen.

8
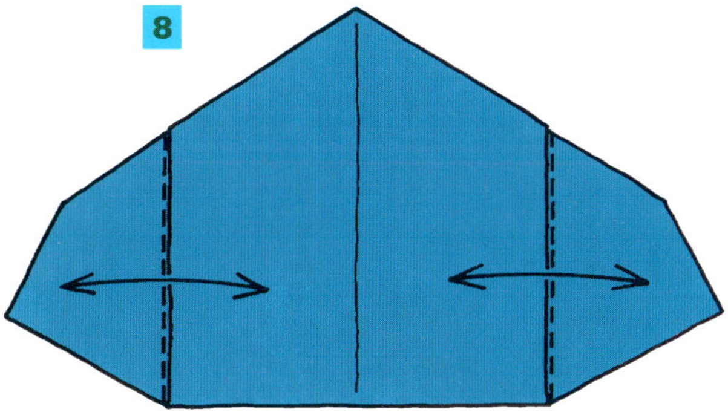

8. Vertikale Talfaltungen vornehmen.

9
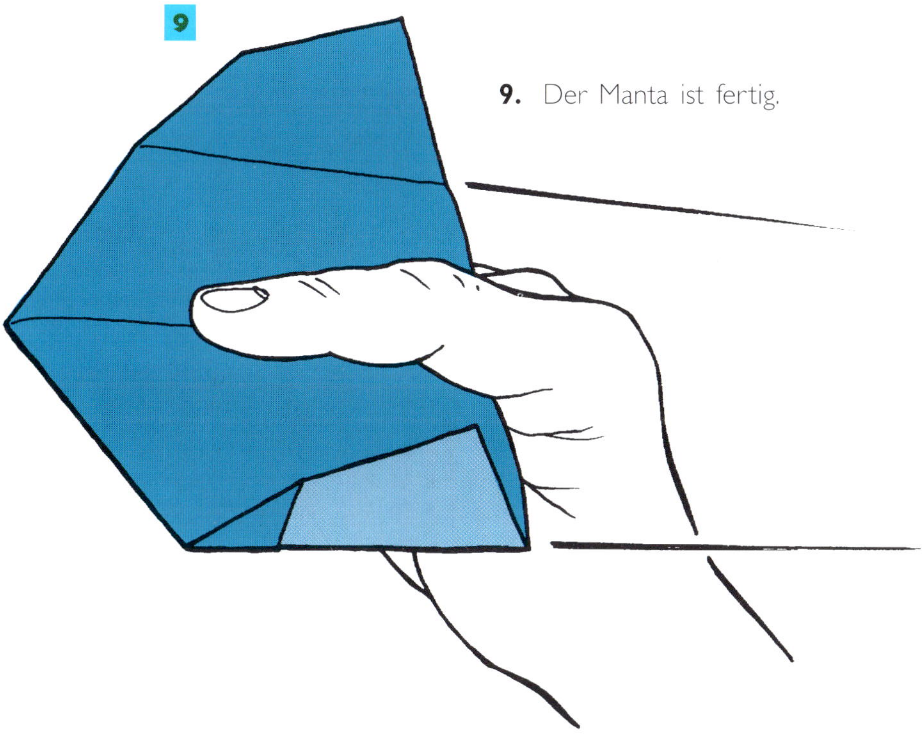

9. Der Manta ist fertig.

Tip für den Start

Zeigefinger auf die Mittelfalte legen und den Manta mit sanftem Schwung horizontal nach vorne werfen.

Stuntflieger

Der Designer ist für seine Pureland-Modelle bekannt, d.h., Konstruktionen, die ausschließlich aus Berg- und Talfalten bestehen. Die übliche Methode, ein Höhenleitwerk zu falten, ist, den Rumpf nach oben umzuknicken, hier aber entsteht dieselbe Form durch eine originelle Pureland-Faltung in Schritt 9. *Entwurf: John Smith, GB.*

Dünnes, quadr. Papier (15–20 cm Seitenl.)

1

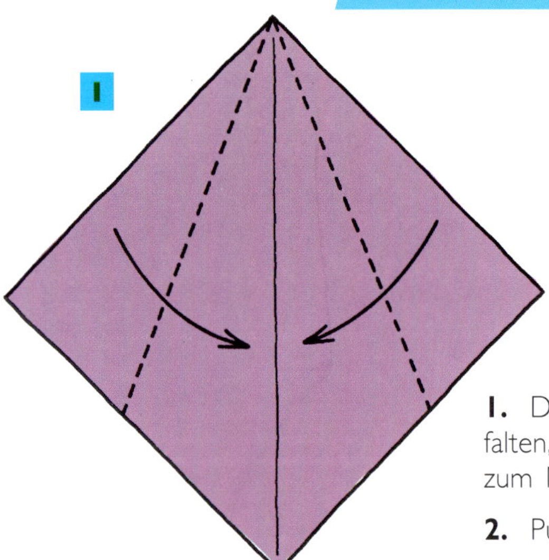

2

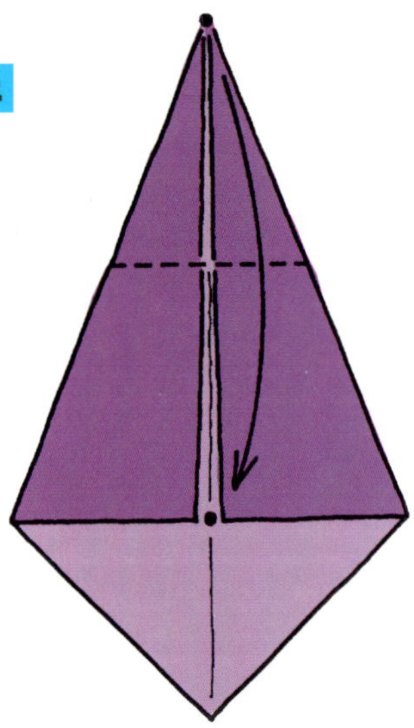

1. Diagonale falten und auffalten, dann die oberen Kanten zum Mittelfalz knicken.

2. Punkt auf Punkt legen.

3. Umdrehen.

4. Die oberen Ecken nach innen falten.

3

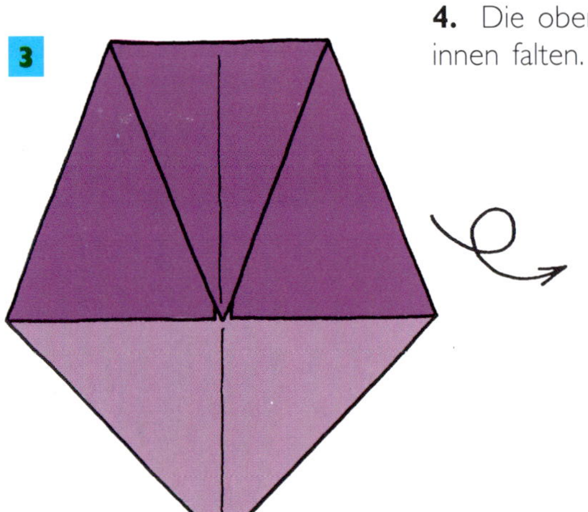

4

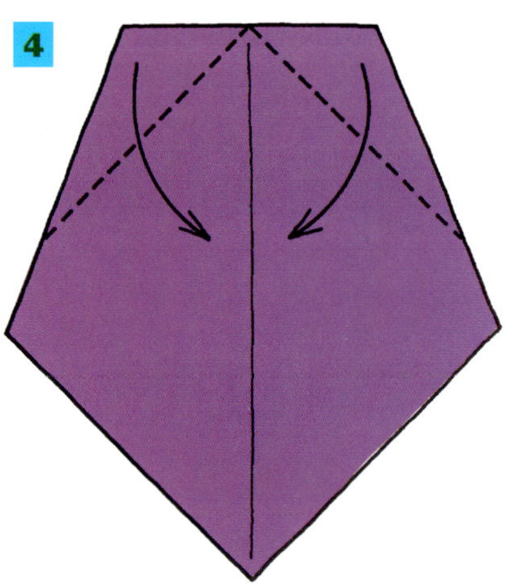

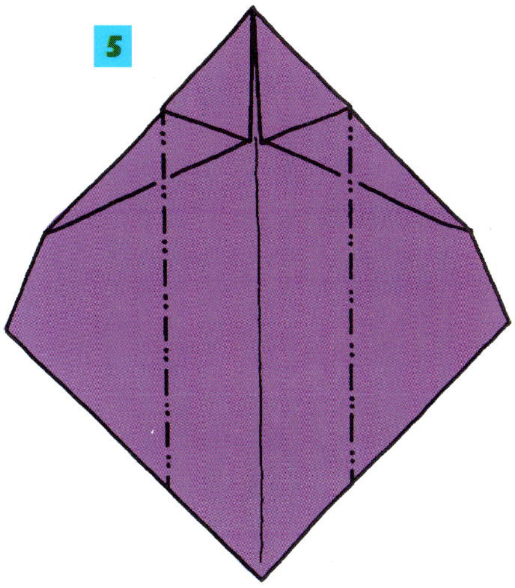

5. Parallel zum Mittelfalz zwei Bergfaltungen vornehmen. Beachten Sie die Endpunkte der Falten an der Spitze.

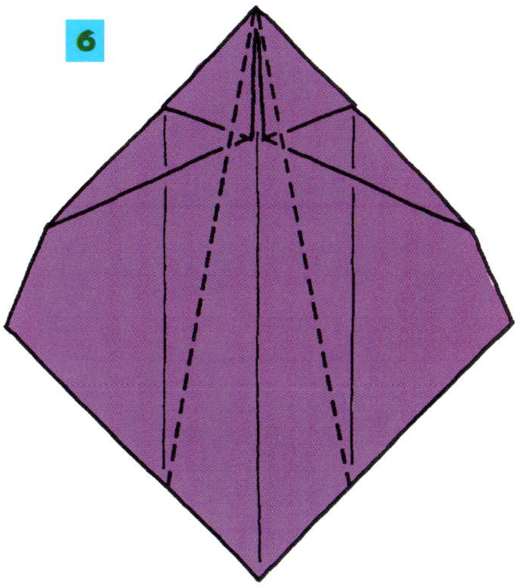

6. Präzise Talfaltungen folgen lassen, die sich von der Nase bis zum unteren Ende der Bergfalten ziehen. Exakt falten.

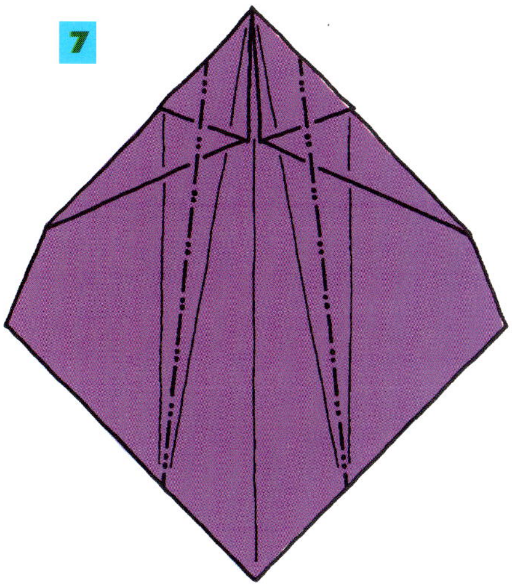

7. Bergfaltungen in der Mitte zwischen den bestehenden Berg- und Talfalten vornehmen. Auch diesmal exakt falten.

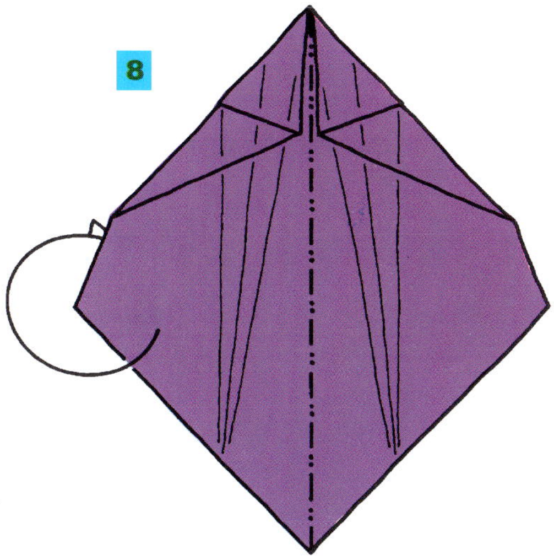

8. Mit einer Bergfaltung auf die Hälfte zusammenlegen.

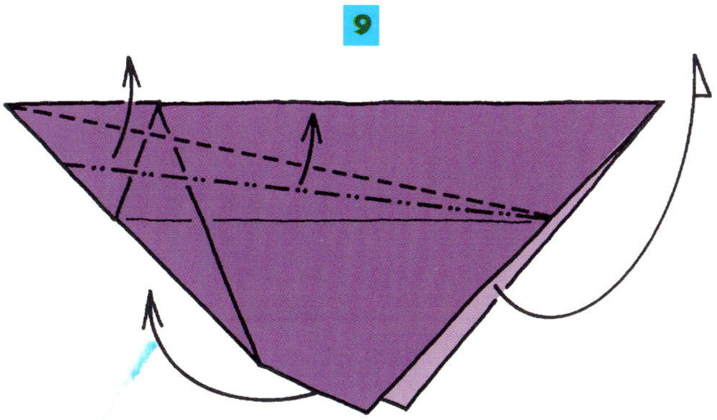

9. Zum Aufstellen des Flügels die Tal- und oberen Bergfalten erneuern. Auf der Rückseite wiederholen.

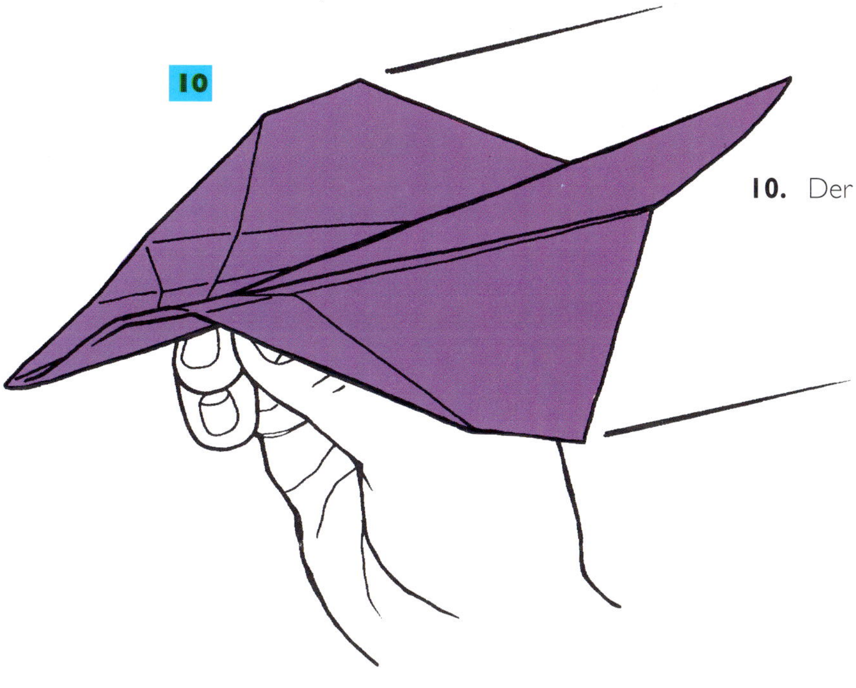

10. Der Stuntflieger ist fertig.

Tip für den Start

Probieren Sie für Loopings, Segelflüge, Schleifen und Kunstflüge verschiedene Haltungen sowie Startmethoden aus.

Moskito

Die sehr dünne Nase dieses Modells erfordert genaues Falten – und in Schritt 10 sogar einige Kraft. Sauber gefaltet wird dieses Modell ein hervorragender Flieger und bietet einen eleganten Anblick in der Luft. *Entwurf: Nick Robinson, GB.*

A4- oder Letter-Papier mit Seitenverhältnis von 1:√2

1

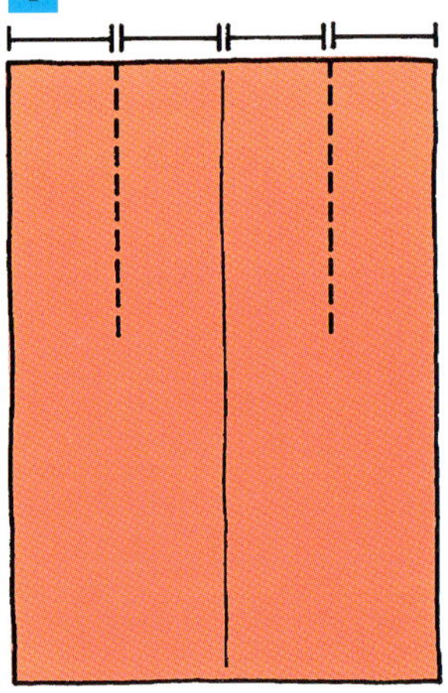

2

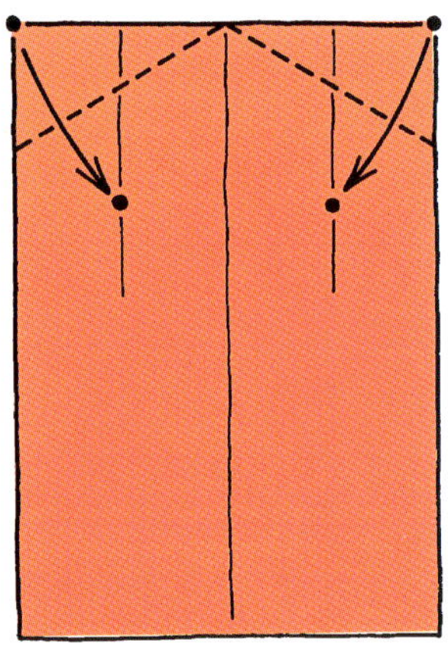

3

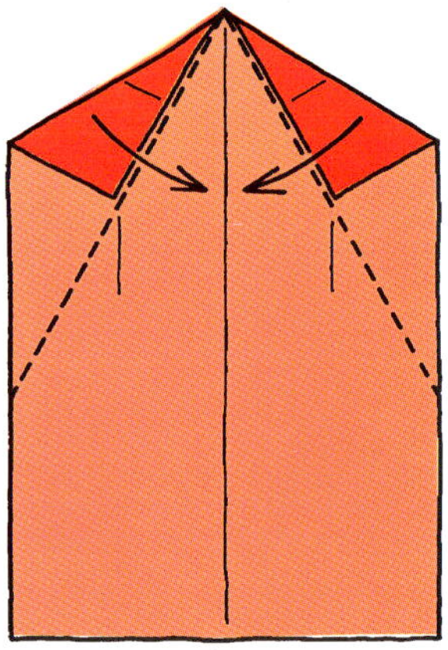

4

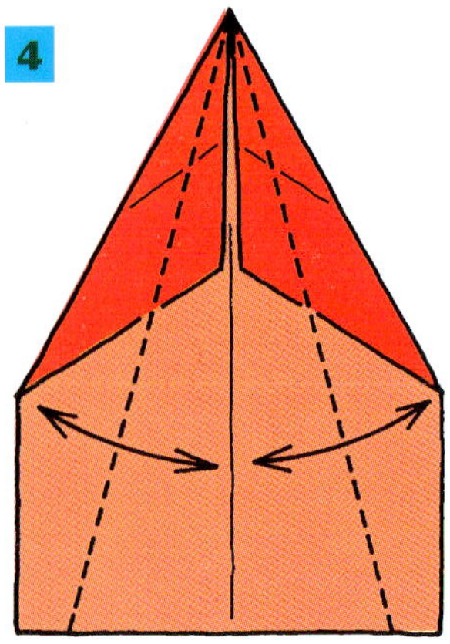

1. Vertikal in der Mitte falten und auffalten. In die Mitte beider Hälften je einen Knick machen, der bis zur Mitte des Blattes reicht.

2. Die oberen Ecken so auf die Viertelfalten legen, daß beide neuen Falze genau in der Mitte der Oberkante beginnen.

3. Die Dreiecke auf den Falz in der Mitte falten.

4. Schräge Kanten zur Mitte falten. Wieder öffnen.

5. An den unteren Kanten der verdickten Dreiecke Talfaltungen vornehmen. Dann wie abgebildet drei Täler falten, die Nase in der Mitte zusammenklappen und aufstellen, so daß sie nach oben zeigt. Die Nase wieder andrücken, so daß sie nach links weist.

5

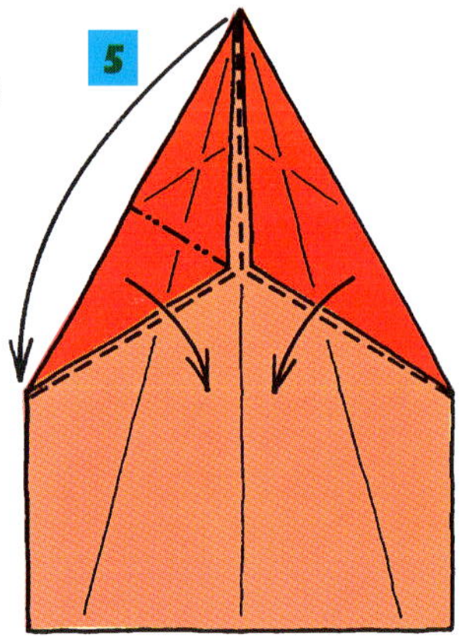

4

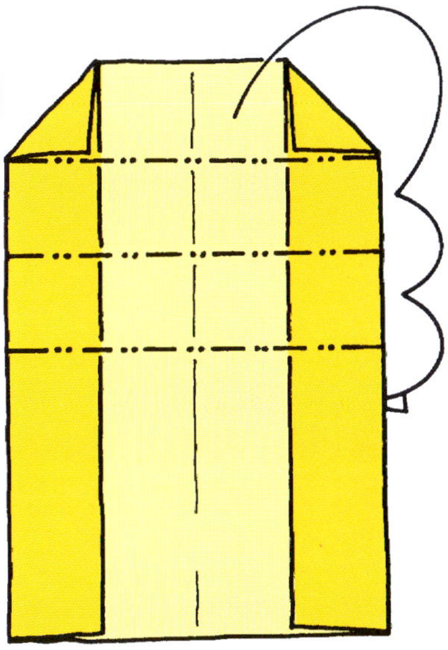

5

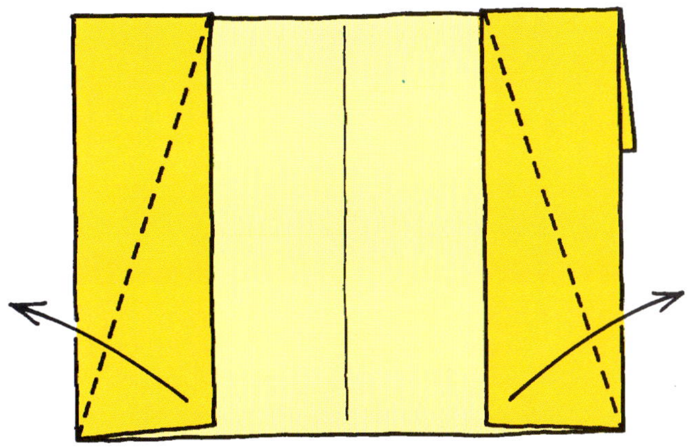

4. Den oberen Rand dreimal mit Bergfaltungen nach hinten umlegen.

5. Die losen Ecken wie abgebildet aufklappen.

6

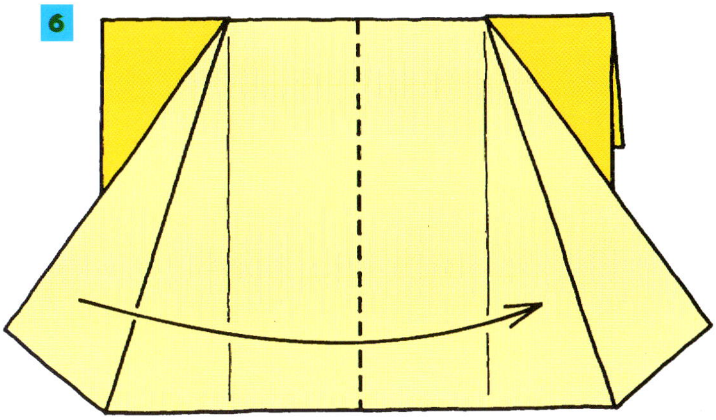

7

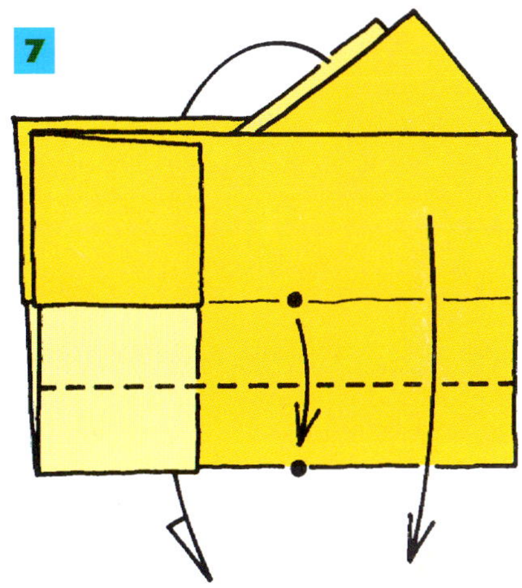

6. Mit einer Talfaltung auf die Hälfte zusammenlegen.

7. Punkt auf Punkt legen, so daß parallel zum unteren Rand ein Falz entsteht. Auf der Rückseite wiederholen.

8

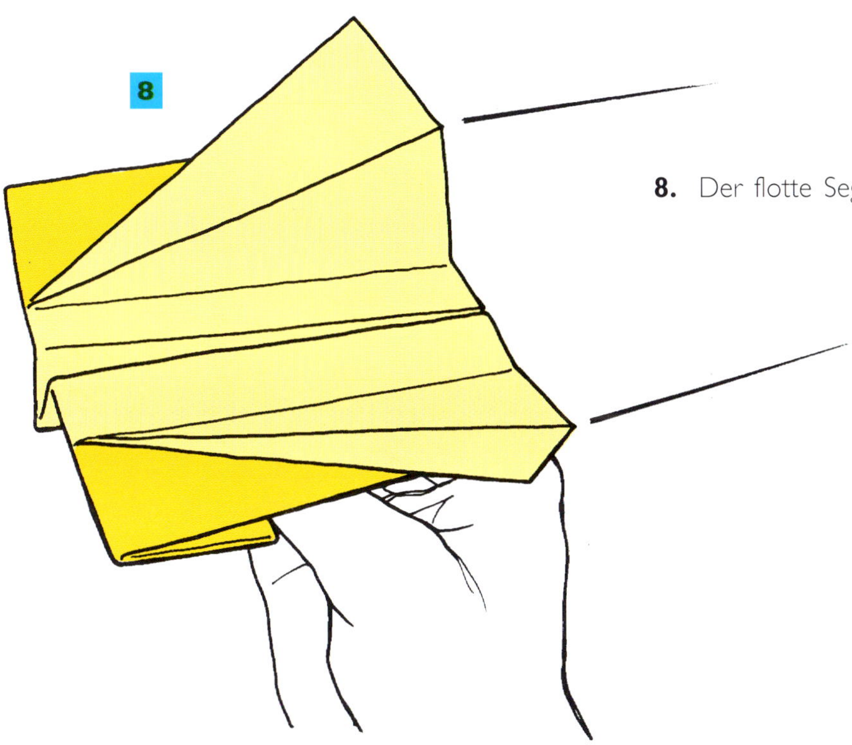

8. Der flotte Segler ist fertig.

Tip für den Start

Sanft nach vorne werfen. Bei Problemen lesen Sie bitte „Mein Flieger fliegt nicht!“ **(S. 12).**

Tarnflügel

Entscheidend ist hier Schritt 2. Lassen Sie sich soviel Zeit wie nötig, um präzise zu falten; das Modell muß bei Schritt 4 exakt symmetrisch sein. Auch danach muß das Modell noch sauber gefaltet werden. *Entwurf: Paul Jackson, GB.*

Quadr. Papier (20 cm Seitenlänge)

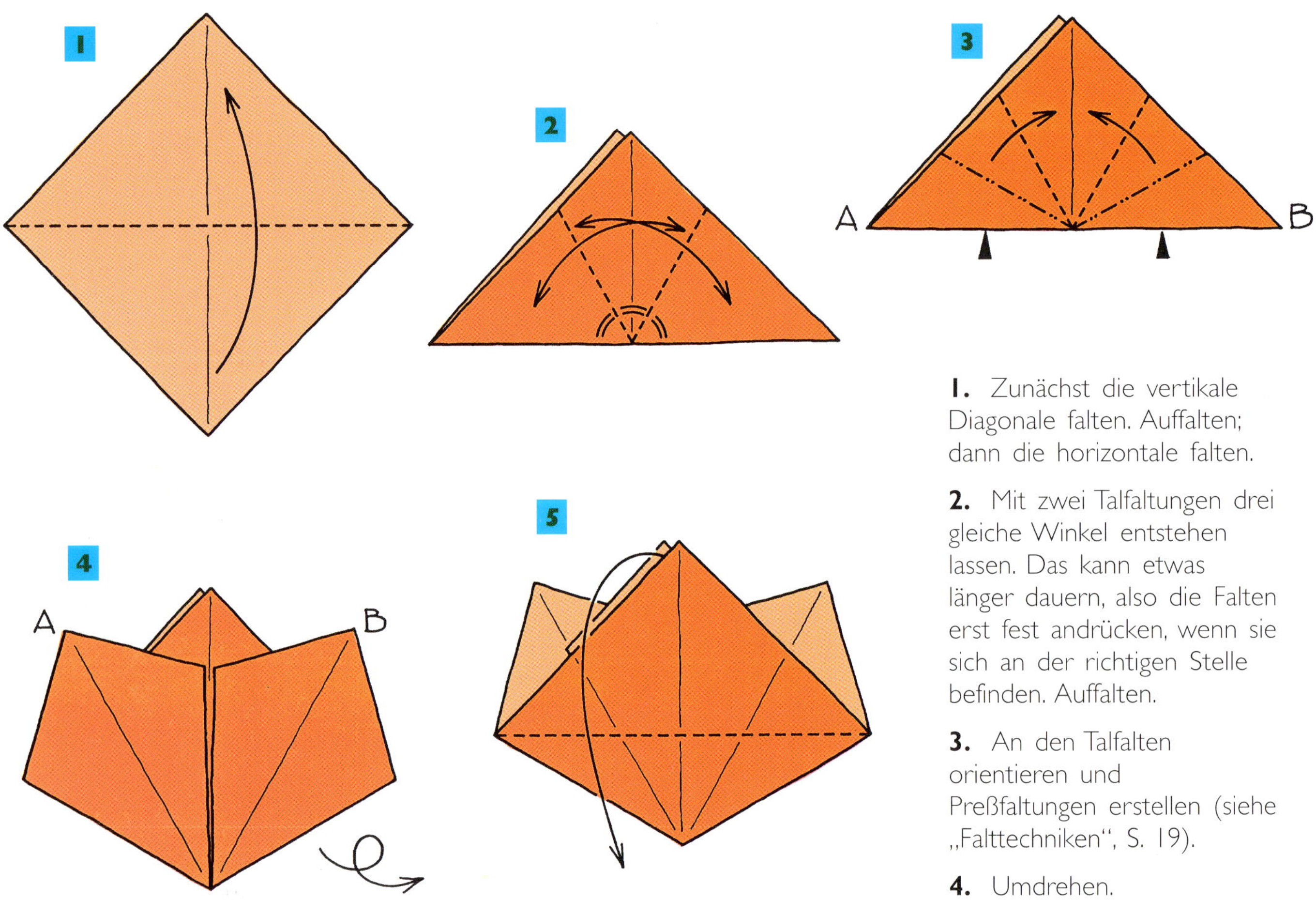

1. Zunächst die vertikale Diagonale falten. Auffalten; dann die horizontale falten.

2. Mit zwei Talfaltungen drei gleiche Winkel entstehen lassen. Das kann etwas länger dauern, also die Falten erst fest andrücken, wenn sie sich an der richtigen Stelle befinden. Auffalten.

3. An den Talfalten orientieren und Preßfaltungen erstellen (siehe „Falttechniken", S. 19).

4. Umdrehen.

5. Die obere Lage so weit wie möglich nach unten ziehen.

6

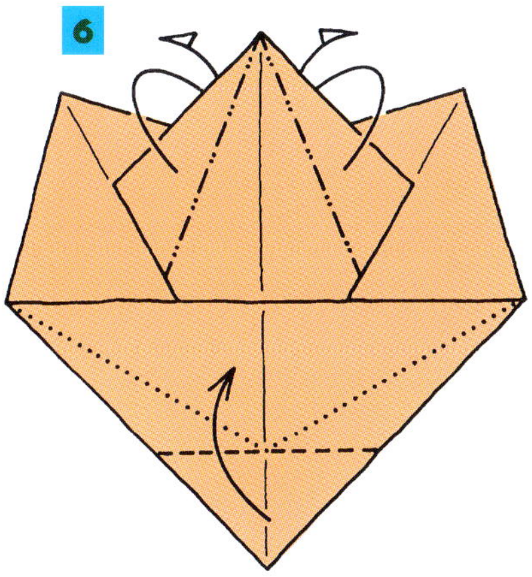

7

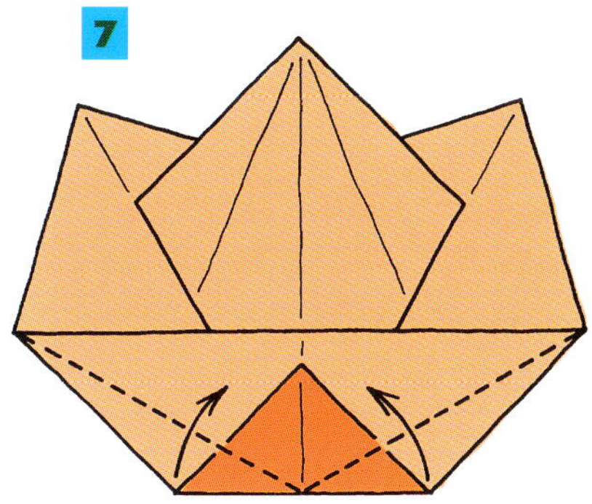

8

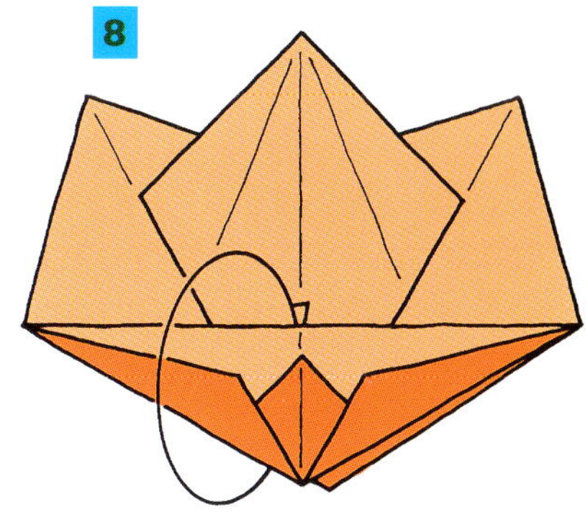

6. Untere Ecke so nach oben knicken, daß Falz mit darunterliegender Ecke abschließt. Obere Ecke mit Bergfaltungen verkleinern, dann auffalten.

7. Die unteren Ecken einschlagen.

8. Die obere Lage nach hinten umklappen, so daß sie sich in die dahinterliegende Tasche einpaßt.

9

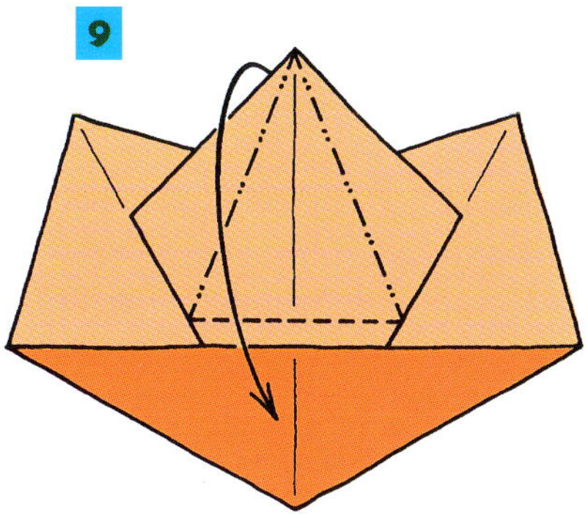

10

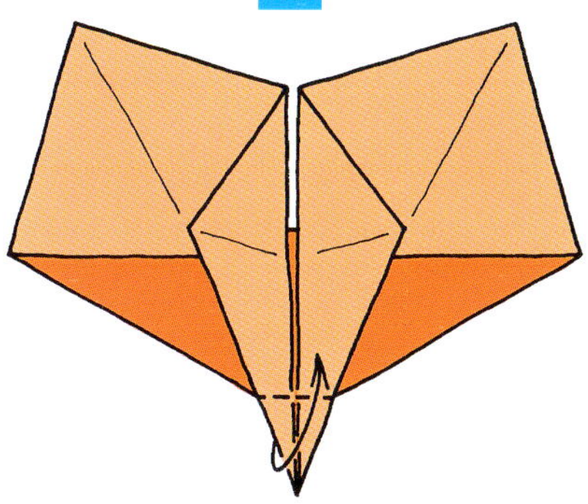

11

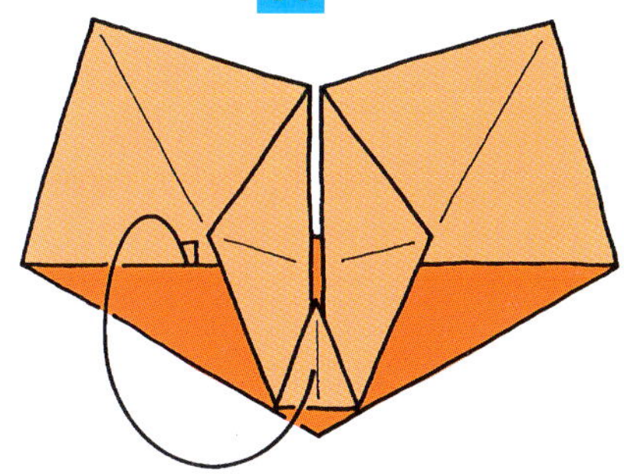

9. Obere Ecke mit Hilfe der Bergfalten aus Schritt 6 nach unten klappen, dabei eine horizontale Talfalte hinzufügen. In Schritt 10 sehen Sie das Ergebnis.

10. Die untere Spitze so nach oben umfalten, daß sie nicht über die untere Kante hinausragt.

11. Dieselbe Spitze in die dahinterliegende Tasche stecken. Dabei entstehen keine neuen Falten.

12. Entlang der Mitte eine flache Bergfaltung vornehmen. Umdrehen.

12

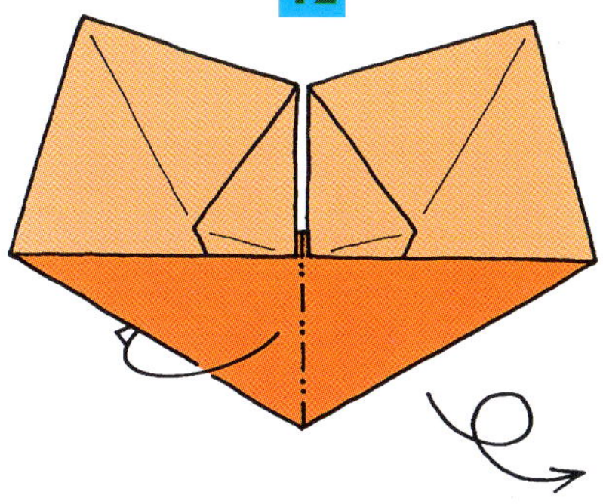

13

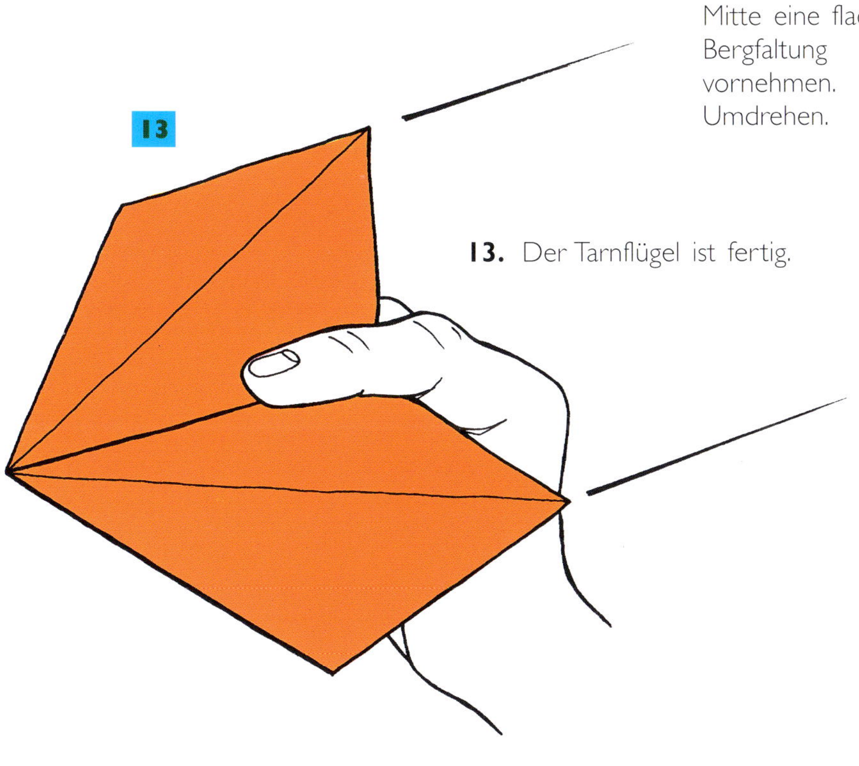

13. Der Tarnflügel ist fertig.

Tip für den Start

Zeigefinger auf die Mittelfalte legen und den Flieger mit sanftem Schwung nach vorne werfen.

Glynns Gleiter

Dieses bemerkenswerte Modell hält derzeit mit 28,7 Metern den Weltrekord im Origami-Weitflug. Die im Guinness Buch der Rekorde verzeichnete Bestmarke wurde am 19. September 1997 von seinem Konstrukteur im Luftfahrtmuseum von Yorkshire aufgestellt. Andere Flieger sind schon weiter geflogen, aber keiner von ihnen war ein reines Origami-Modell (d.h., ohne Schnitte und ohne die Hilfe von Klebstoff, Klebeband, Gewichten usw. aus einem Rechteck gefertigt). *Entwurf: Robin Glynn, GB*

A4- oder Letter-Papier mit Seitenverhältnis von 1:√2

1

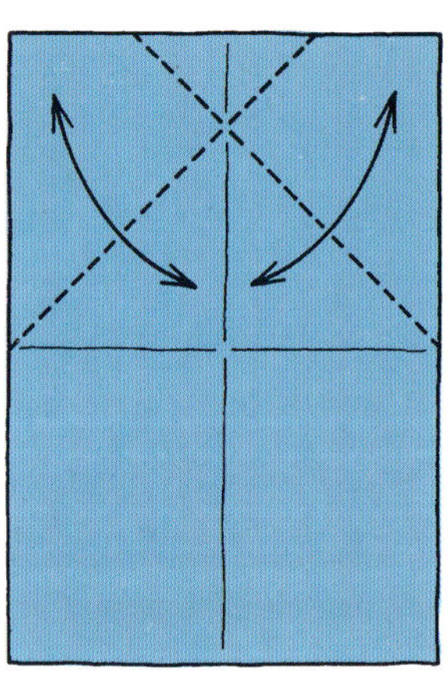

2

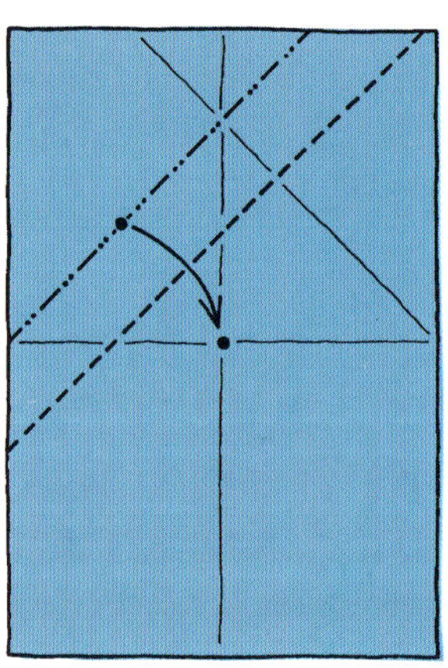

3

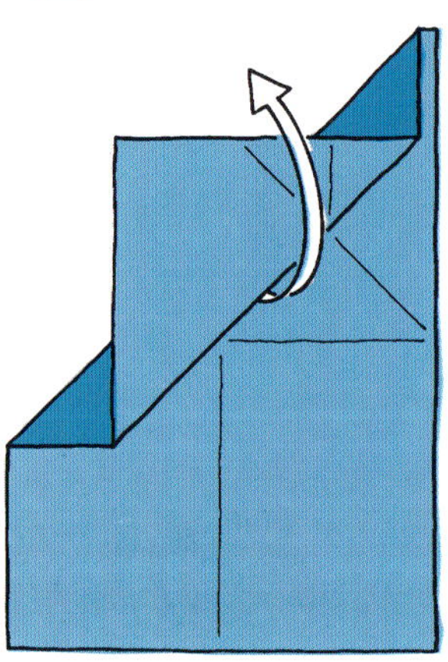

4

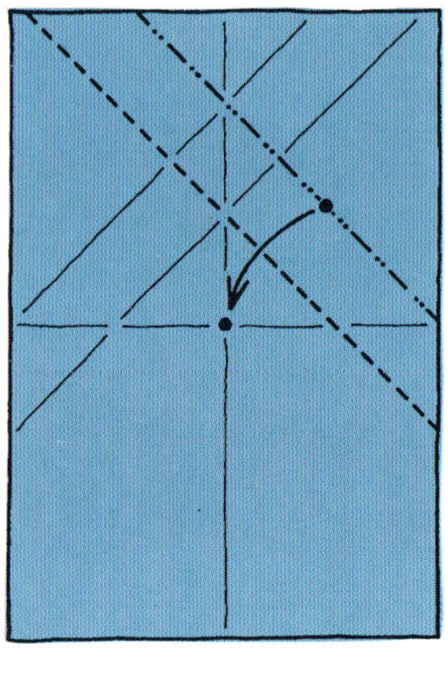

5

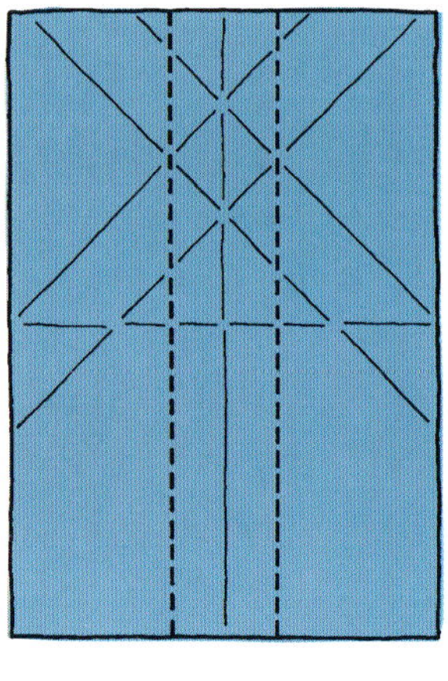

1. Horizontal und vertikal in der Mitte falten und auffalten. In oberer Hälfte Diagonalen im 45°-Winkel falten und wieder öffnen. Umdrehen.

2. Punkt auf Punkt legen, die vorhandene diagonale Bergfalte auf den Mittelpunkt legen und flachdrücken, so daß parallel …

3. … eine neue Talfalte entsteht. Auffalten.

4. Schritt 2 auf rechter Seite wiederholen.

5. Vertikale Talfalten folgen lassen, die die Ecken der kleinen gefalzten Raute nahe am oberen Rand berühren. Sorgfältig vorgehen.

6

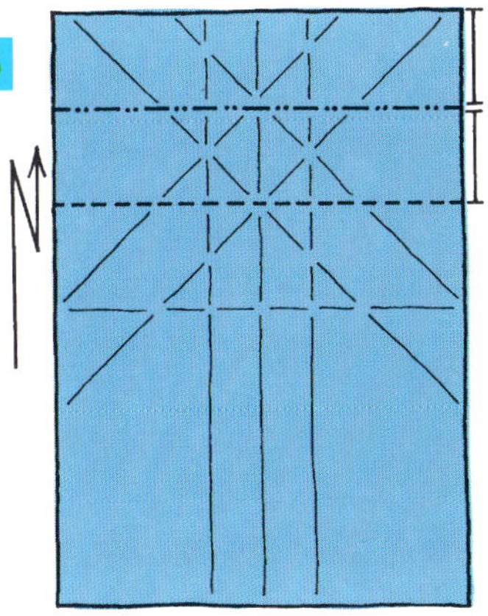

6. Ein horizontales Tal falten, das die untere Ecke der gefalzten Raute berührt, danach eine Bergfalte in der Mitte zwischen dem Tal und dem oberen Rand.

7

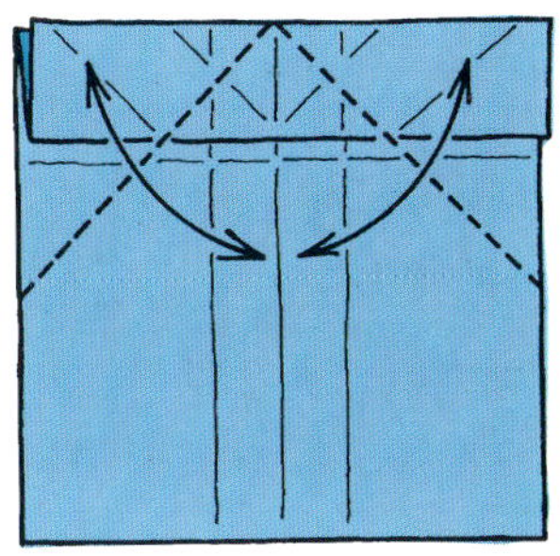

7. Die oberen Ecken nach innen knicken. Auffalten.

8

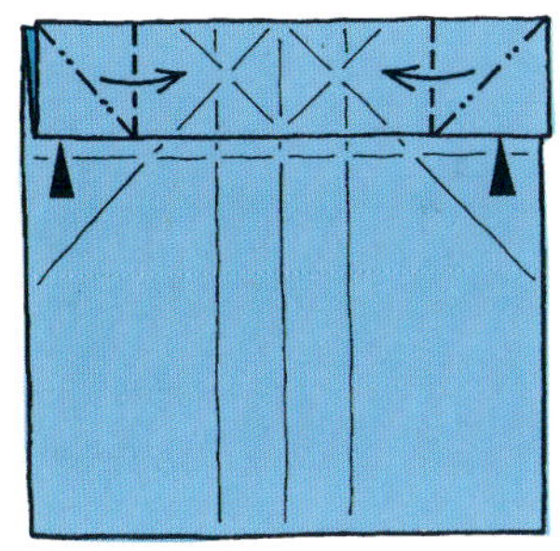

8. Preßfaltungen erstellen (siehe „Falttechniken", S. 19), dabei die oberen einlagigen Ecken zur Mitte umklappen.

9

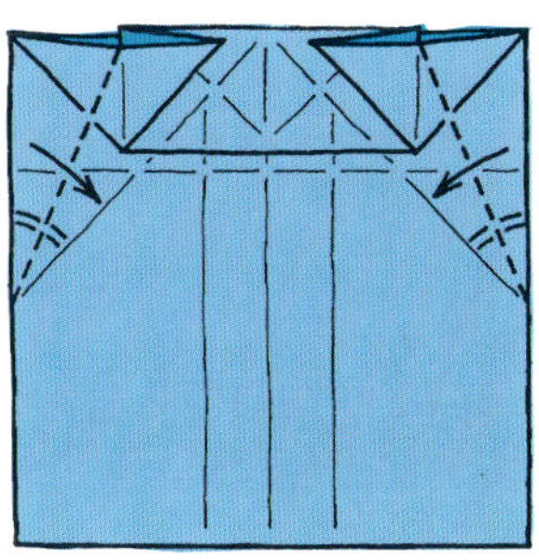

9. Die oberen Ecken an die Falten aus Schritt 7 legen.

10

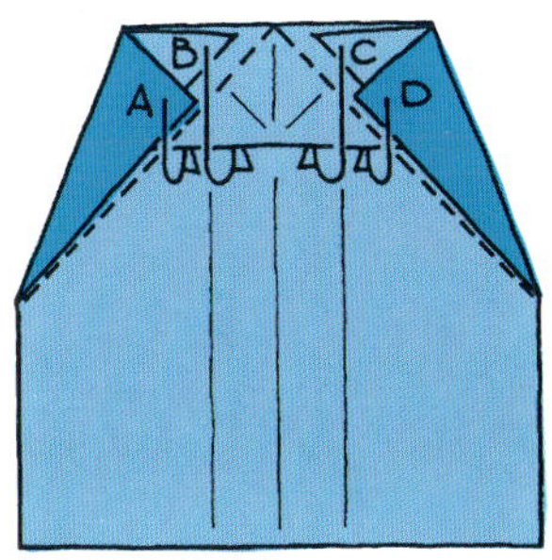

10. Die Falten aus Schritt 7 erneuern, dabei die Ecken A & B sowie C & D unter die horizontale Kante stecken.

11

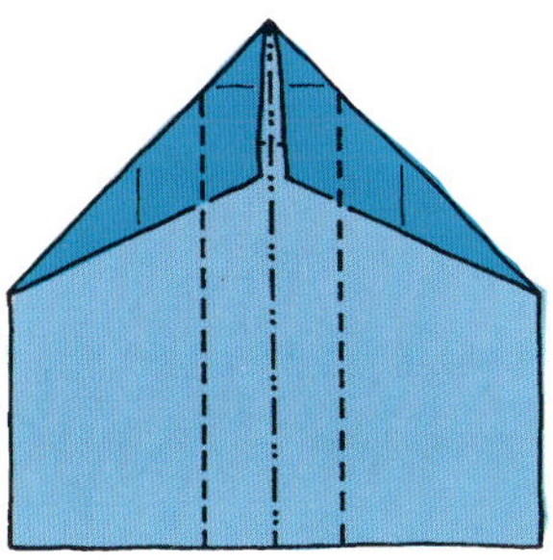

11. Die vertikalen Talfalten neu bilden und in der Mitte eine Bergfaltung vornehmen.

12

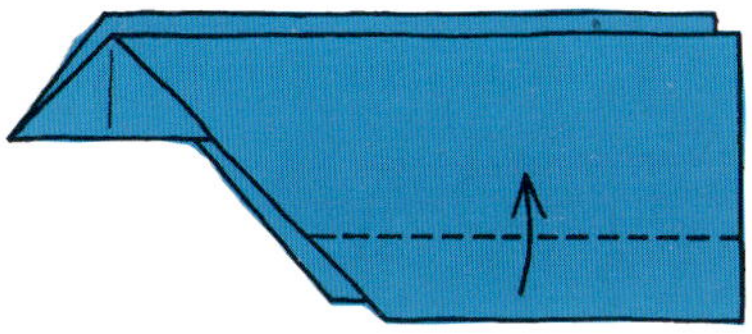

12. Die Tragfläche mit einem Seitenruder versehen. Auf der Rückseite wiederholen.

13

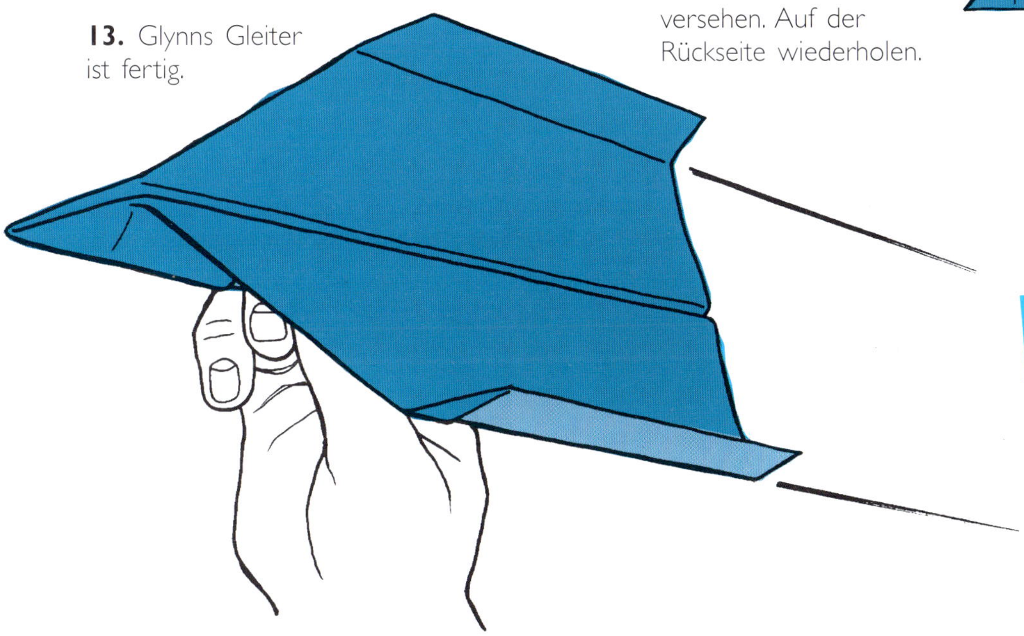

13. Glynns Gleiter ist fertig.

Tip für den Start

Auf herkömmliche Art halten und werfen. Mit kleinen Anpassungen der Tragflächen- und Seitenruderwinkel sollte der Gleiter weit fliegen.

Jagdbomber

Dies ist eines jener angenehmen Modelle, die sich von selbst zu falten scheinen – die Abfolge der Schritte ist naheliegend, ohne heikle Details. Außerdem fliegt es hervorragend. *Traditionelles Modell.*

A4- oder Letter-Papier mit Seitenverhältnis von 1:√2

1

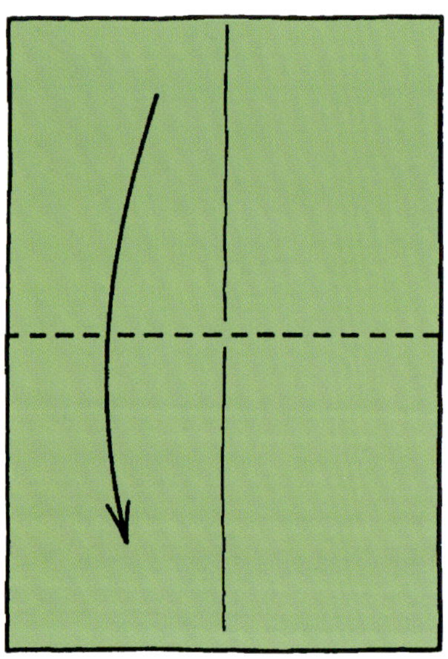

2

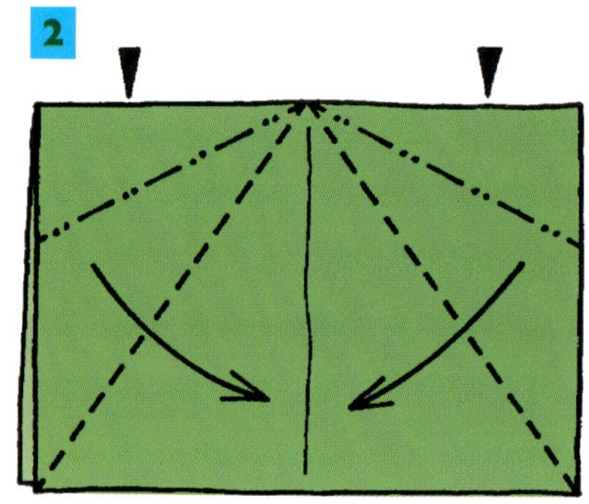

1. In der Mitte zusammen- und wieder auffalten, dann oberen Rand auf unteren legen.

2. Zwei Preßfaltungen vornehmen (siehe „Falttechniken", S. 19). Beachten Sie die Position der Talfalten.

3. Mit Bergfaltungen die offenen Enden der Preßfalten verengen.

4. Die Preßfalten auf die Hälfte knicken. Das Blatt sieht nun hinten und vorne gleich aus.

3

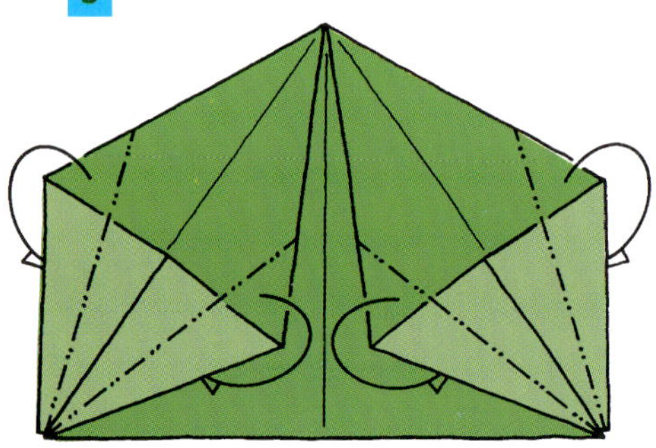

4

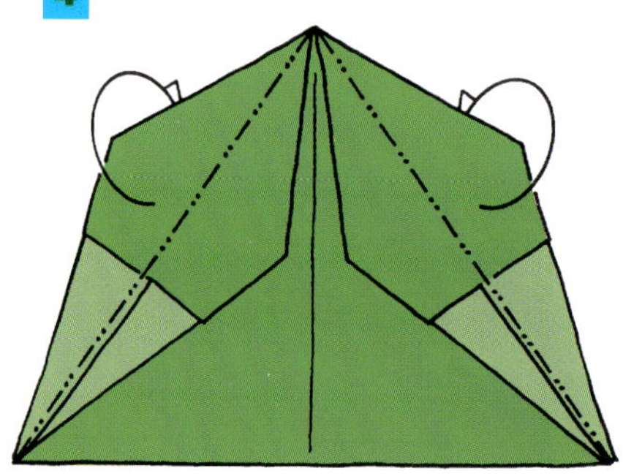

5

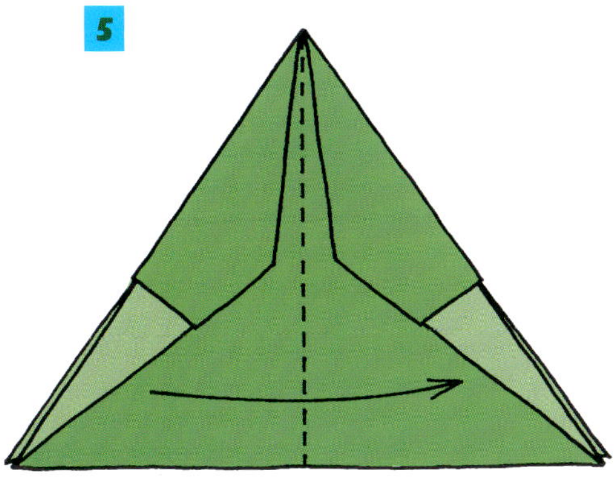

5. Das Blatt mit einer Talfaltung auf die Hälfte zusammenlegen.

6

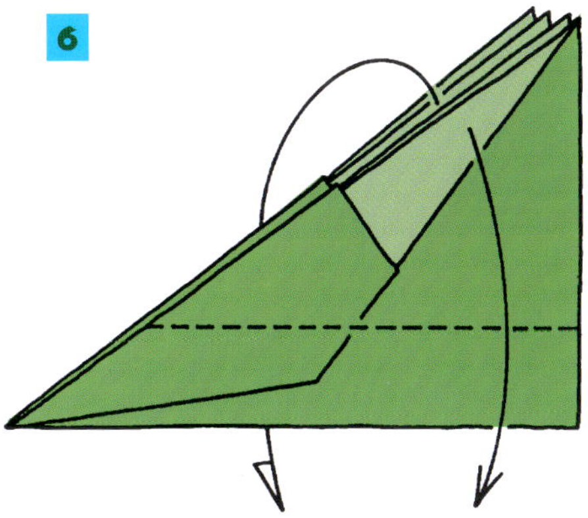

6. Den Flügel nach unten falten. Auf der Rückseite wiederholen.

7

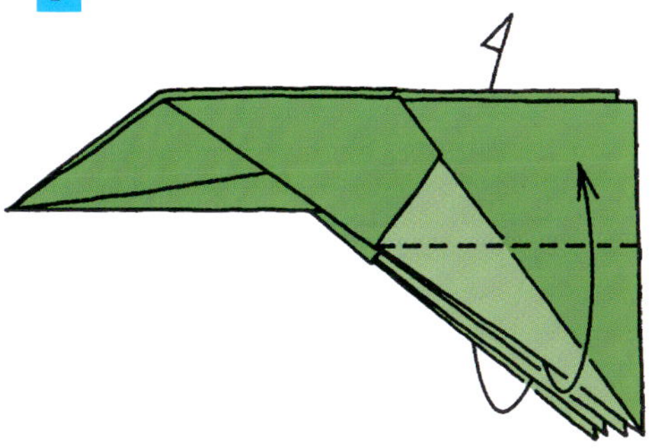

7. Obere Lage des Flügels nach oben knicken. Auf der Rückseite wiederholen.

8

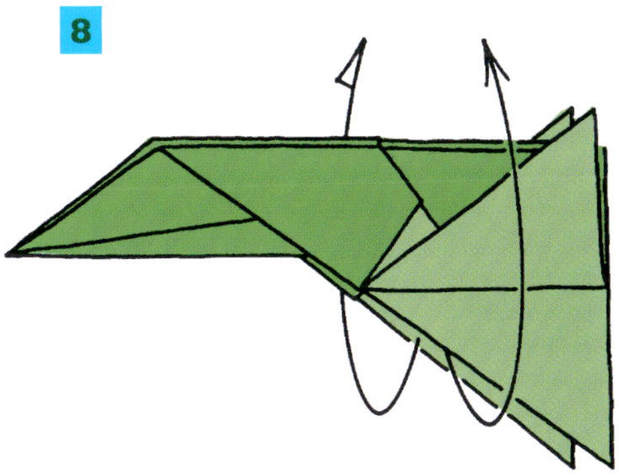

8. Die Tragflächen in die Horizontale bringen.

9

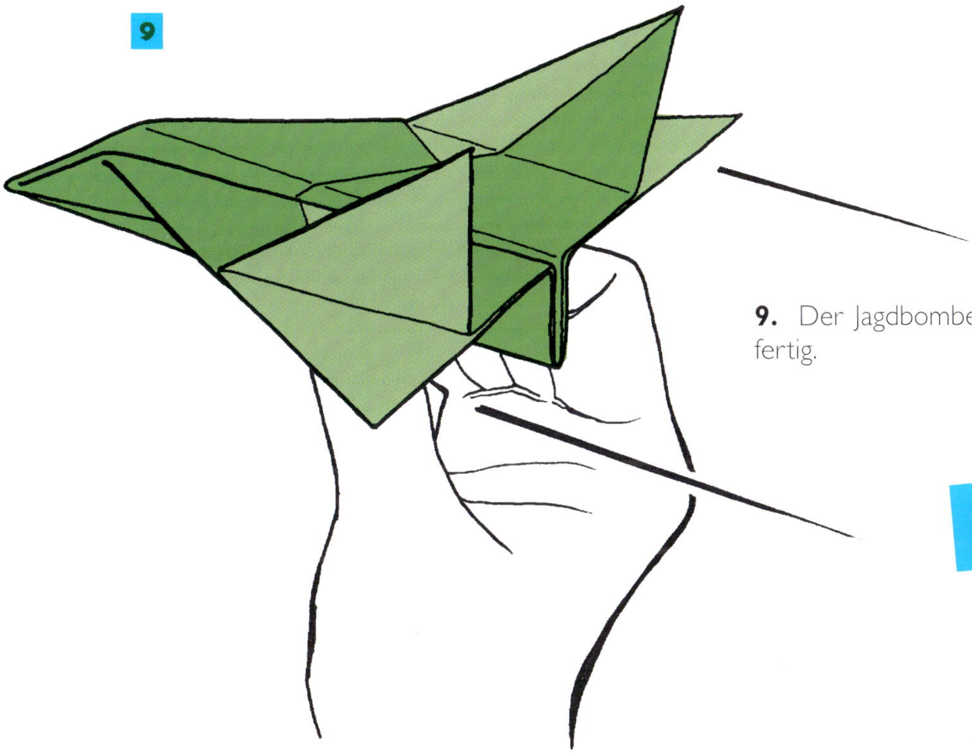

9. Der Jagdbomber ist fertig.

Tip für den Start

Auf herkömmliche Art halten und werfen. Bei Problemen lesen Sie „Mein Flieger fliegt nicht!" (S. 12).

Classique

Dieses Modell besitzt die bekannte Deltaform, die genau bemessenen Falten in Schritt 1 verleihen der Nase jedoch das ideale Gewicht, so daß das Modell im Flug das Gleichgewicht behält.

Entwurf: Alain Georgeot und Eric Joisel, Frankreich.

Quadr. Papier (20 cm Seitenl.)

1

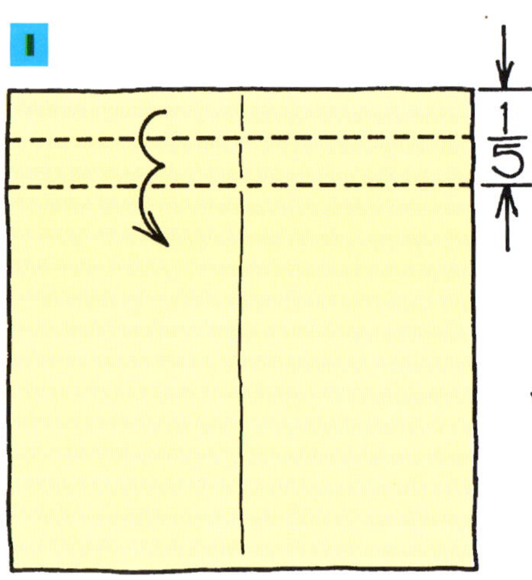

2

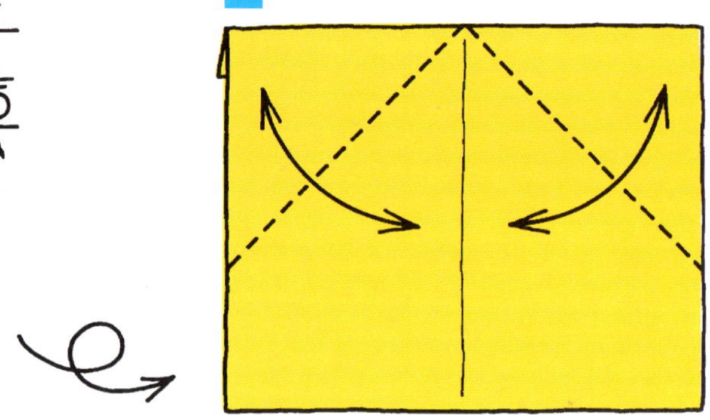

1. In der Mitte vertikal falten, auffalten. Oberen Rand zweimal umknicken, so daß unterer Falz ein Fünftel der Höhe des Blattes vom oberen Rand entfernt ist. Umdrehen.

2. Die oberen Ecken nach innen knicken. Auffalten.

3. Die seitlichen Ränder auf die bestehenden Falze legen.

4. Entlang der Falze aus Schritt 2 umfalten.

3

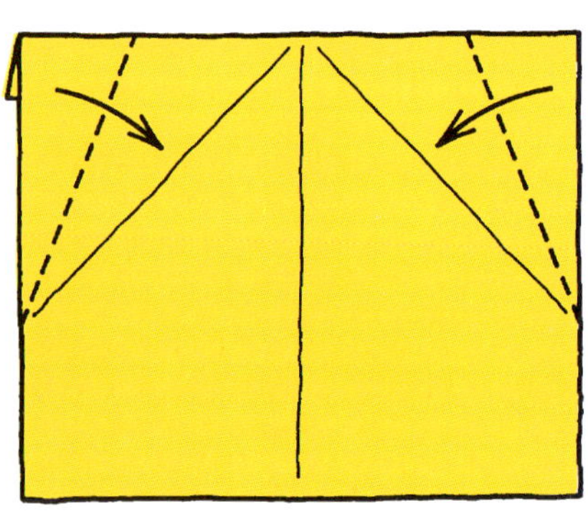

4

5

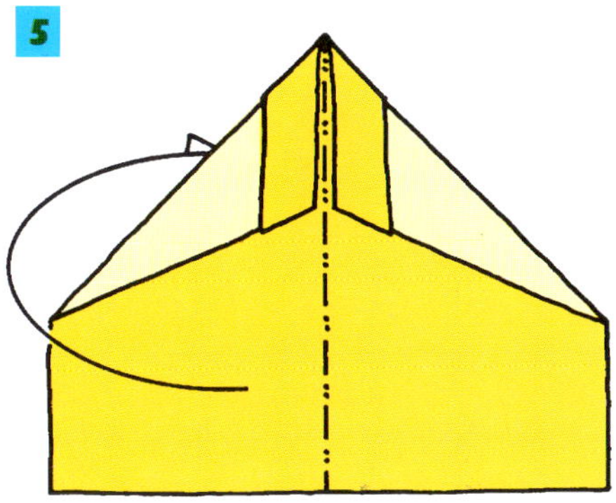

5. Blatt mit einer Bergfaltung halbieren.

6

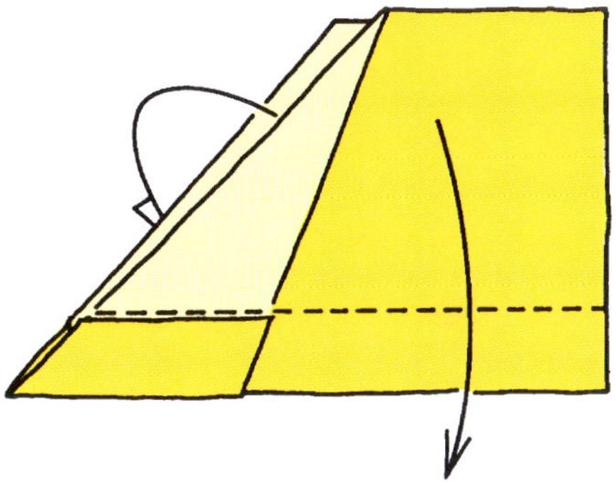

6. Den Flügel nach unten falten. Auf der Rückseite wiederholen.

7

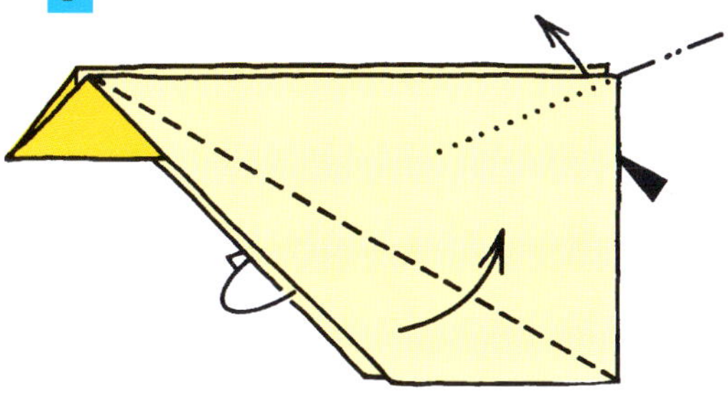

7. Höhenleitwerk nach oben falten. Führungskante der Flügel nach innen knicken. Auf der Rückseite wiederholen.

8

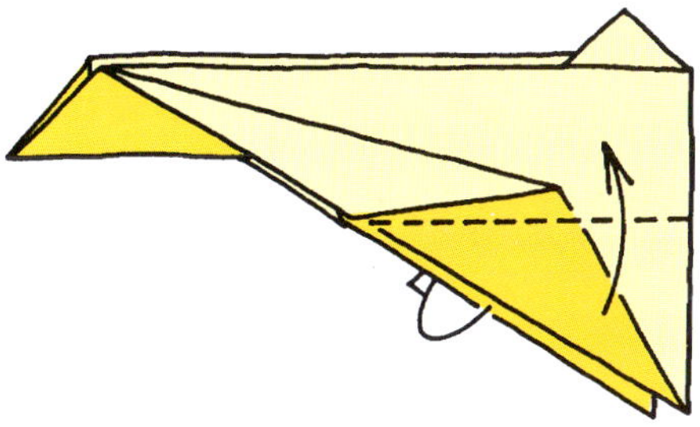

8. Die Flügelspitze nach oben knicken. Auf der Rückseite wiederholen.

9

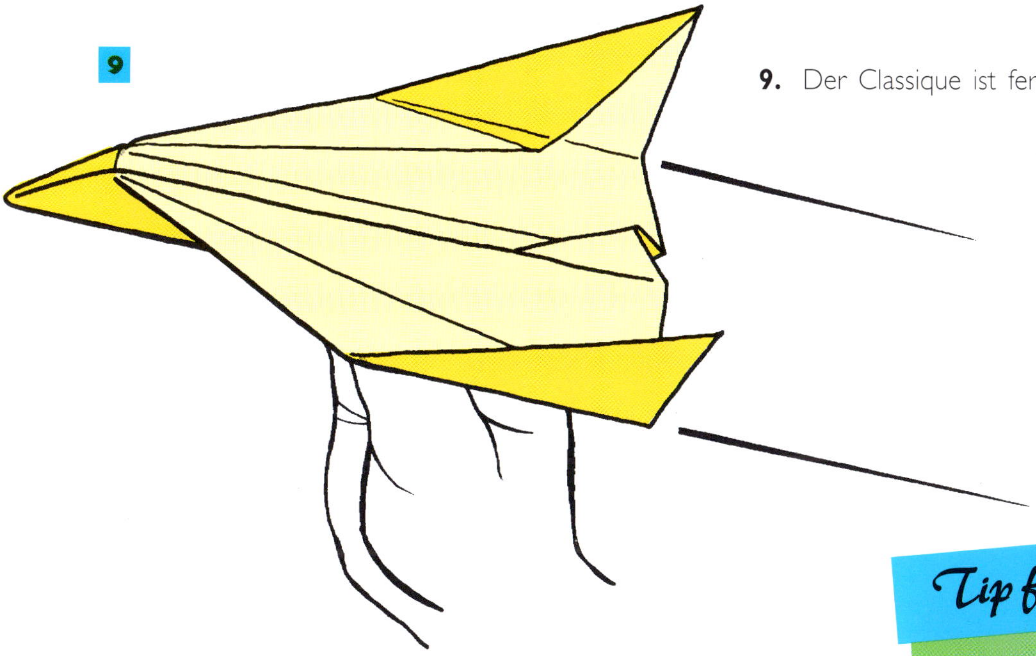

9. Der Classique ist fertig.

Tip für den Start

Auf herkömmliche Art halten und werfen. Bei Problemen lesen Sie „Mein Flieger fliegt nicht!" (S. 12).

Powerstarter

Dieser Flieger läßt sich dank des hinzugefügten Dorns mit besonders viel Schwung werfen. Der Tragflächenwinkel bleibt nach dem Start erhalten. *Entwurf: Paul Jackson, GB.*

Quadr. Papier (15–20 cm Seitenlänge)

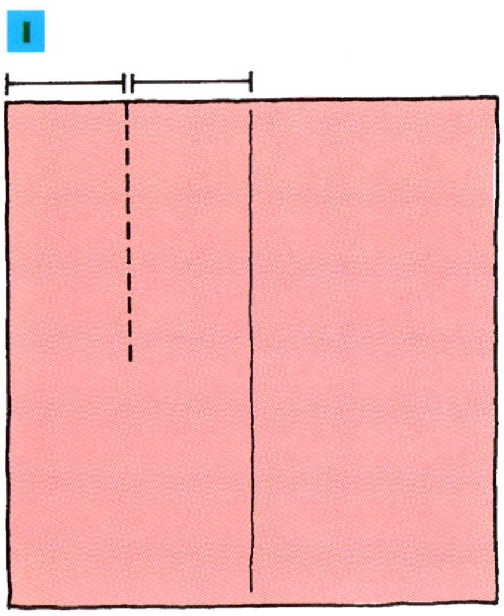

1. In der Mitte vertikal zusammen- und wieder auffalten. Die linke Hälfte etwa bis zur Mitte des Blattes noch einmal senkrecht halbieren.

2. Die linke obere Ecke so nach innen knicken, daß sie an der Viertelfalte anliegt und die neue Falte genau in der Mitte des oberen Randes beginnt. Sorgfältig vorgehen.

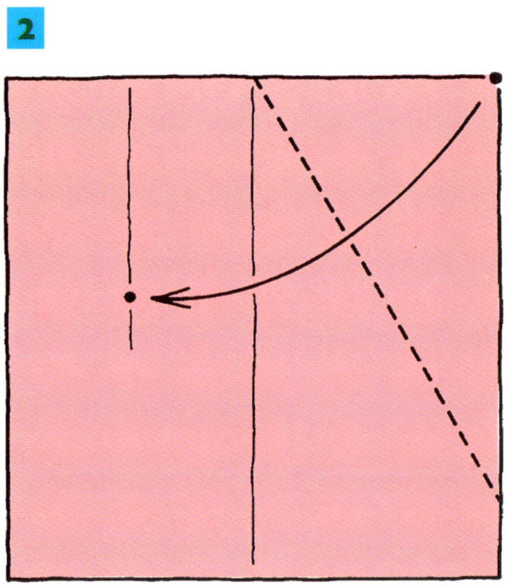

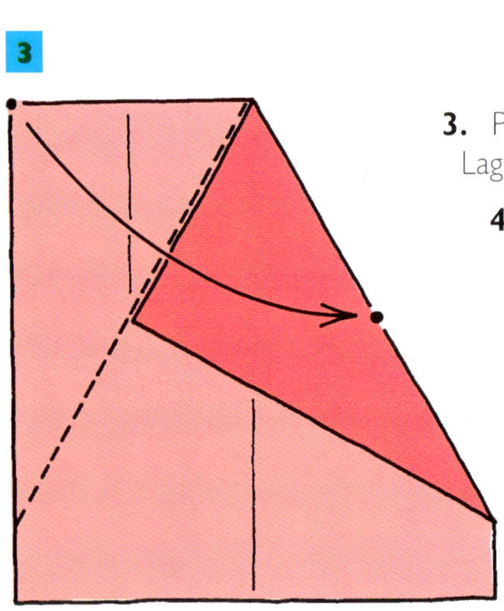

3. Punkt auf Punkt legen. Die linke und rechte Lage sollten miteinander abschließen.

4. Falten und auffalten. Beachten Sie die Position des Falzes.

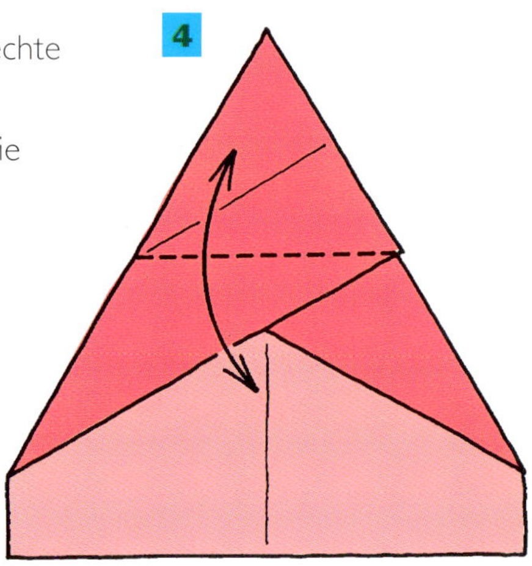

5

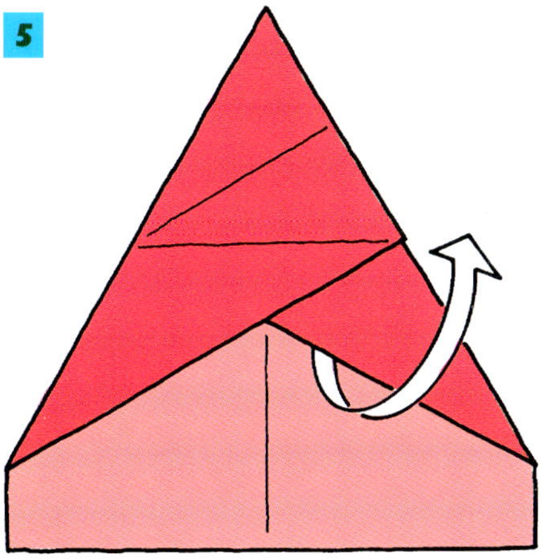

5. Auseinanderfalten.

6

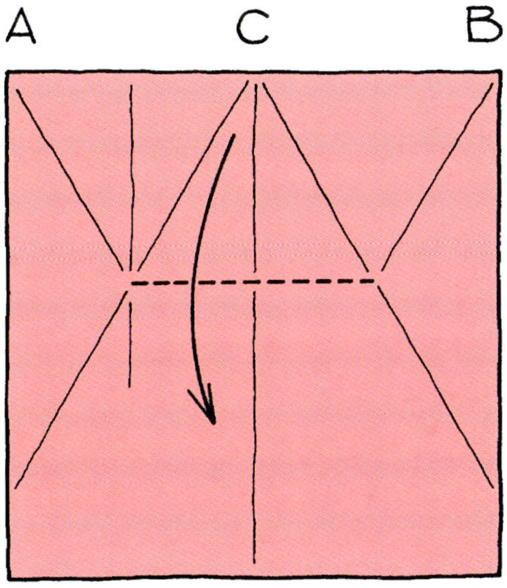

6. Nur den abgebildeten horizontalen Abschnitt …

7

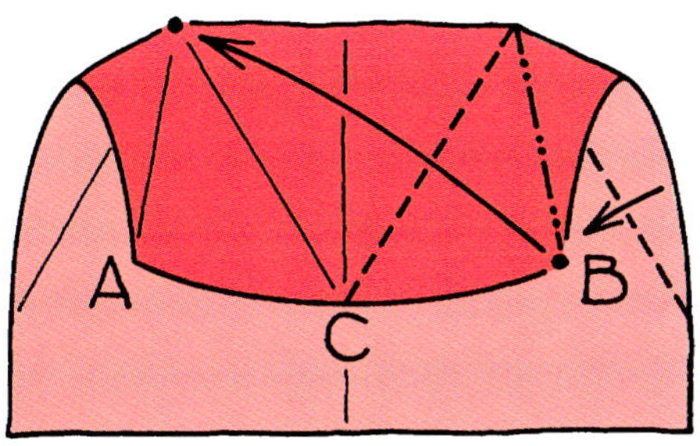

7. … wie abgebildet falten. Ecke B zur linken oberen Ecke falten und die rechte Hälfte des Blattes flachdrücken.

8

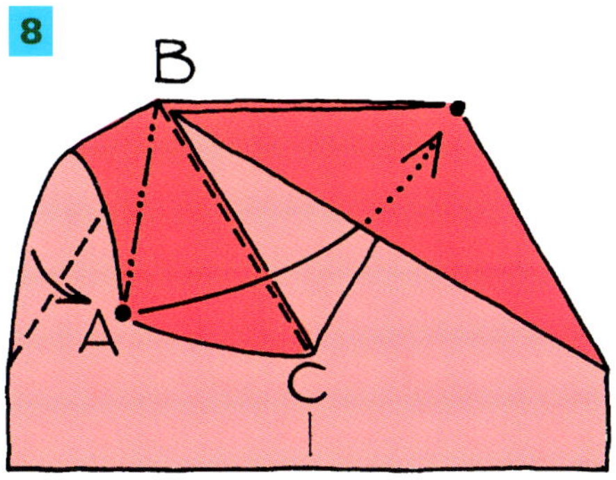

8. Auf der anderen Seite mit Ecke A wiederholen. Beachten Sie, wie Ecke A genau unter die obere Lage schlüpft und die flache Form des Blattes festigt.

9

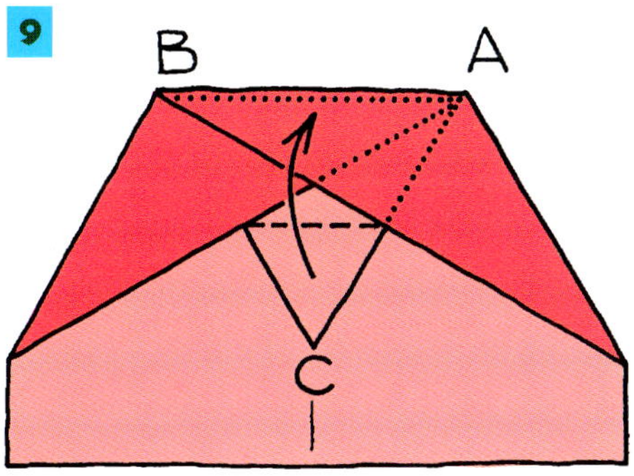

9. Ecke C umschlagen.

10

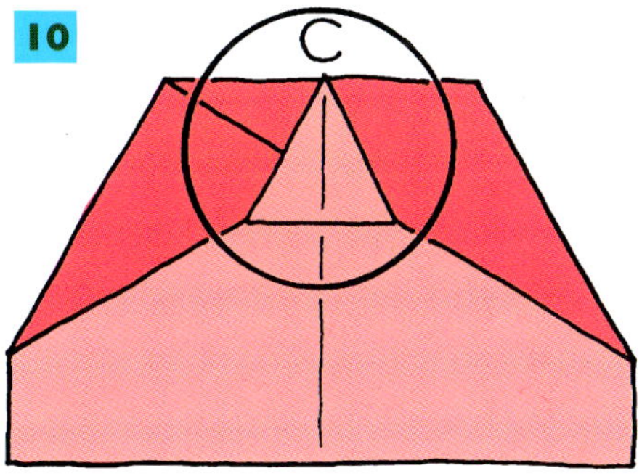

10. Die nächste Abbildung stellt Ecke C vergrößert dar.

11

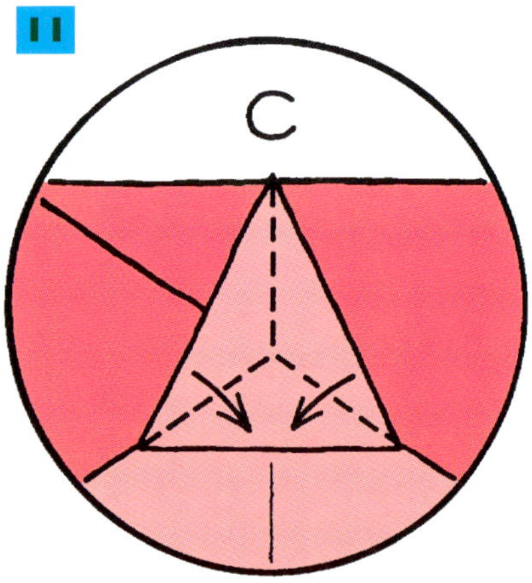

11. Im Dreieck unterhalb von C in alle drei Ecken je einen Knick machen, dann das untere Paar nach innen falten.

12

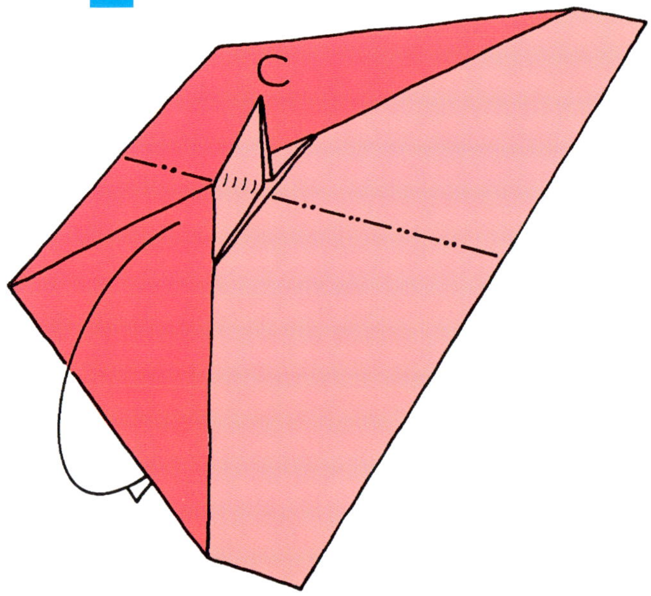

12. Dadurch entsteht der dreidimensionale Dorn bei C. Das Blatt mit einer Bergfaltung halbieren.

13

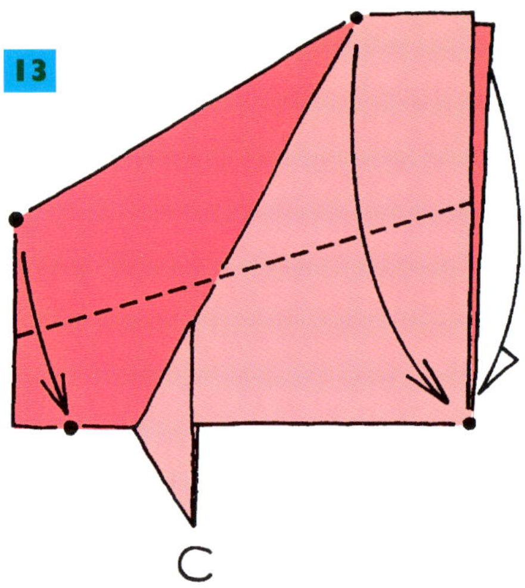

13. Beachten Sie C. Die beiden oberen Punkte auf die unteren legen. Auf der Rückseite wiederholen.

14

14. Der Powerstarter ist fertig.

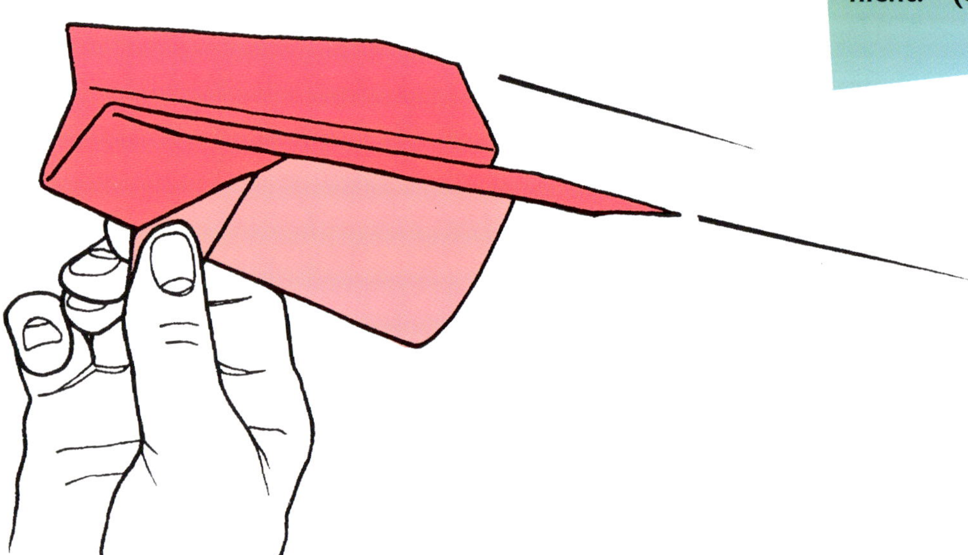

Tip für den Start

Den Dorn fassen und den Powerstarter hoch in die Luft werfen. Bei Problemen lesen Sie „Mein Flieger fliegt nicht!“ (S. 12).

Ungewöhnliche Modelle

„Das soll fliegen?!" ist die ungläubige Reaktion auf ein Modell, das augenscheinlich so wenig aerodynamisch ist wie ein Ziegelstein, sich aber trotzdem auf rätselhafte Weise in der Luft zu halten vermag. Dieses Kapitel befaßt sich also mit den ausgefallenen, kuriosen und bizarren Fliegern. Mit dabei sind ein paar rotierende Modelle, die sich, wenn sie auch keine Flugzeuge im strengen Sinn sind, oft länger in der Luft halten als herkömmliche Flieger.

Schwan

Dies ist ein Modell, das sofort nachvollziehbar erscheint, in dem aber tatsächlich viel Kreativität steckt – wären Sie darauf gekommen? Es ist kaum mehr als der traditionelle Papierpfeil, den wir alle als Kinder lernen, jedoch mit einer zusätzlichen doppelseitigen Faltung in Schritt 5. Das Ergebnis ist völlig unterschiedlich. *Entwurf: Yoshihide Momotani, Japan.*

Quadr. Papier (15–20 cm Seitenl.)

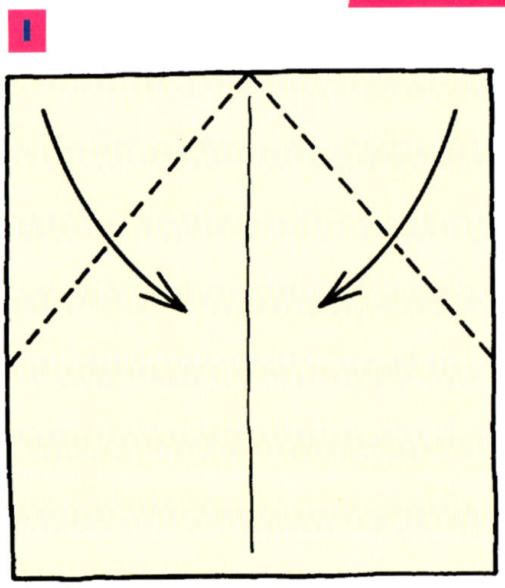

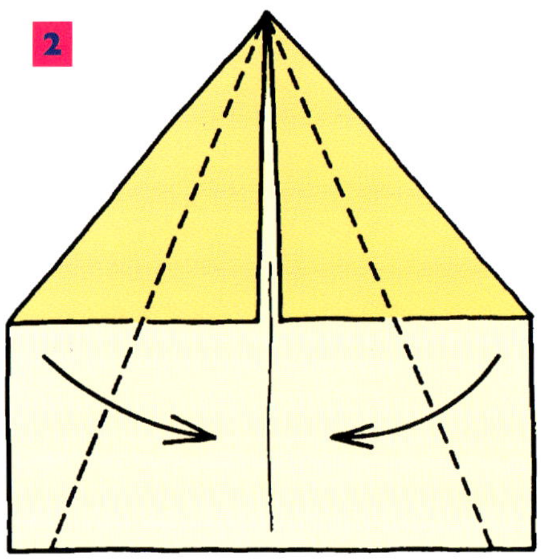

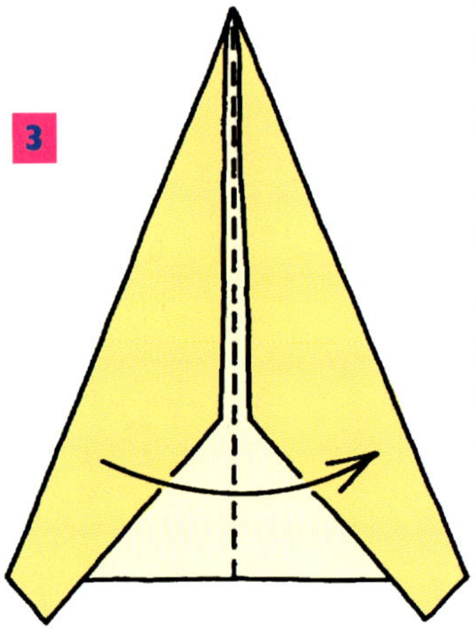

1. In der Mitte falten und auffalten, dann die oberen Ecken nach innen knicken.

2. Die schrägen Kanten auf den Mittelfalz legen.

3. Mit einer Talfaltung auf die Hälfte zusammenlegen.

4. Den Flügel falten und auffalten. Auf der Rückseite wiederholen. Achten Sie darauf, daß die Falten genau auf die Nase zulaufen.

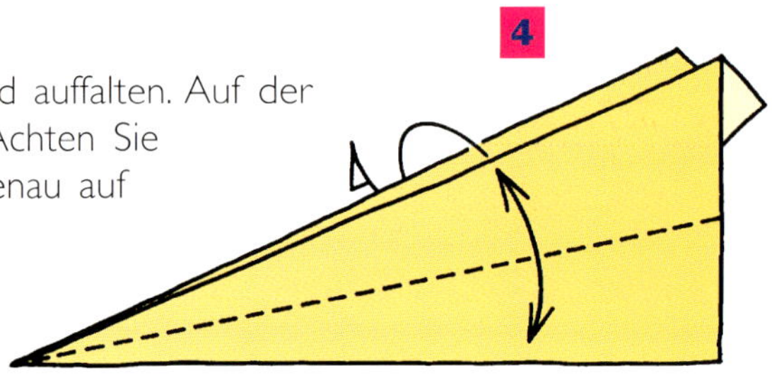

5

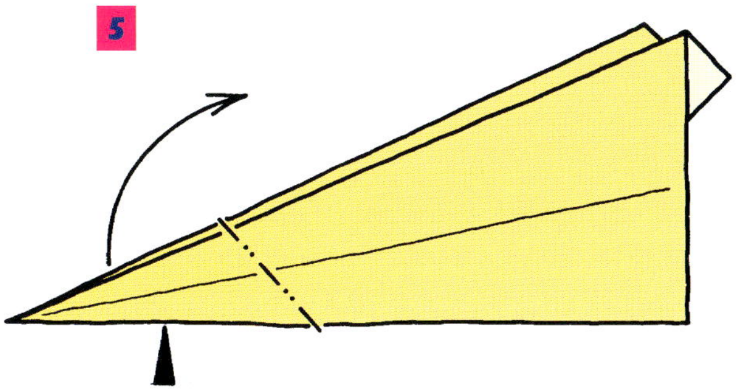

6

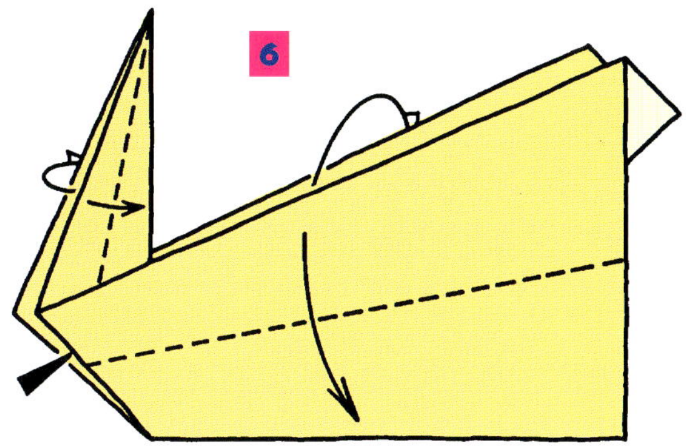

5. Die Nase doppelseitig nach innen falten (siehe „Falttechniken", S. 19). Das untere Ende des Falzes muß etwas vor dem Mittelpunkt der Unterkante liegen.
6. Die Falten aus Schritt 4 nochmals knicken, um die Flügel zu erhalten und den Hals zu verschmälern.

7

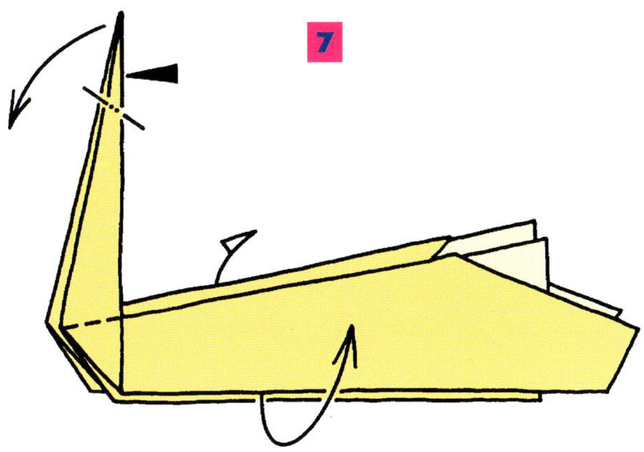

7. Den Kopf doppelseitig nach vorne falten. Die Flügel nach oben biegen.

8

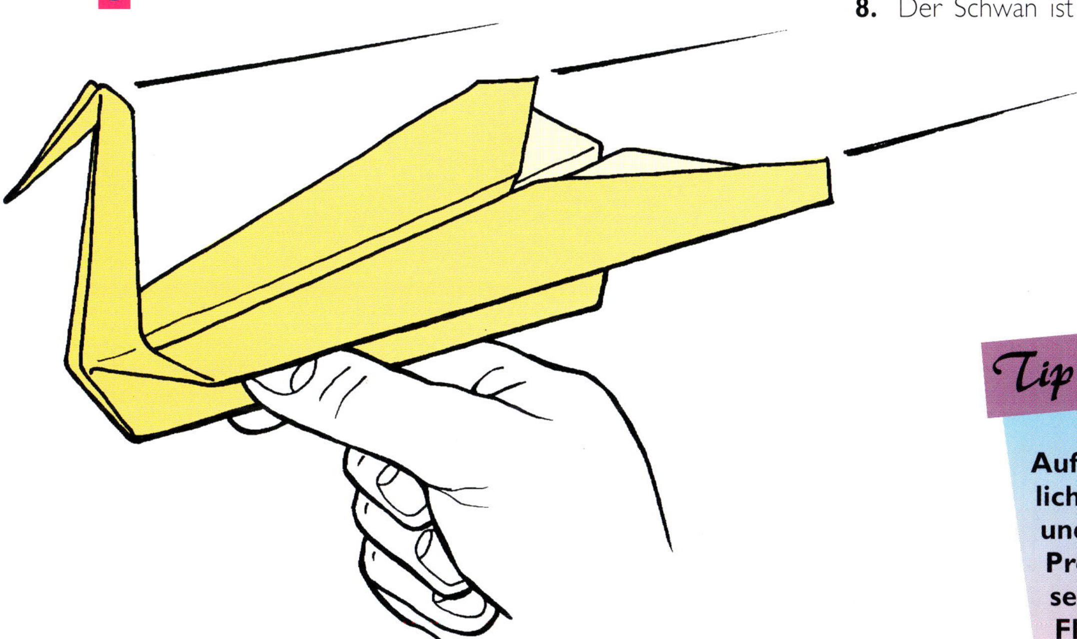

8. Der Schwan ist fertig.

Tip für den Start

Auf herkömmliche Art halten und werfen. Bei Problemen lesen Sie „Mein Flieger fliegt nicht!" (S. 12).

Schmetterling

Der Schlüssel zum Erfolg liegt in Schritt 1: Lassen Sie sich Zeit, damit AB doppelt so breit wird wie CD. Mit etwas Übung gelingt Ihnen ein Schmetterling, der sogar flattert. *Entwurf: Paul Jackson, GB.*

Dünnes, quadr. Papier (7,5–15 cm Seitenl.) für Flattereffekt, größeres, festes Papier für gleitenden Flug

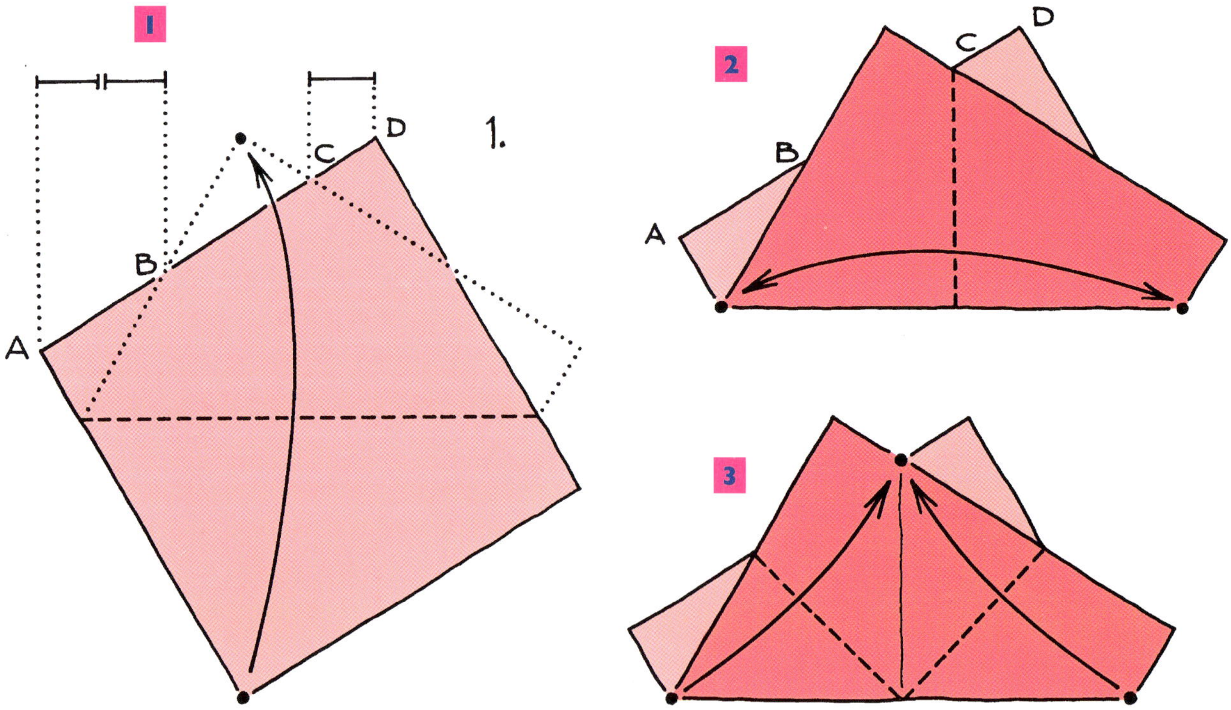

1. Die untere Ecke so auf die Punktmarkierung falten, daß AB doppelt so breit ist wie CD. Betrachten Sie Schritt 2: Der Umriß des Blattes soll symmetrisch werden.

2. Auf die Hälfte falten, dabei Punkt auf Punkt legen.

3. Die unteren Ecken auf den mittleren Punkt falten.

4

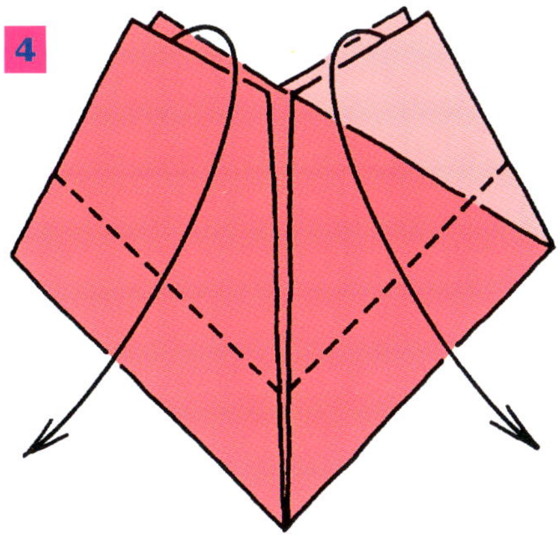

4. Nur die obere Lage umschlagen, links wie rechts. In Schritt 5 sehen Sie, welche Form entstehen sollte.

5

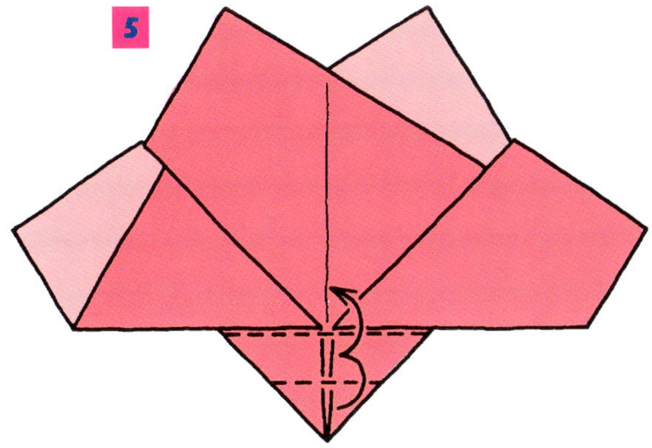

5. Die untere Ecke bis zur waagrechten Kante nach oben und dann um die Kante herumfalten.

6

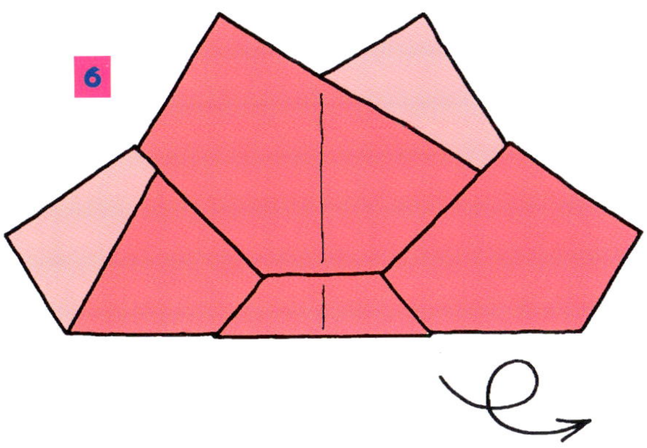

6. Umdrehen.

7

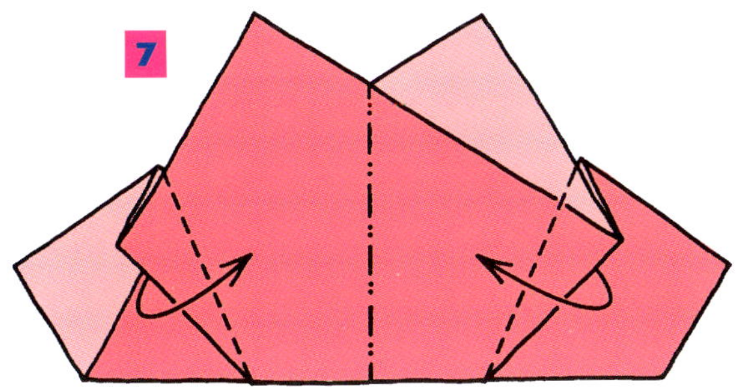

7. Die losen Ecken nach innen falten. Längs der Mitte eine leichte Bergfaltung vornehmen. Umdrehen.

8

8. Die Falten so justieren, daß der Schmetterling dieses Profil erhält.

9

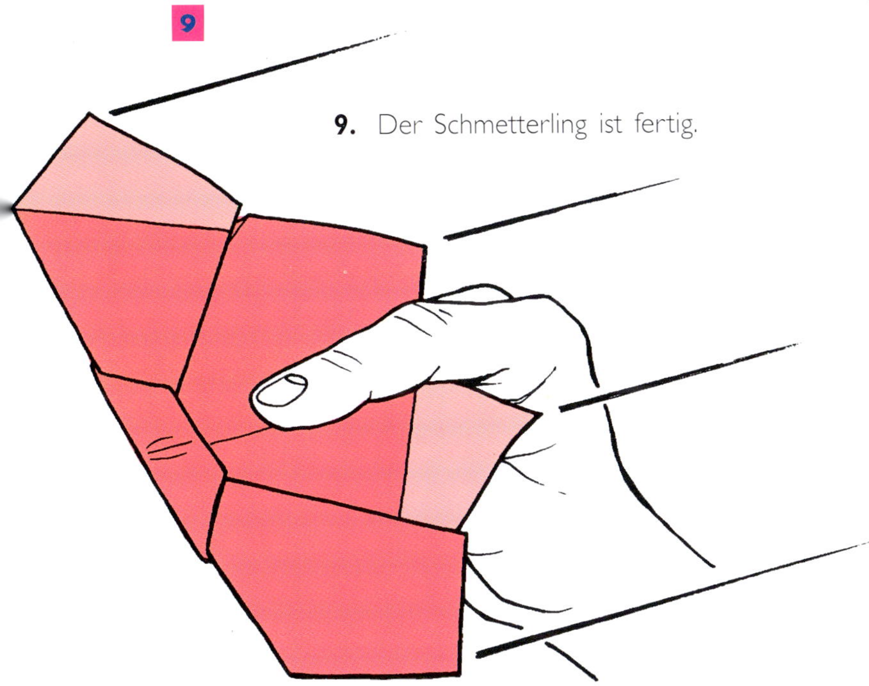

9. Der Schmetterling ist fertig.

Tip für den Start

Den Zeigefinger auf die Mittelfalte legen und dann den Schmetterling leicht nach vorne werfen.

Teebeutel-Segler

Dieser ausgefallene Segler bleibt in der Luft trotz des ungewöhnlichen Materials bemerkenswert stabil. *Entwurf: Earle Oakes, USA.*

Knitterfreie Teebeutelhülle

1

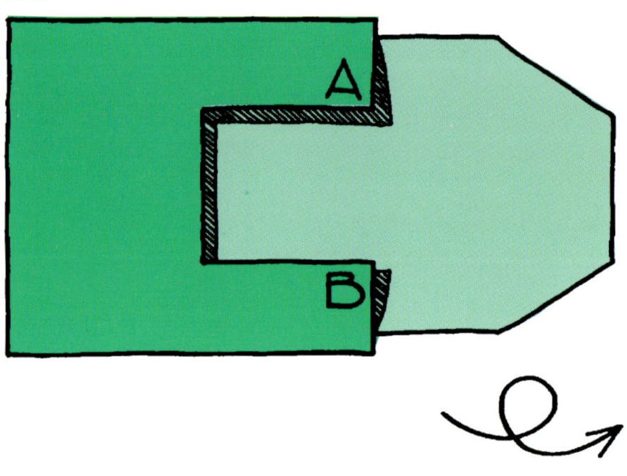

2

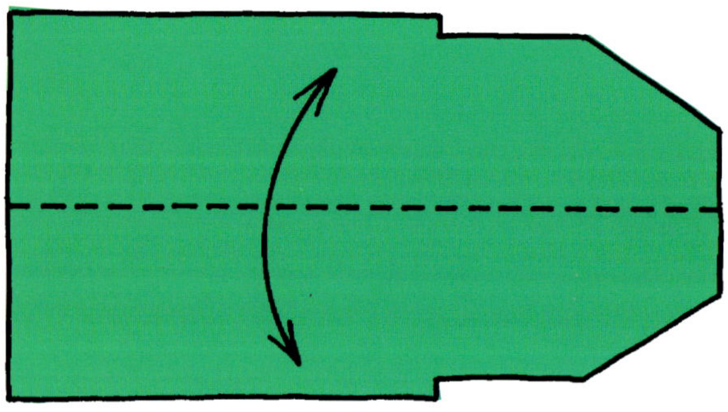

3

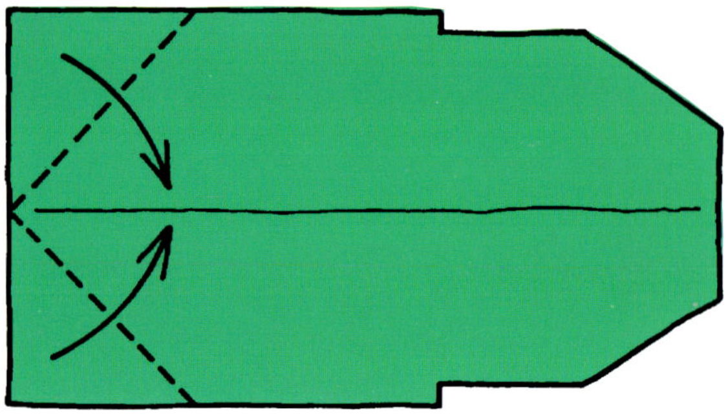

1. Die Taschenseite der Hülle. Beachten Sie A und B. Umdrehen.

2. In der Mitte zusammenfalten. Auffalten.

3. Die unteren Ecken der Tasche nach innen knicken.

4

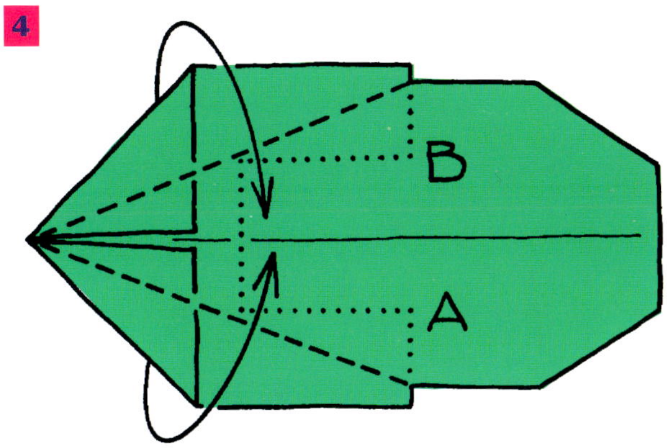

5

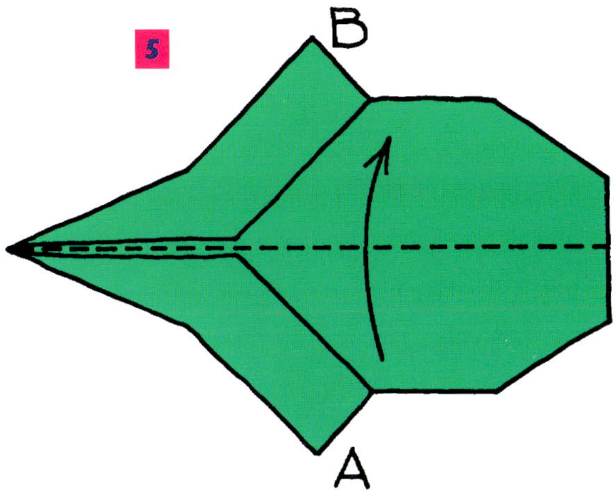

4. Die Nase nochmals verschmälern, so daß die Ecken A und B wie in Schritt 5 sichtbar werden.

5. Auf die Hälfte zusammenlegen.

6. Den Flügel nach unten knicken. Auf der Rückseite wiederholen. Das Höhenleitwerk doppelseitig nach innen falten (siehe „Falttechniken", S. 19).

6

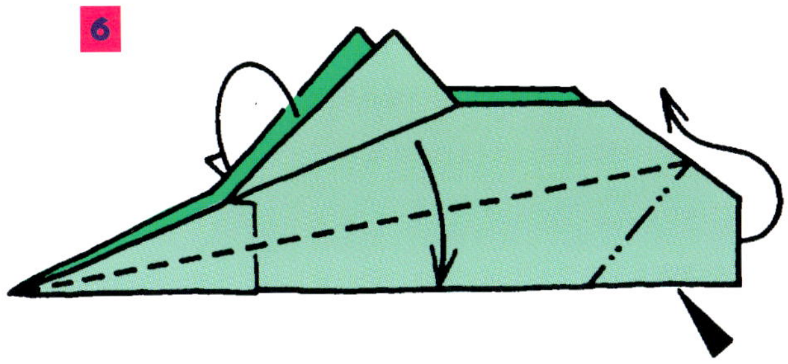

7. Der Teebeutel-Segler ist fertig.

7

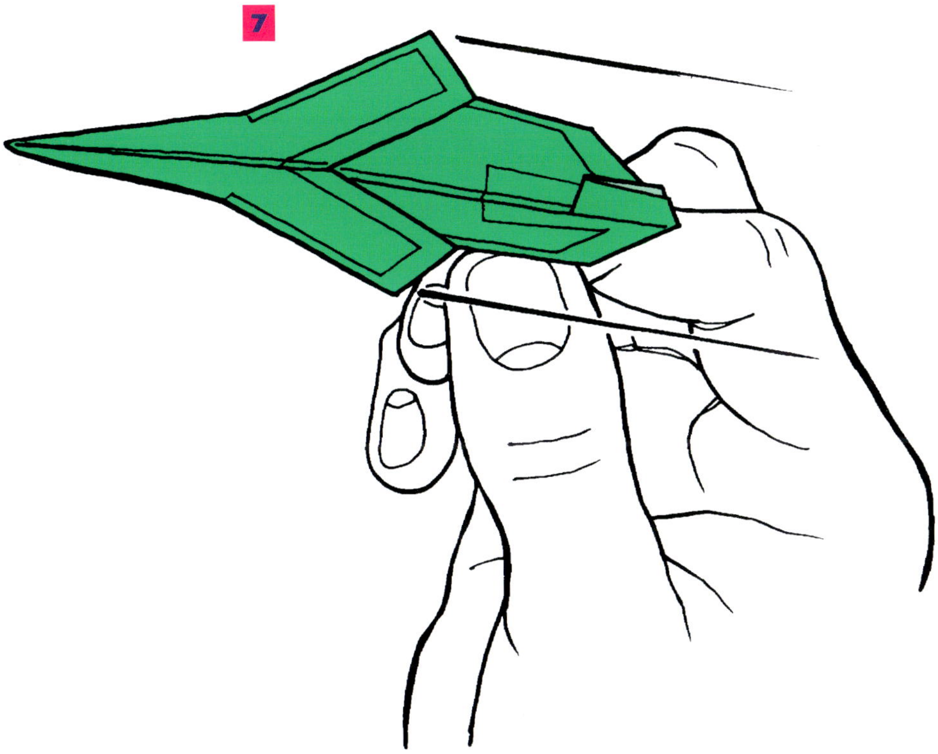

Tip für den Start

Nahe am Heck halten und dann leicht nach vorne werfen.

Teebeutel-Stuntflieger

Dieses lustige Modell ist ideal dazu geeignet, die Stimmung in jeder Runde aufzulockern. Mit etwas Übung gelingen tolle Kunststücke. *Entwurf: Earle Oakes, USA.*

Knitterfreie Teebeutelhülle

1

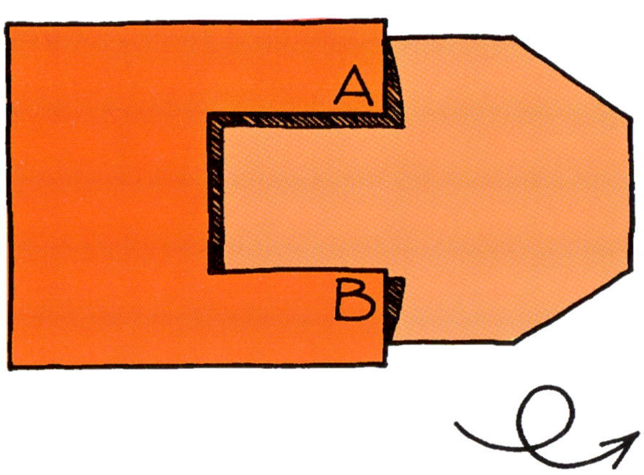

2

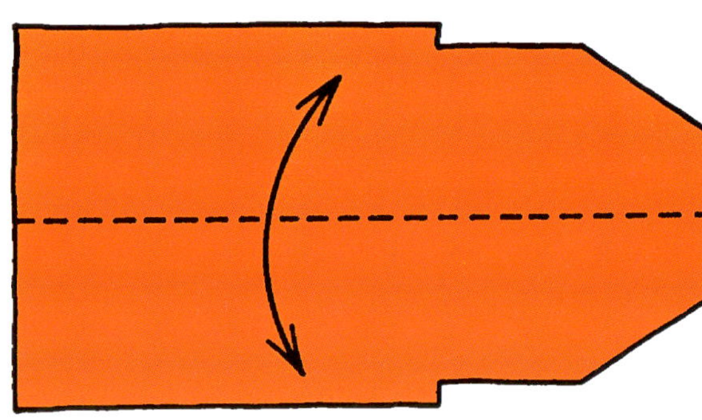

1. Die Taschenseite der Hülle. Beachten Sie A und B. Umdrehen.
2. In der Mitte zusammen- und wieder auffalten.
3. Die unteren Ecken der Tasche nach innen knicken.
4. Nase nochmals verschmälern, so daß die Ecken A und B wie in Schritt 5 sichtbar werden.

3

4

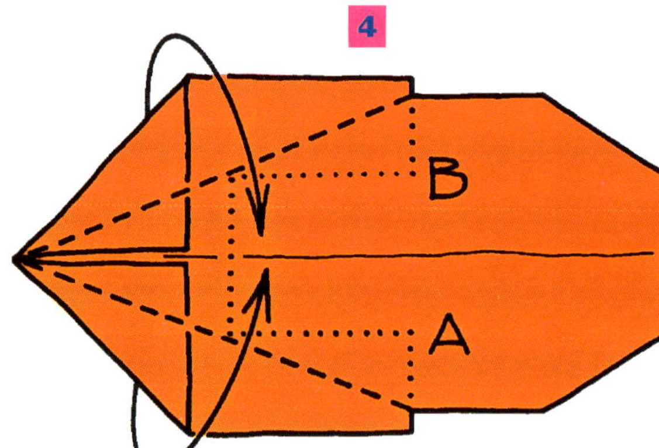

5

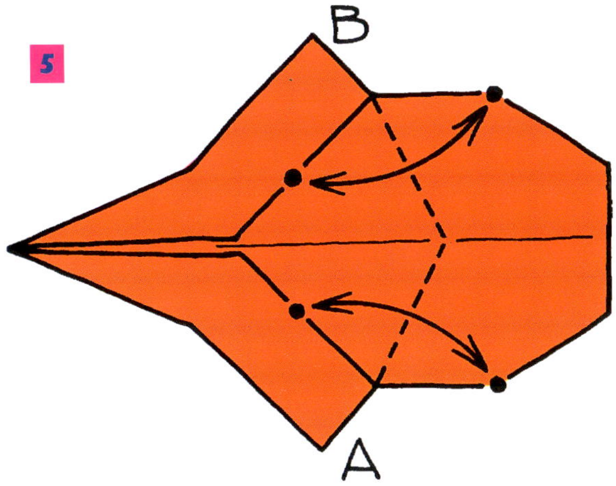

5. Zweimal Punkt auf Punkt legen, so daß in der Mitte eine flache V-Form entsteht.

6

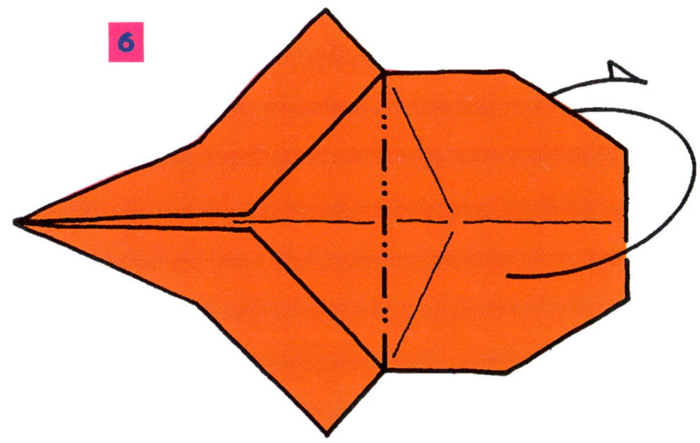

6. An der Markierung eine Bergfaltung vornehmen. Auffalten.

7

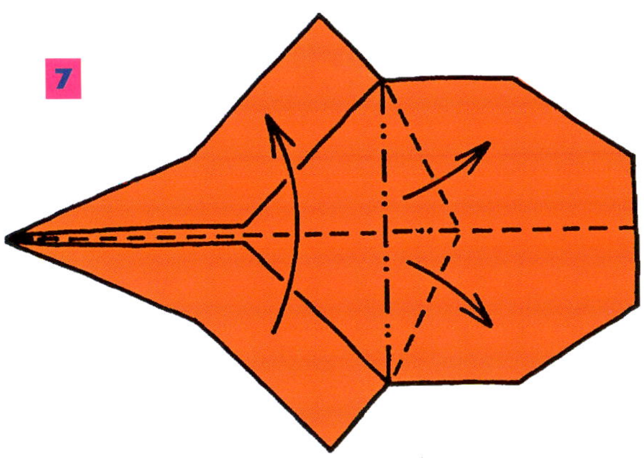

7. Sorgfältig alle Falze gleichzeitig zusammenklappen, so daß die in 8 gezeigte Form entsteht.

8

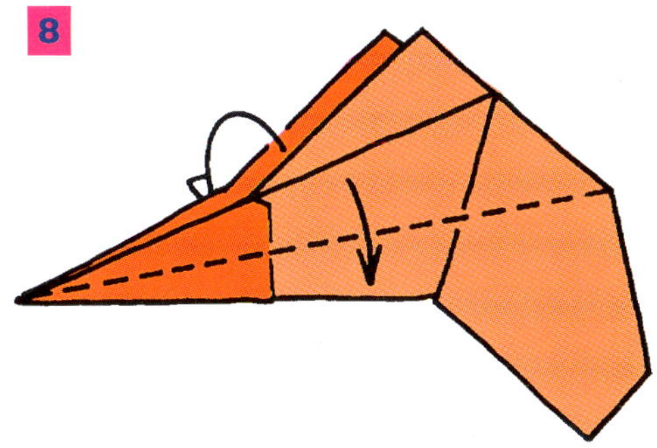

8. Flügel so nach unten falten, daß der Falz von der Spitze der Nase bis zum hintersten Eck verläuft. Auf der Rückseite wiederholen. Die Nase soll so spitz wie möglich sein.

9

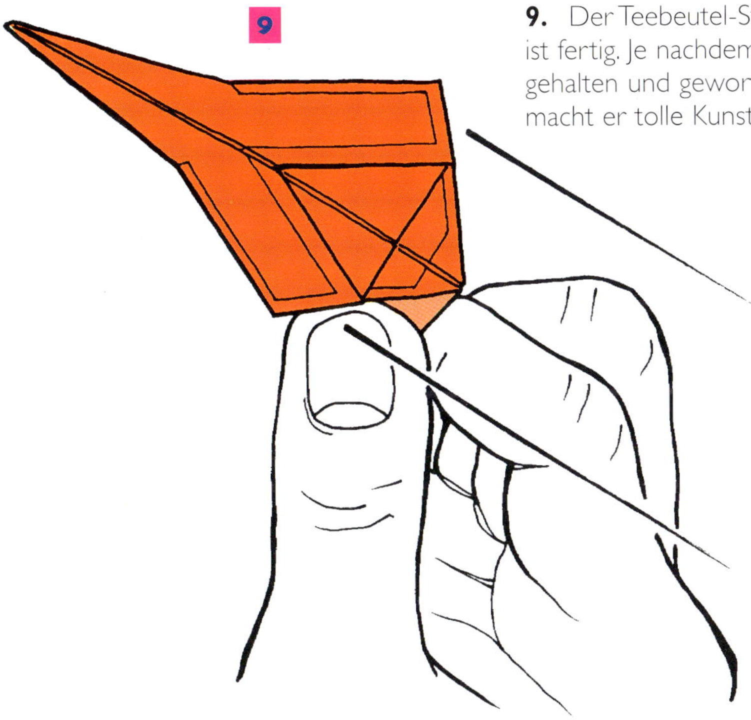

9. Der Teebeutel-Stuntflieger ist fertig. Je nachdem, wie er gehalten und geworfen wird, macht er tolle Kunststücke.

Tip für den Start

Sie können den Flieger horizontal starten, ihn an der Nase halten und seitwärts werfen oder auch mit abwärts gerichtetem Heck nach oben.

Bat, die Fledermaus

Die Fledermaus – entworfen in den frühen 70ern, als ihr Konstrukteur noch ein Kind war – ist eine Variante des zweiteiligen Fliegers, bei dem ein langes, dünnes Heckteil in eine Form gebracht wird, die der Fledermaus ähnelt. *Entwurf: David Morgan, GB.*

Dünnes, quadr. Papier (15–20 cm Seitenlänge)

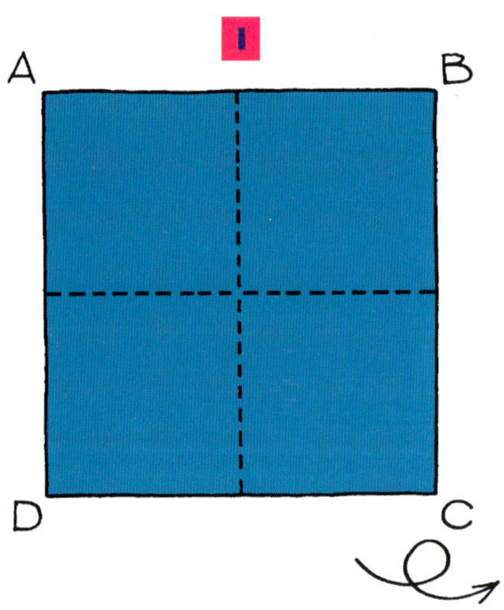

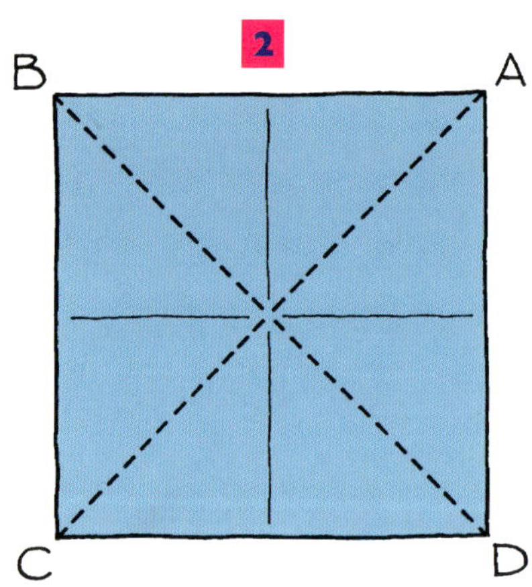

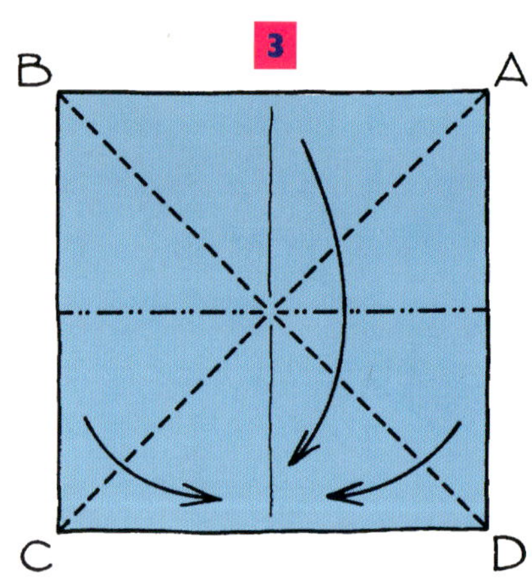

1. Den unteren Rand auf den oberen legen. Auffalten. Den linken Rand auf den rechten falten. Öffnen und umdrehen.

2. Eine Diagonale falten. Auffalten. Die andere Diagonale falten. Auffalten.

3. Beide Diagonalen und horizontale Bergfalte zusammenklappen, so daß …

4. … diese Form entsteht. Beachten Sie, wie B & A auf C & D zu liegen kommen. B & A zu E nach oben legen.

5. Drei Knicke in das linke und rechte Dreieck machen, dann zusammenklappen …

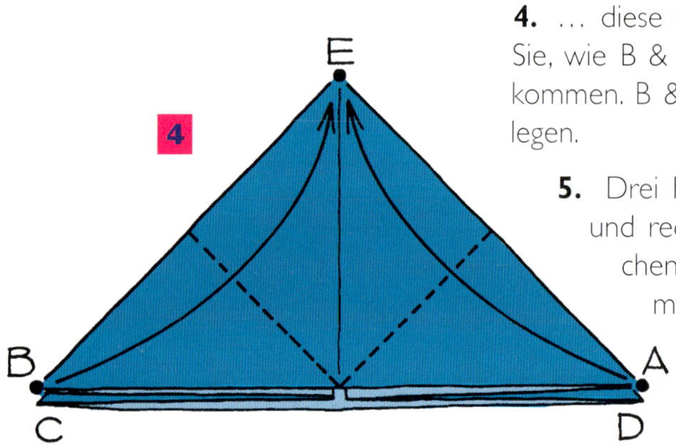

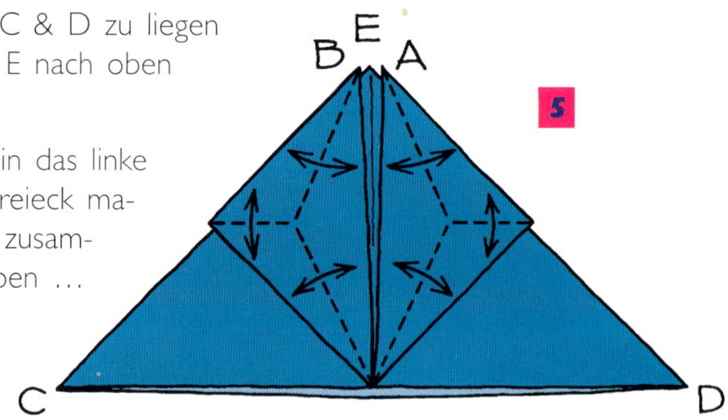

6

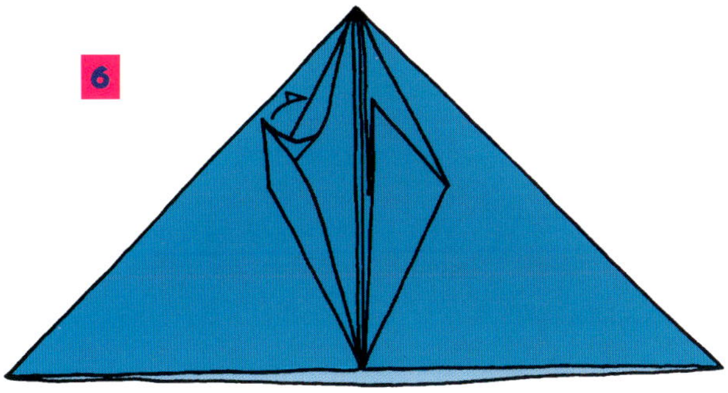

6. … wie links dargestellt. Die lose Ecke andrücken, so daß sie wie rechts abgebildet nach oben zeigt.

7

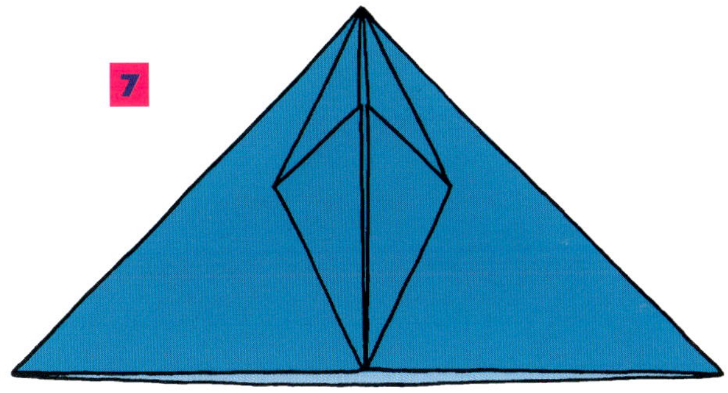

7. Umdrehen.

8

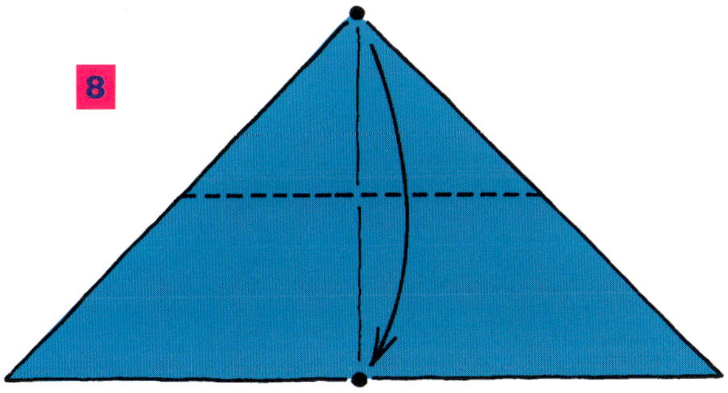

8. Punkt auf Punkt legen.

9

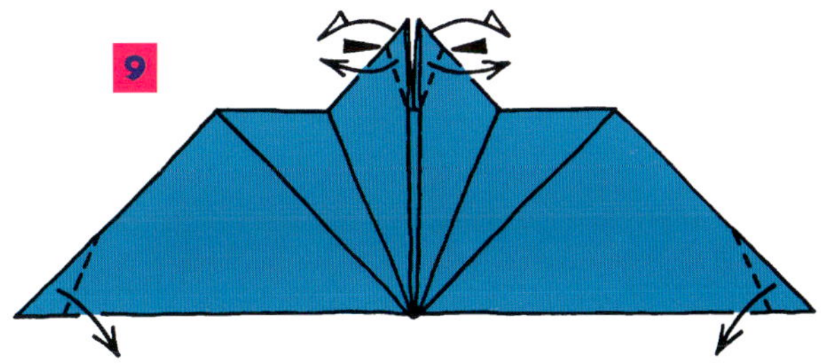

9. Die Ohren doppelseitig nach außen falten (siehe „Falttechniken", S. 19). Die Flügelenden nach innen knicken.

10

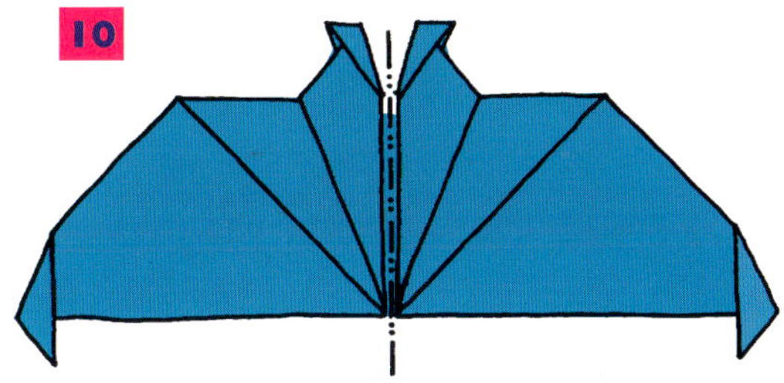

10. In der Mitte eine leichte Bergfaltung vornehmen. Umdrehen.

11

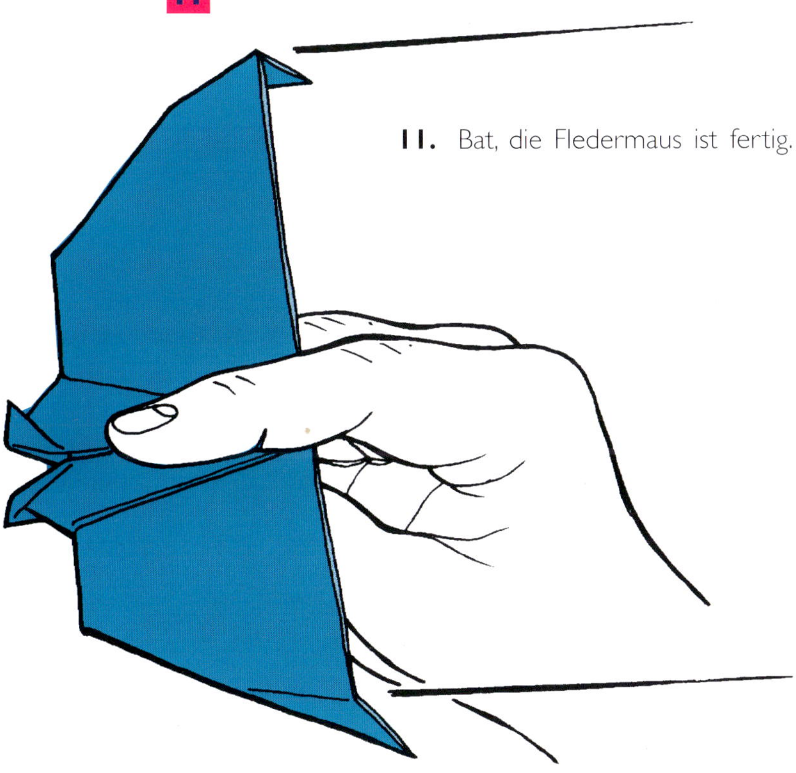

11. Bat, die Fledermaus ist fertig.

Tip für den Start

Den Zeigefinger auf die Mittelfalte legen und dann die Fledermaus leicht nach vorne werfen.

Menschliche Kanonenkugel

Ein so skurriles Modell sollte eigentlich gar nicht fliegen können, und tatsächlich muß es auch mit etwas Raffinesse dazu bewegt werden. Der Trick besteht darin, die Hinterkanten der Arme genau im richtigen Winkel nach oben zu biegen. Dann fliegt es sehr gut! *Entwurf: Jean-Jerome Casalonga, Frankreich.*

Dünnes, quadr. Papier (20 cm Seitenl.)

1

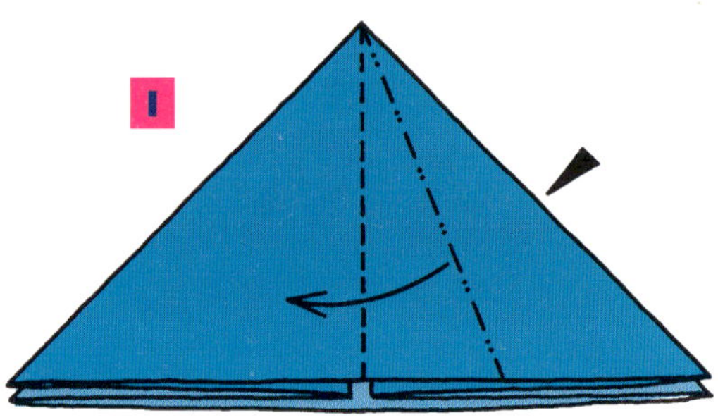

2

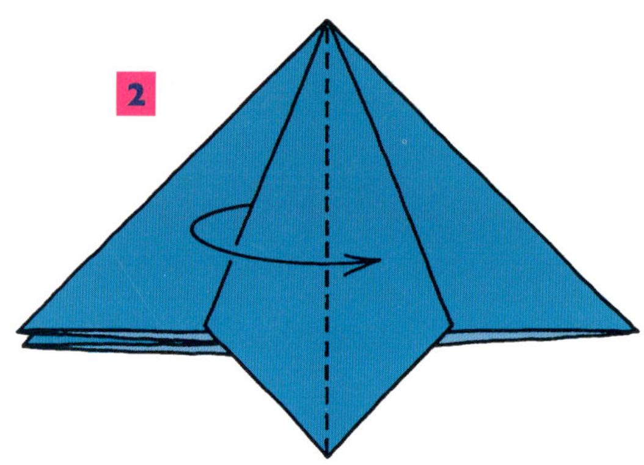

3

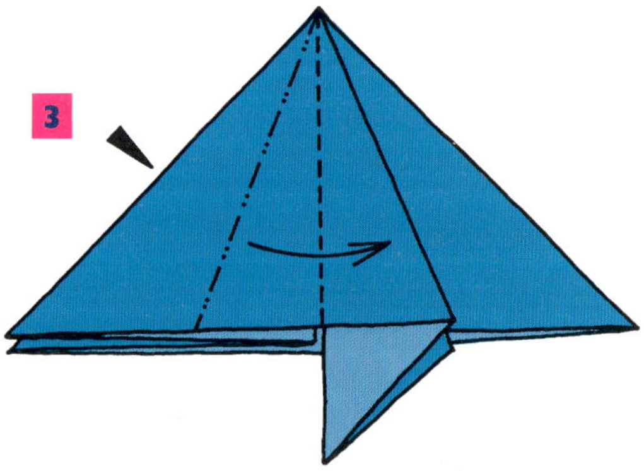

4

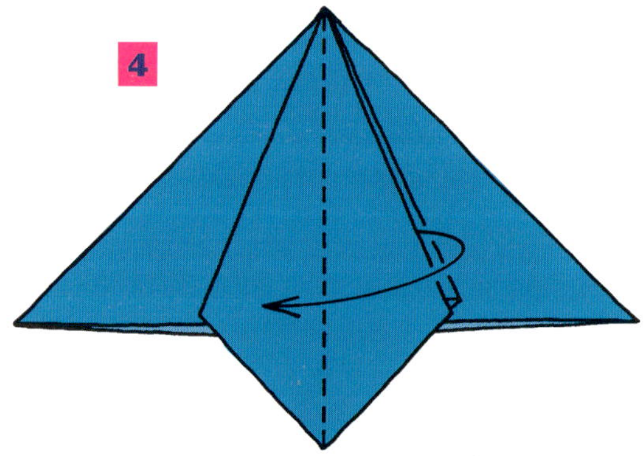

5

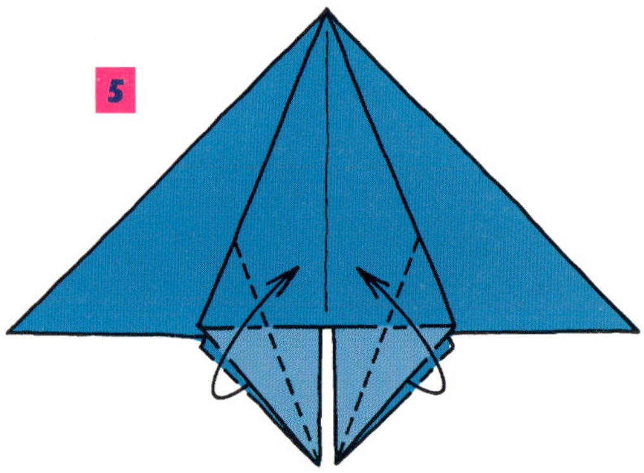

1. Beginnen Sie mit Schritt 4 der Fledermaus (siehe S. 76). Obere rechte Hälfte anheben und mit einer Preßfaltung andrücken (siehe „Falttechniken", S. 19).

2. Die Preßfalte über die Mitte nach rechts umlegen.

3. Schritt 1 auf der linken Seite wiederholen.

4. Schritt 2 wiederholen. Das Blatt ist nun symmetrisch.

5. Die obere Lage der unteren Ecken verschmälern.

6

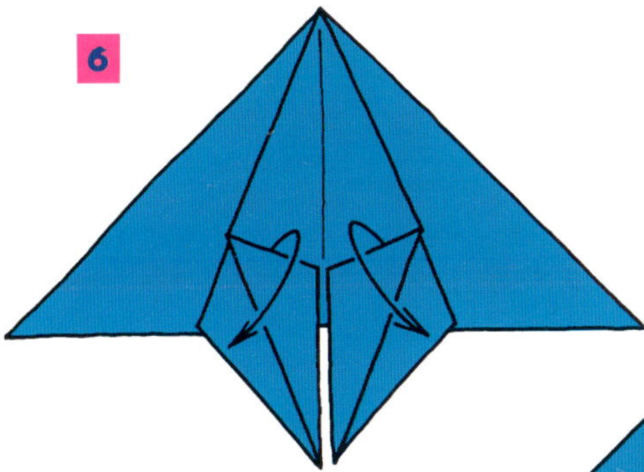

6. Auseinanderfalten.

7

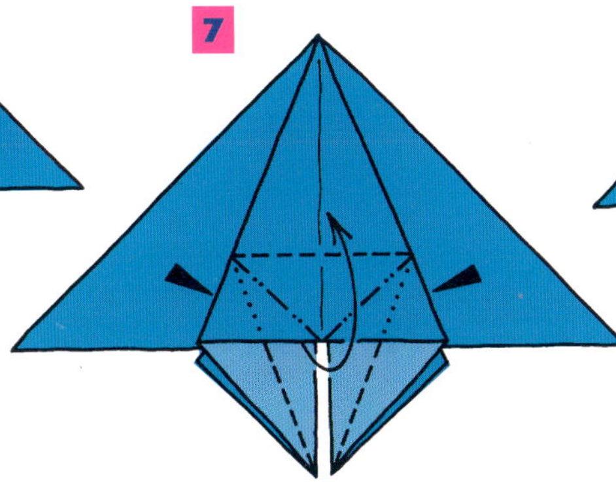

8

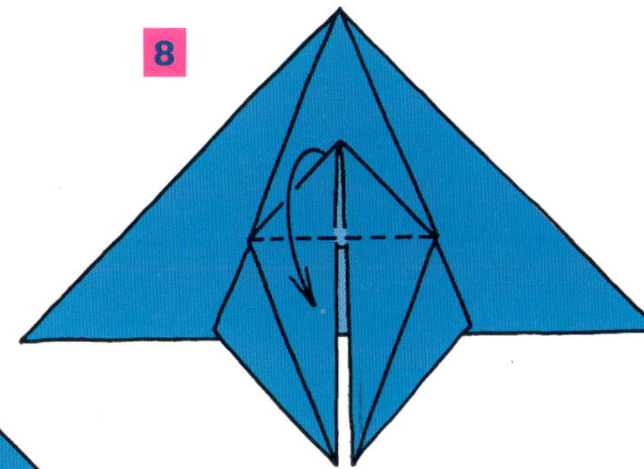

8. Das Dreieck nach unten klappen.

7. Die offene horizontale Kante, die die Mitte kreuzt, anheben. Die Seiten entlang den Falten aus Schritt 5 nach innen schlüpfen lassen. Das Blatt glätten, so daß es Abbildung 8 entspricht, die offene Kante dabei nach oben klappen. Beachten Sie die horizontale Talfalte und die zwei Bergfalten.

9

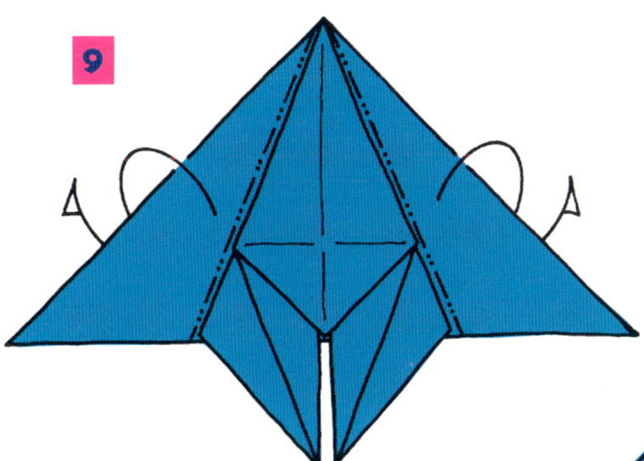

9. Gemäß den Markierungen links und rechts Bergfaltungen vornehmen. Öffnen.

10

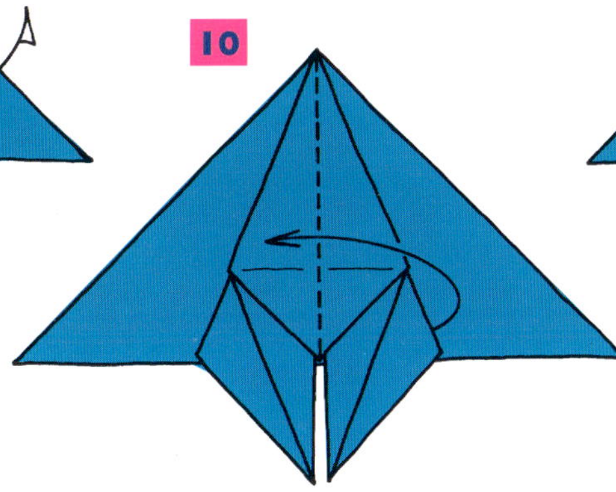

10. Die rechten Lagen über die Mitte nach links falten, dabei jedoch das große Dreieck darunter an seiner Position belassen.

11

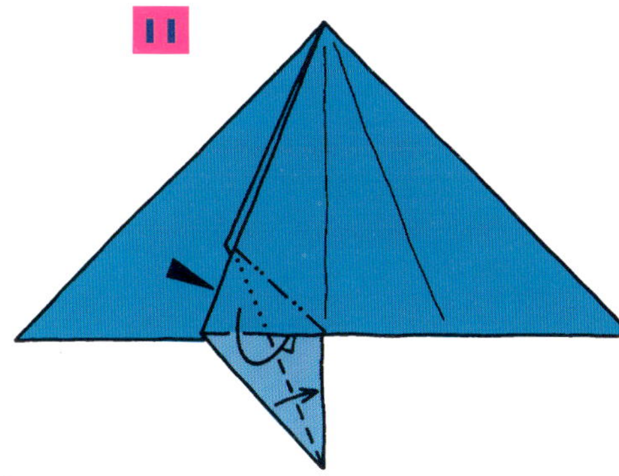

11. Schritt 5–8 mit der oberen Ecke wiederholen, diesmal jedoch nur auf einer Seite.

12

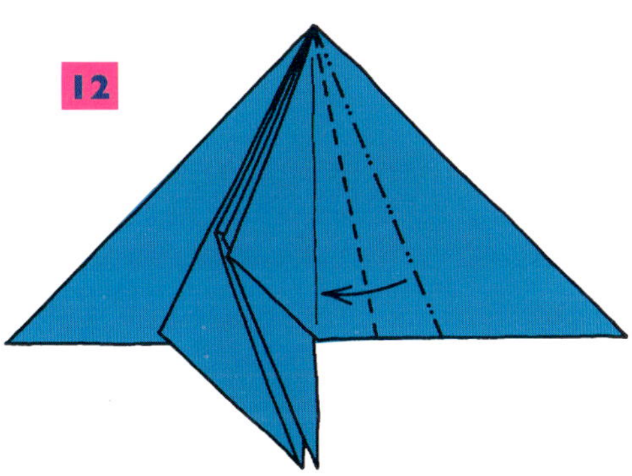

12. Das große Dreieck nach innen einknicken. Die Bergfalte besteht bereits.

13

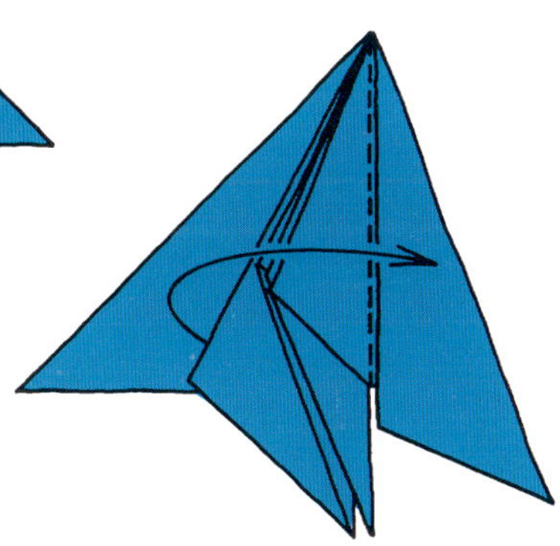

13. Alle Lagen außer dem großen Dreieck darunter nach rechts bringen.

14

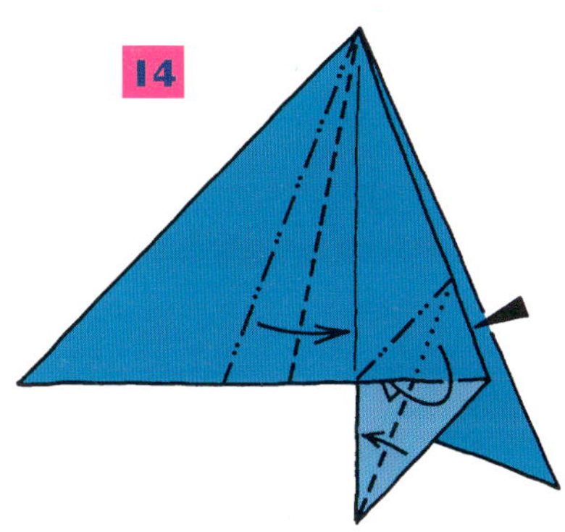

14. Schritt 11–12 auf der linken Seite wiederholen.

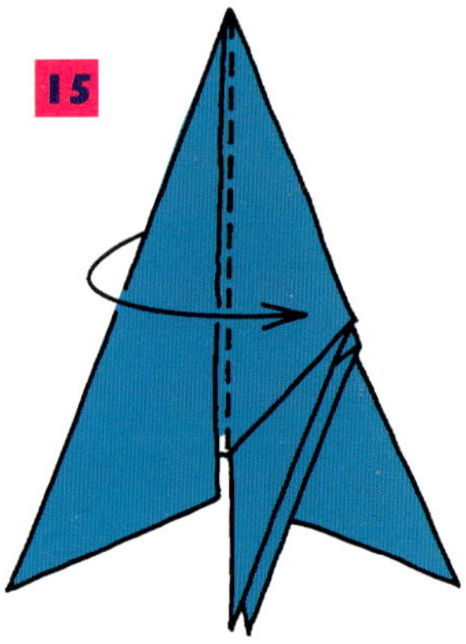

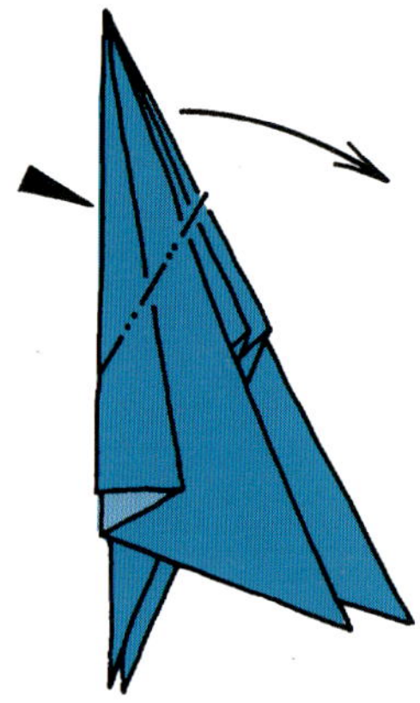

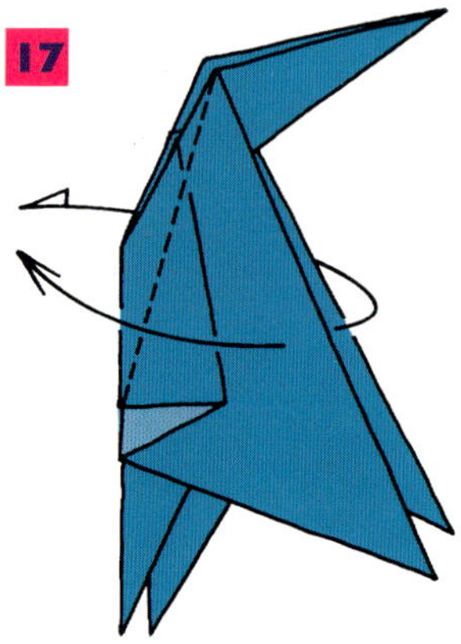

15. Alle verbleibenden Lagen der linken Hälfte nach rechts falten.

16. Die obere Ecke doppelseitig nach innen falten (siehe „Falttechniken", S. 19). Achten Sie auf die exakte Position des Falzes.

17. Den Arm so weit wie möglich nach unten ziehen. Auf der Rückseite wiederholen.

18. Die Füße doppelseitig nach innen falten. Den Kopf so falten, daß eine Nase entsteht.

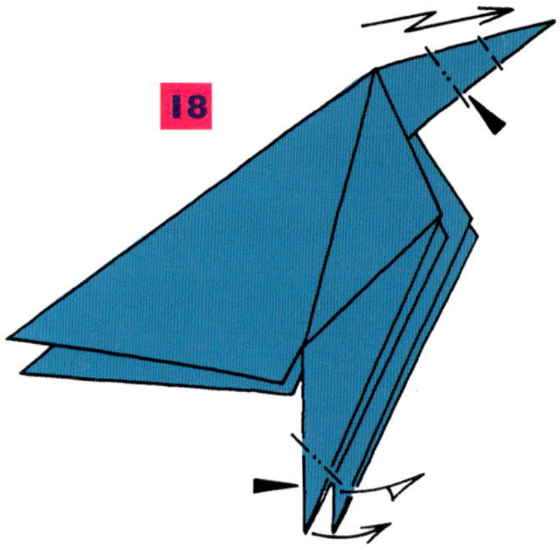

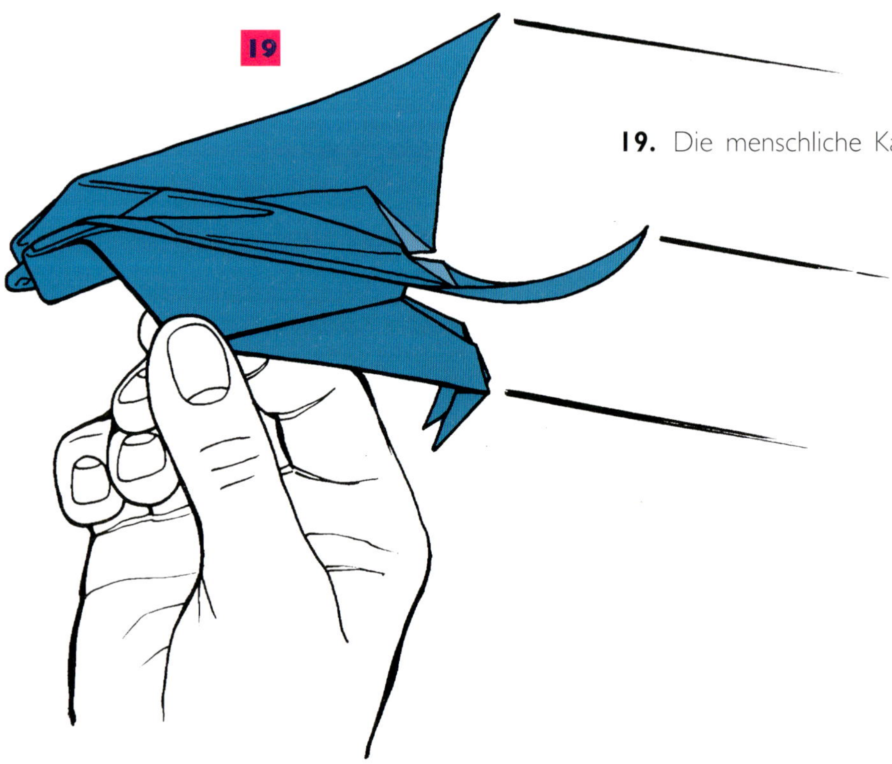

19. Die menschliche Kanonenkugel ist fertig.

Tip für den Start

Die Hinterkanten der Arme nach oben biegen. Flieger mit mäßigem Schwung horizontal nach vorne werfen. Biegungswinkel justieren, um das Flugverhalten zu verbessern.

Gleitender Schwan

Von allen Modellen in diesem Buch ist dieses vielleicht das bizarrste, präzise gefaltet fliegt es jedoch sehr zuverlässig. *Entwurf: Paul Jackson, GB.*

Dünnes, quadr. Papier (20 cm Seitenl.)

1
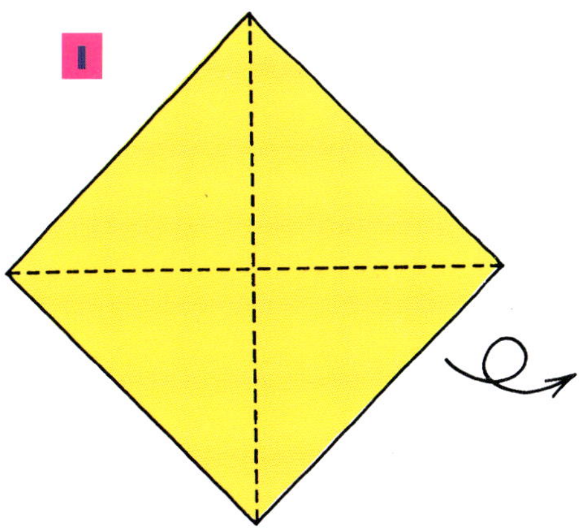

2
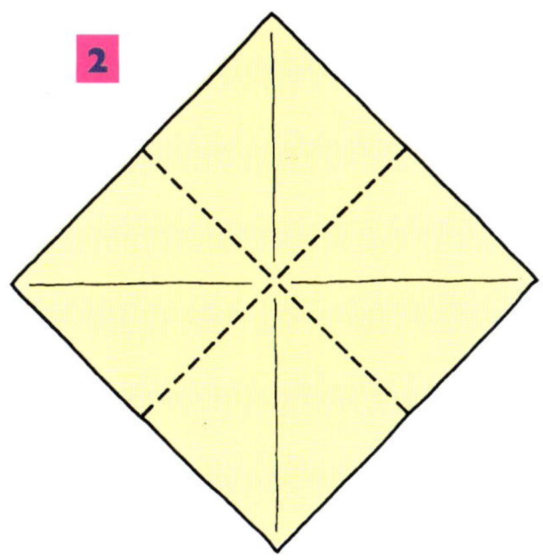

3
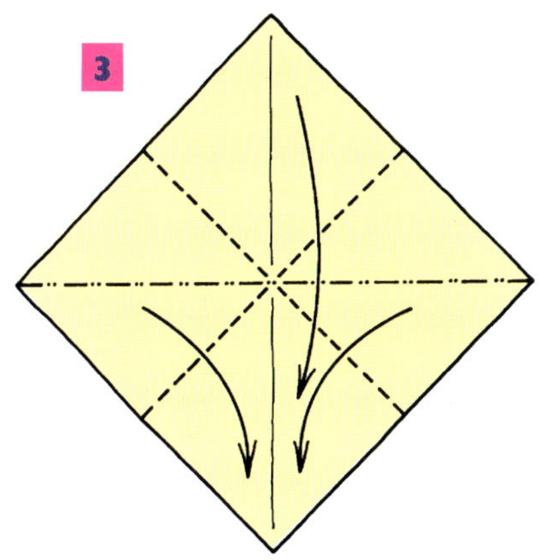

1. Nacheinander beide Diagonalen falten und auffalten. Umdrehen.

2. Eine Kante auf die gegenüberliegende legen. Auffalten. Eine anliegende Kante auf die gegenüberliegende falten. Öffnen.

3. Die beiden Täler und die horizontale Bergfalte wie abgebildet zusammenlegen.

4
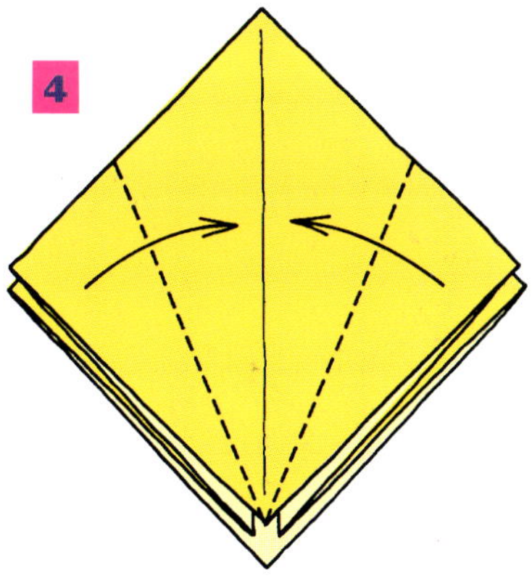

5
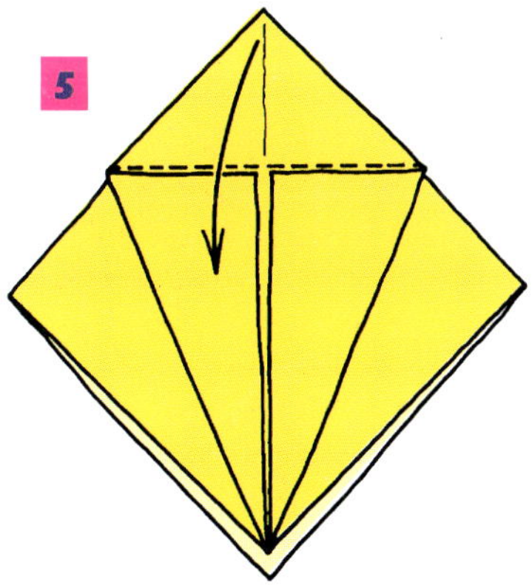

6
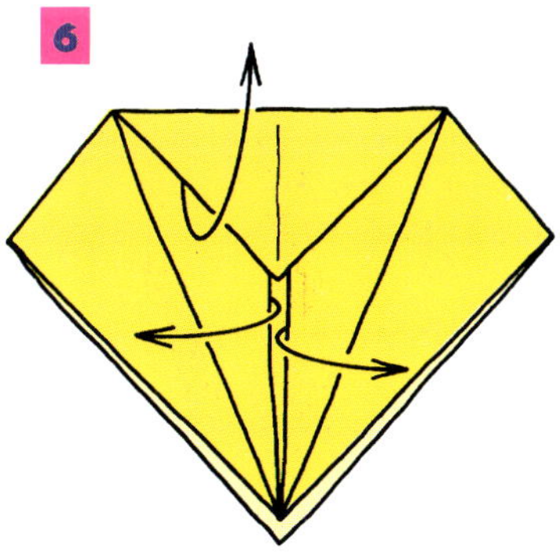

4. Beachten Sie die offene Ecke unten. Untere Ränder der oberen Lagen nach innen knicken.

5. Die obere Ecke nach unten klappen.

6. Die Falten aus Schritt 4 und 5 wieder öffnen.

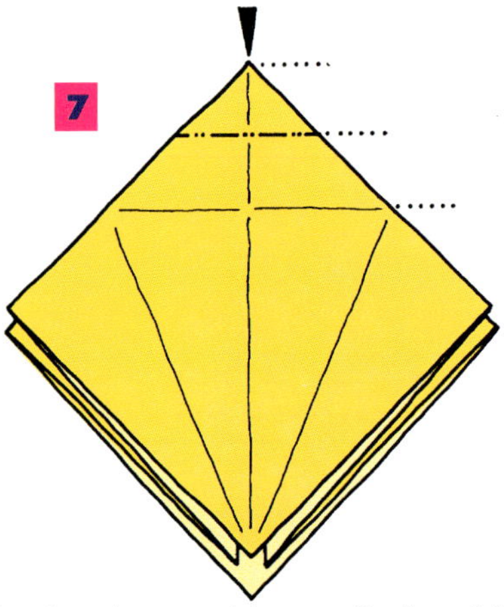

7. An den markierten Stellen falzen. Das Blatt wieder fast bis zu der Form aus Schritt 3 auffalten, dann die obere Ecke nach innen zwischen die Lagen stecken.

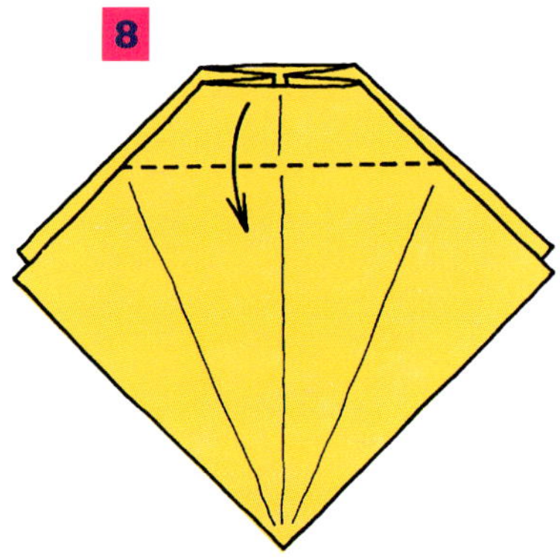

8. Die Falze aus Schritt 5 erneuern.

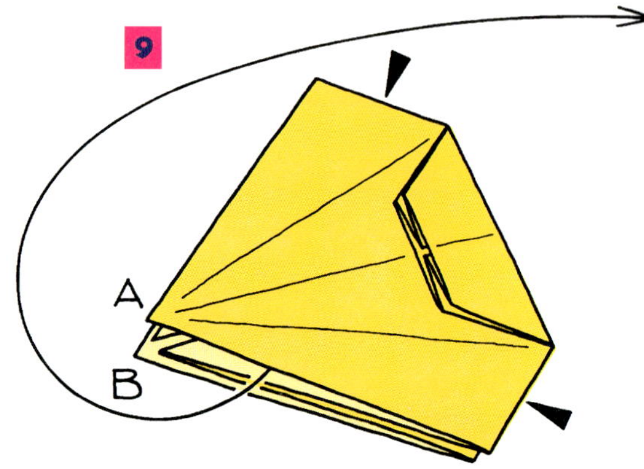

9. Die einzelnen Lagen bei A so abheben, daß …

10. … diese Form entsteht. Die Spitze A nach rechts ziehen, bis Sie eine flache, schmale Raute erhalten, …

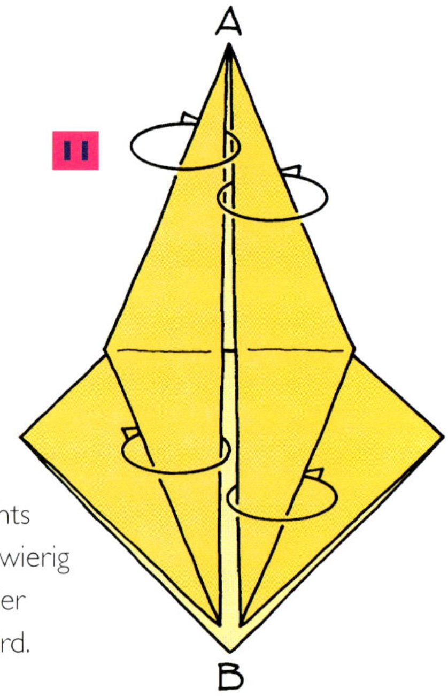

11. … wie hier dargestellt. Beachten Sie, wie weit sich Punkt A bewegt hat. Obere Lage links und rechts nach hinten umschlagen. Das ist schwierig und geht am besten, wenn das Papier durch Auffalten flexibler gemacht wird.

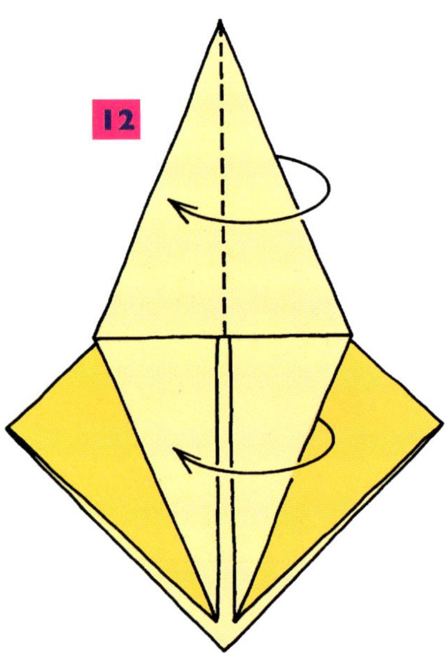

12. Die Raute auf die Hälfte zusammenlegen.

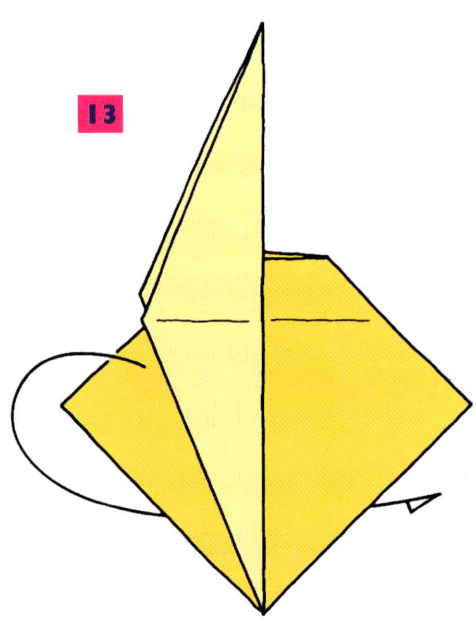

13. Linken Abschnitt des Quadrats auf der Rückseite nach rechts falten.

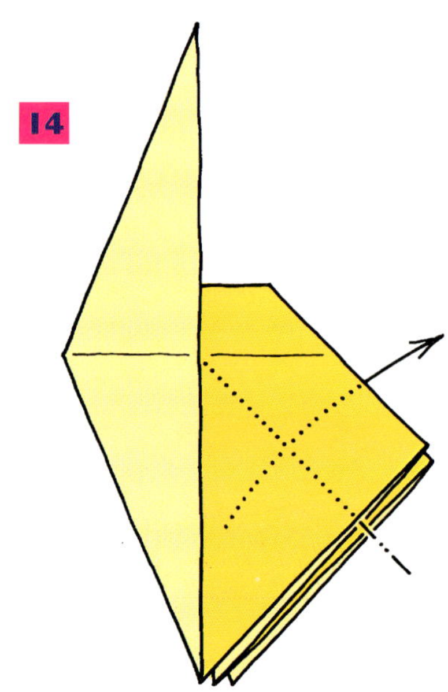

14. Mittlere Spitze doppelseitig nach außen falten („Falttechniken“, S. 19). Exakte Position des Falzes in Schr. 15.

15

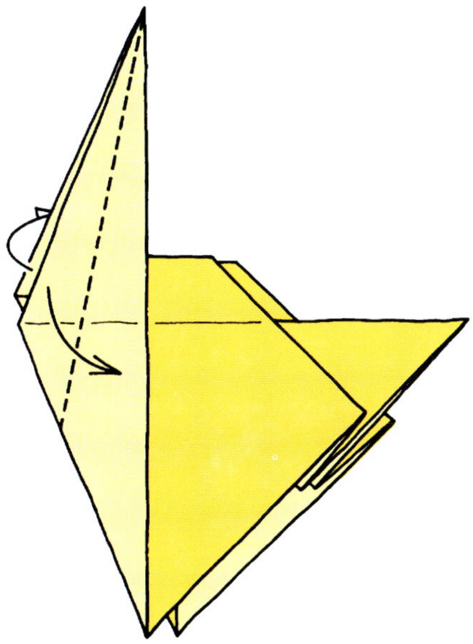

15. Die obere Ecke verschmälern. Auf der Rückseite wiederholen.

16

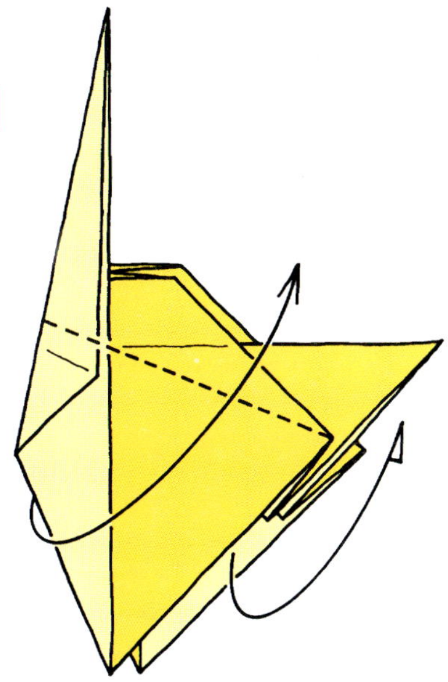

16. Den obenliegenden Flügel aufwärts knicken. Beachten Sie die exakte Position des Falzes. Auf der Rückseite wiederholen.

17

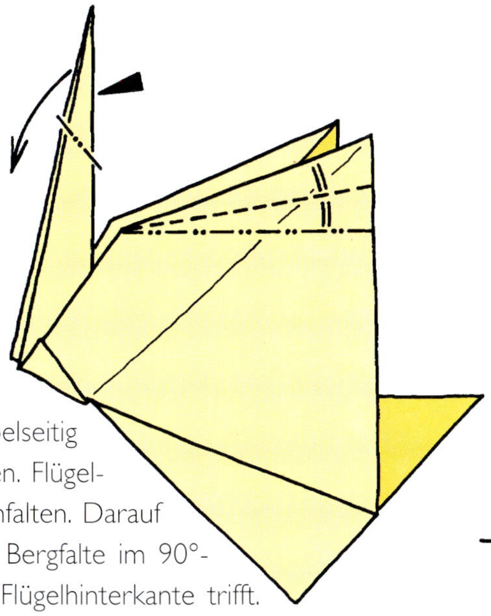

17. Kopf doppelseitig nach innen falten. Flügelende zusammenfalten. Darauf achten, daß die Bergfalte im 90°-Winkel auf die Flügelhinterkante trifft.

18

18. Den Schnabel wie …

19

19. … dargestellt abknicken.

20

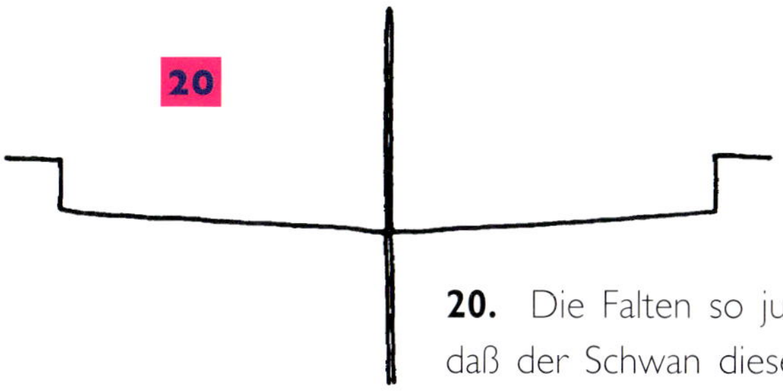

20. Die Falten so justieren, daß der Schwan dieses Profil erhält.

21

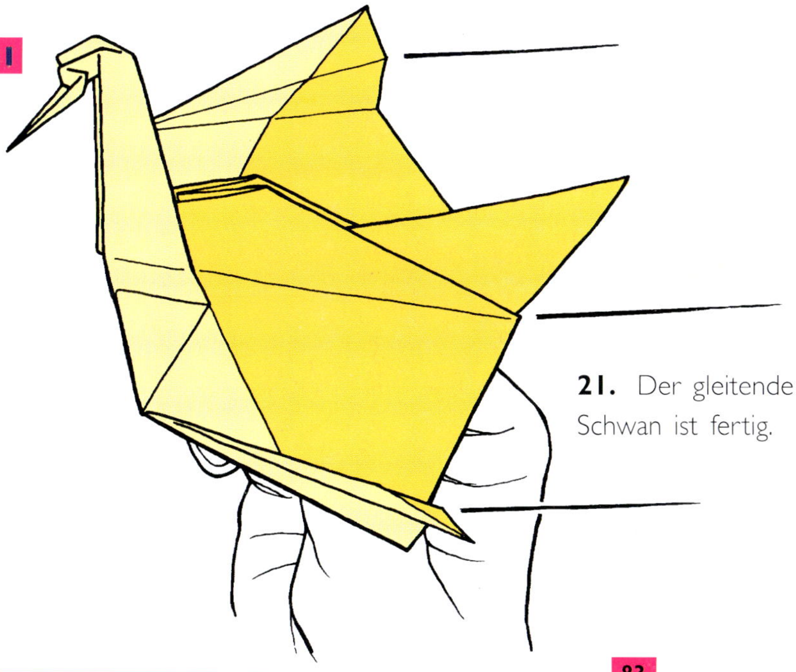

21. Der gleitende Schwan ist fertig.

Tip für den Start

Etwas hinter dem Schwerpunkt halten und dann elegant nach vorne werfen. Bei Problemen lesen Sie „Mein Flieger fliegt nicht!“ **(S. 12).**

Hubschrauber

Dieses Modell ist ungewöhnlich, weil es nicht fallengelassen, sondern zum Start hoch in die Luft geworfen wird, was sowohl den Unterhaltungswert als auch die Flugdauer erhöht.

Entwurf: Robert Abes, USA.

Quadr. Papier (15–20 cm Seitenlänge)

1. Beginnen Sie mit Schritt 4 des „Gleitenden Schwans" (siehe S. 81). Das Blatt so drehen, daß die offene Seite oben liegt. Die obere Lage nach unten falten. Auf der Rückseite wiederholen.

2. Ecke D über die Mitte auf C legen. B nach hinten auf Ecke A falten.

3. A, B, C und D so zum Mittelpunkt falten, daß alle Falze zur unteren Spitze zeigen, …

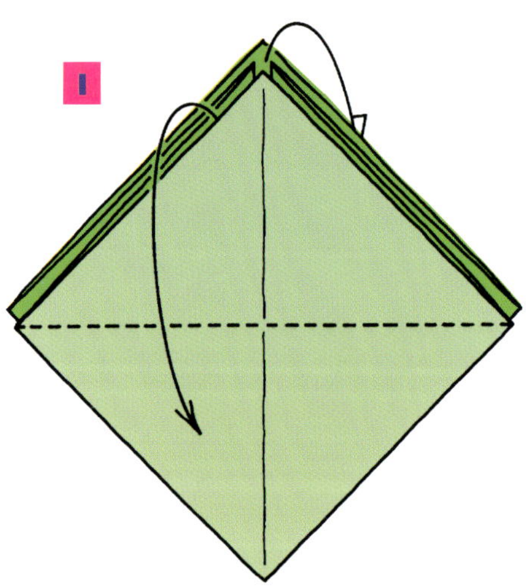

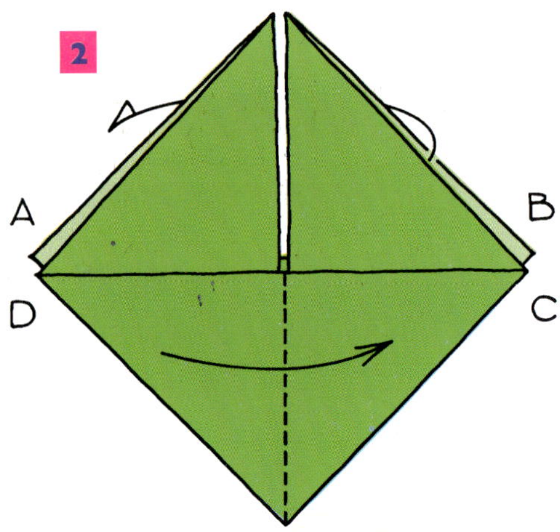

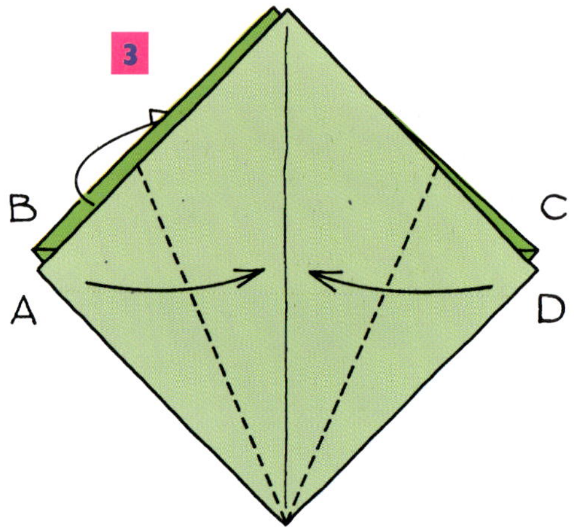

4. … wie hier abgebildet. A auf D umlegen. Auf der Rückseite C auf B falten. Dies macht Schritt 2 rückgängig.

4

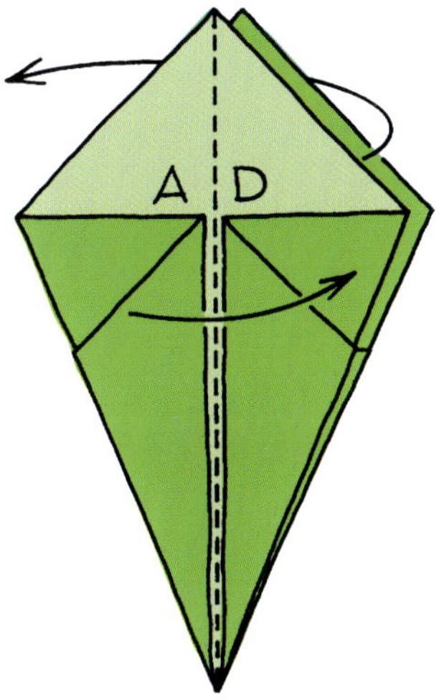

5. Das rechte Rotorblatt nach hinten und das linke nach vorne umfalten. Fest andrücken.

5

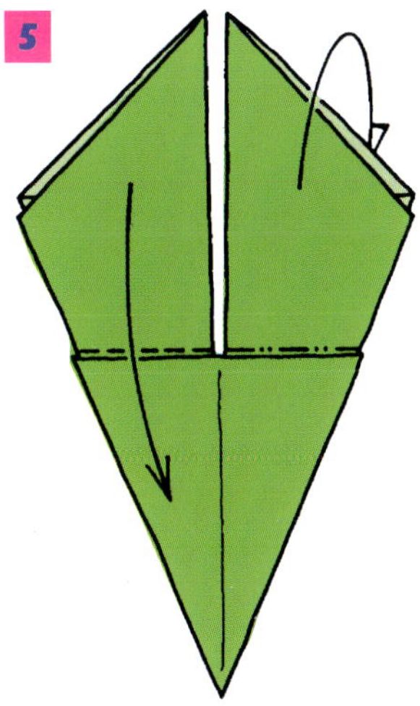

6. Der Hubschrauber ist fertig.

6

Tip für den Start

An der Spitze halten und hoch in die Luft werfen. Die Rotorblätter drehen sich am besten, wenn sie kein „T“, sondern ein „Y“ bilden.

Twirly

Obwohl leicht auszuführen, müssen die Anweisungen genauestens befolgt werden, da man sonst überraschend schnell oben, unten, rechts und links verwechselt. *Entwurf: Nick Robinson, GB.*

Quadr. Papier (7,5–20 cm Seitenl.)

1

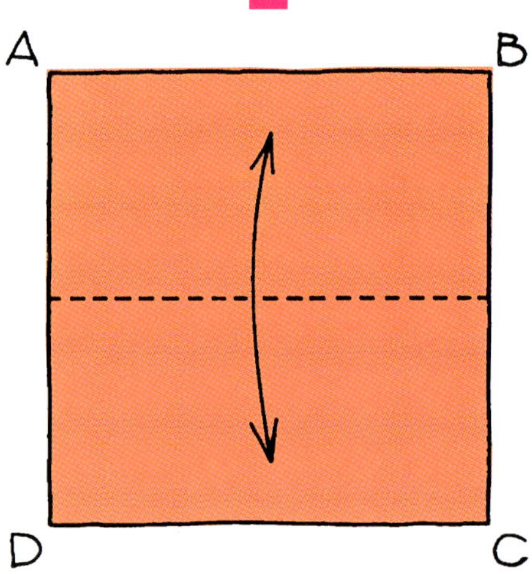

1. Auf die Hälfte zusammenlegen. Öffnen.

2. Ecke C auf Ecke A legen. Auffalten. Umdrehen.

2

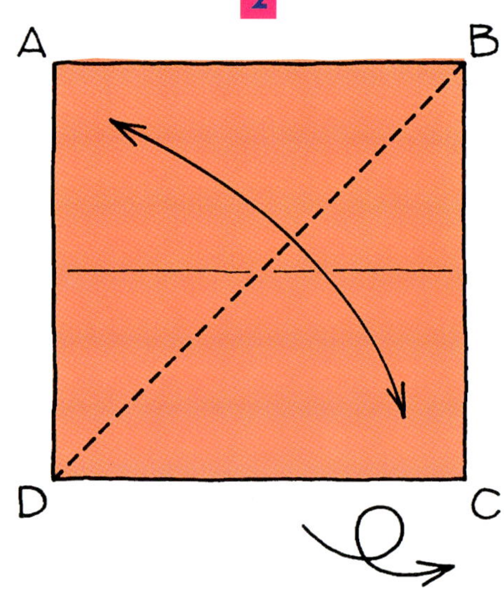

3

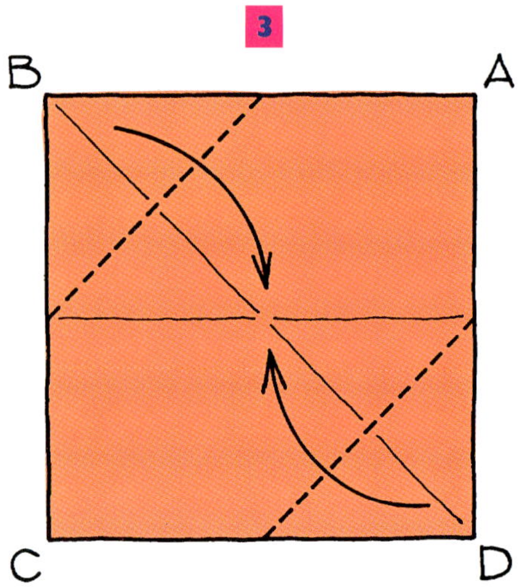

3. Die Ecken B & D auf den Mittelpunkt falten.

4. Ecke C auf Ecke A falten. Auffalten.

4

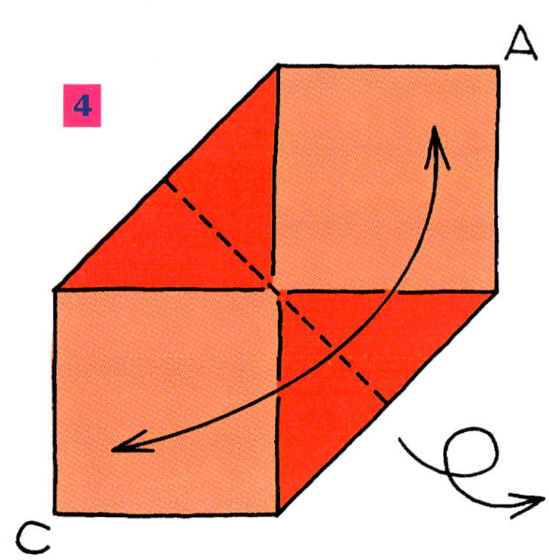

5

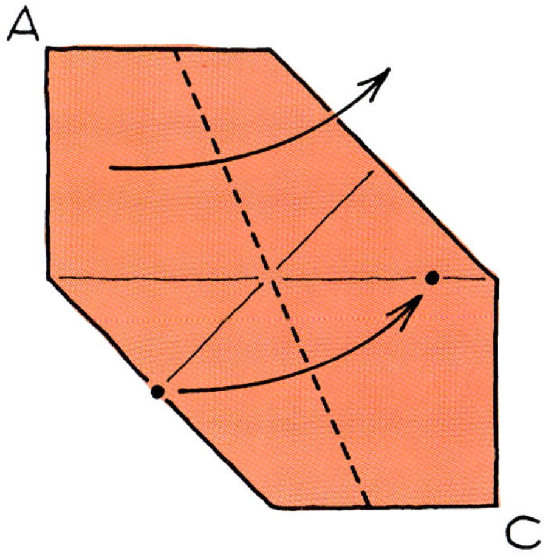

5. Punkt auf Punkt legen. Beachten Sie, wie der neue Falz die beiden anderen in der Mitte schneidet. In Schritt 6 sehen Sie das Ergebnis.

6

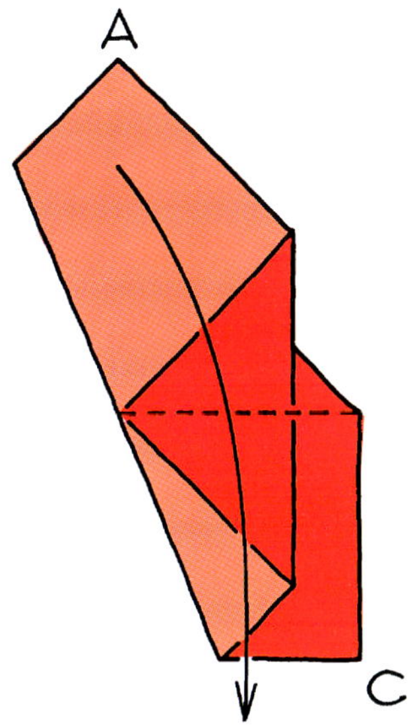

6. A nach unten umknicken.

7

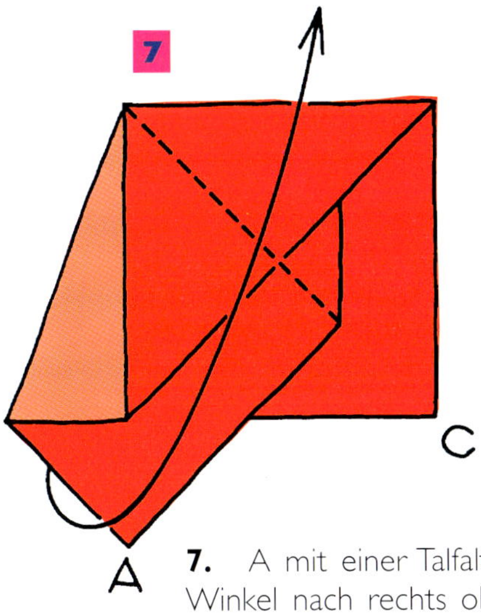

7. A mit einer Talfaltung im 45°-Winkel nach rechts oben bringen.

8

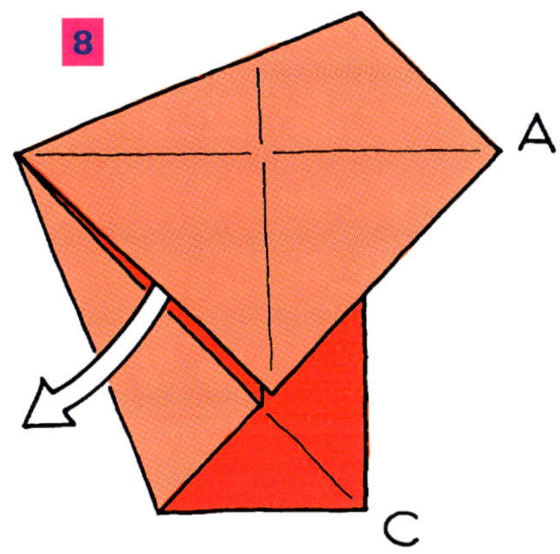

8. Die Lagen öffnen, so daß ein dreidimensionales Gebilde entsteht.

9

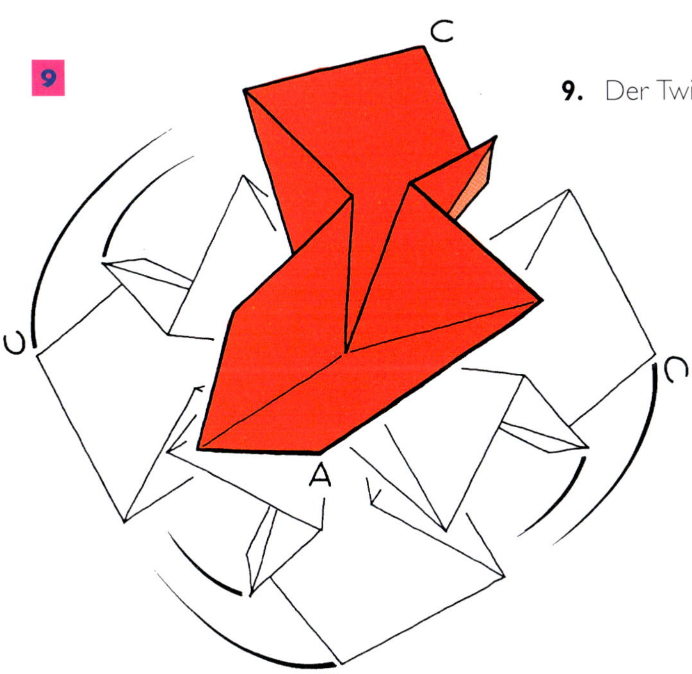

9. Der Twirly ist fertig.

Tip für den Start

Hoch über den Kopf halten und mit der Spitze nach unten loslassen. Der Twirly dreht sich elegant um sich selbst! Durch Probieren finden Sie heraus, wann er sich am besten dreht.

Ahornsamen

Es gibt viele Modelle, die wie Ahornsamen rotieren, aber nur dieses läßt sich aus einem großen Blatt falten, was die optische Wirkung der Rotation noch verstärkt. *Entwurf: John Smith, GB.*

Beliebiges Rechteck (Diagonalenlänge von 60–90 cm) mit einem Seitenverhältnis von 1:√2

1

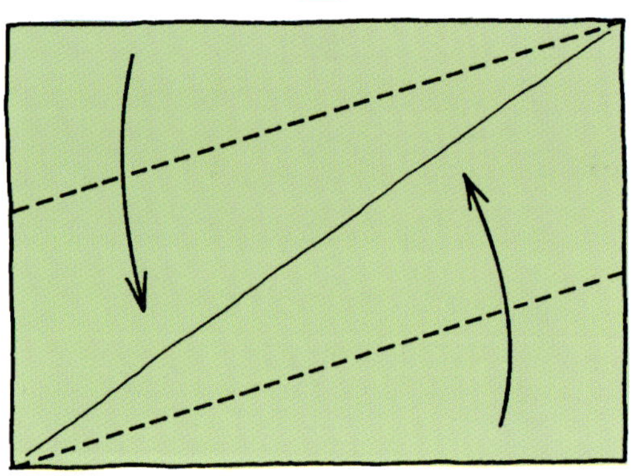

2

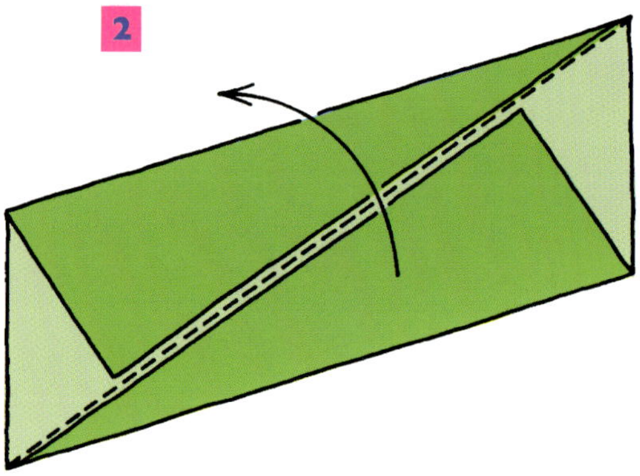

1. Mit dem Falten einer langen Diagonale beginnen. Lassen Sie sich Zeit. Auffalten. Die langen Kanten so einschlagen, daß sie am diagonalen Falz anliegen.

2. Am bestehenden diagonalen Falz auf die Hälfte zusammenlegen.

3. Das linke Dreieck nach unten knicken.

4. Das überstehende Papier nach hinten umschlagen.

5. Die obere Kante nach hinten falten. Auf das Ende des Falzes links an der Unterkante achten.

3

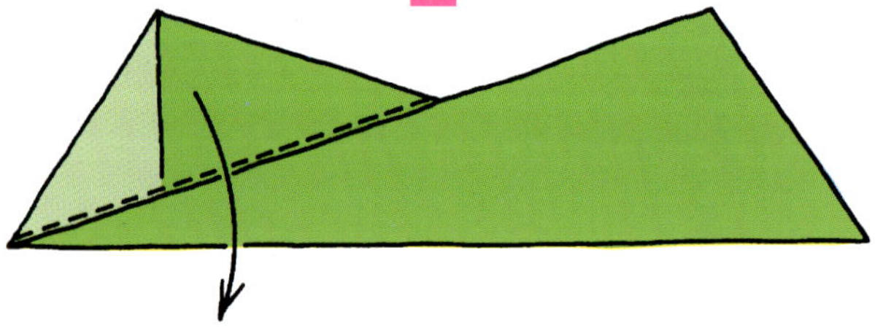

4

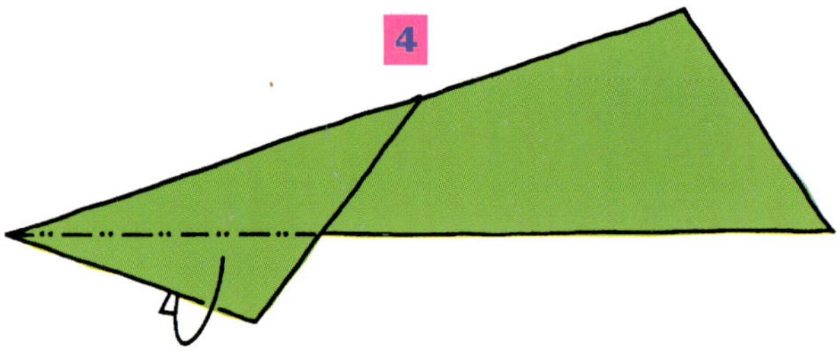

5

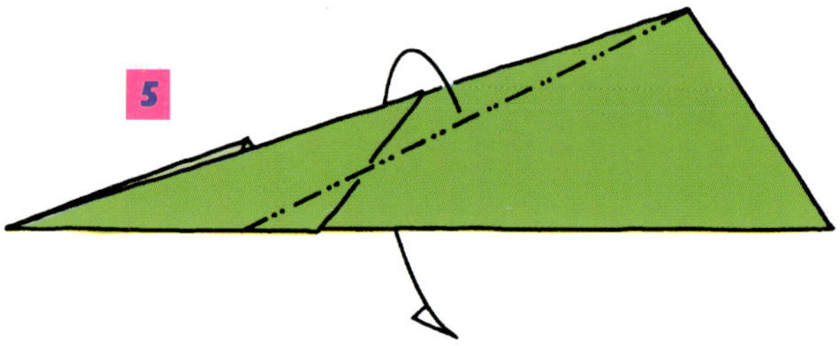

6

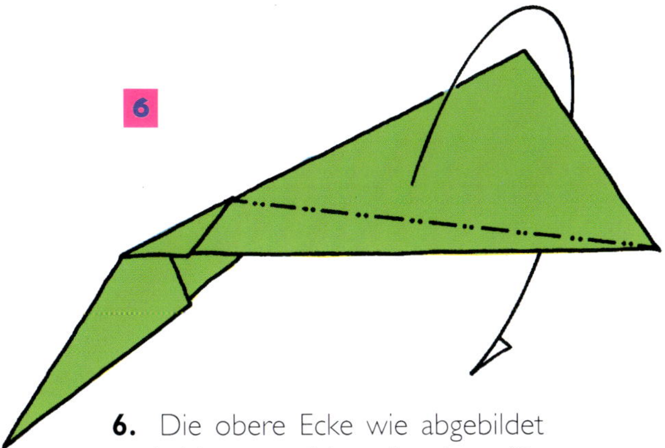

7

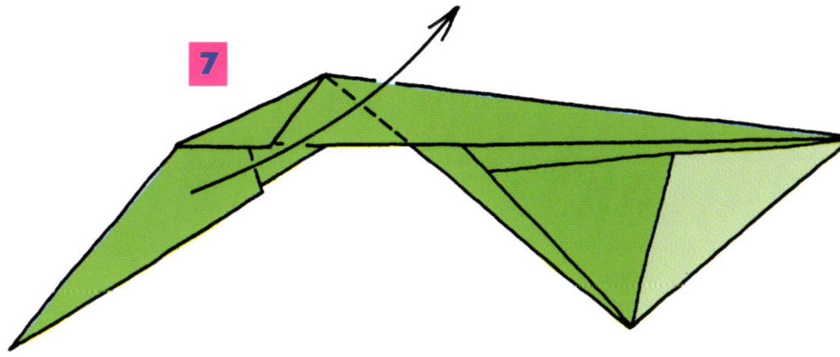

6. Die obere Ecke wie abgebildet nach hinten umfalten. Beachten Sie die Position des Falzes oben links.

7. Den Dorn nach oben rechts umknicken.

8

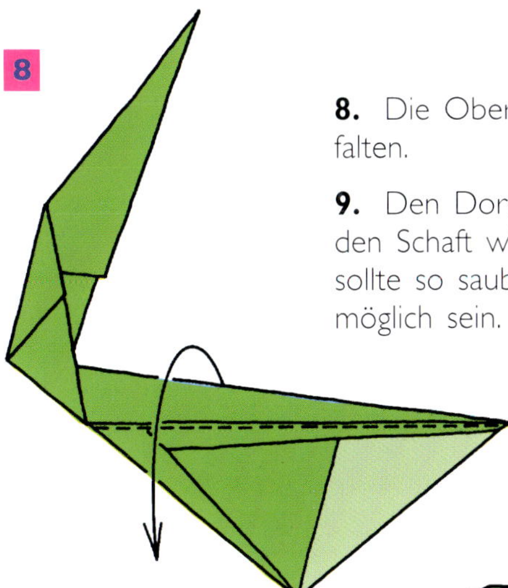

8. Die Oberkante nach unten falten.

9. Den Dorn mehrmals fest um den Schaft wickeln. Die Wicklung sollte so sauber und fest wie möglich sein.

9

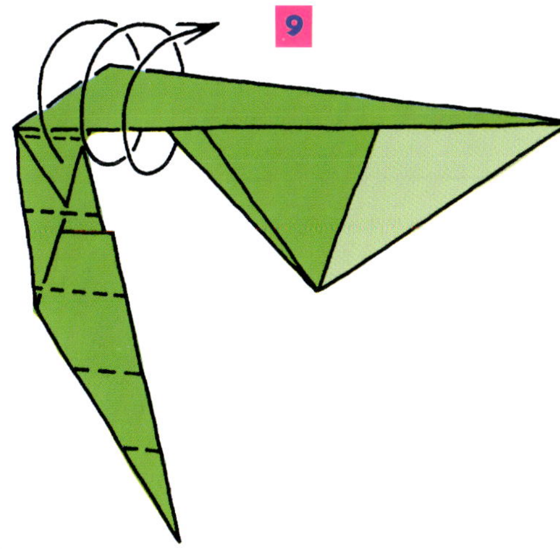

10

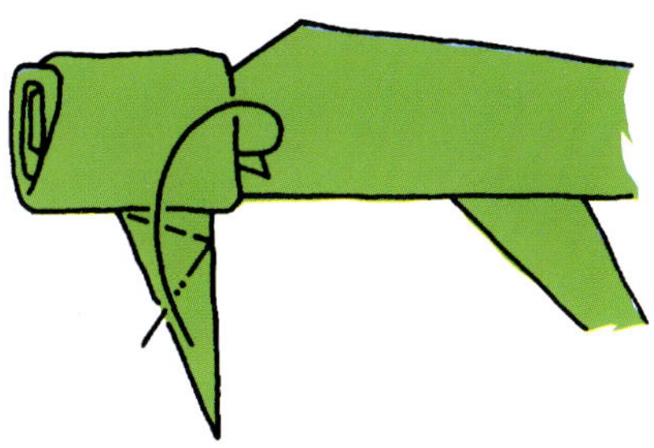

10. Zum Fixieren der Wicklung die Spitze tief in die Lagen stecken.

11

11. Der Ahornsamen ist fertig.

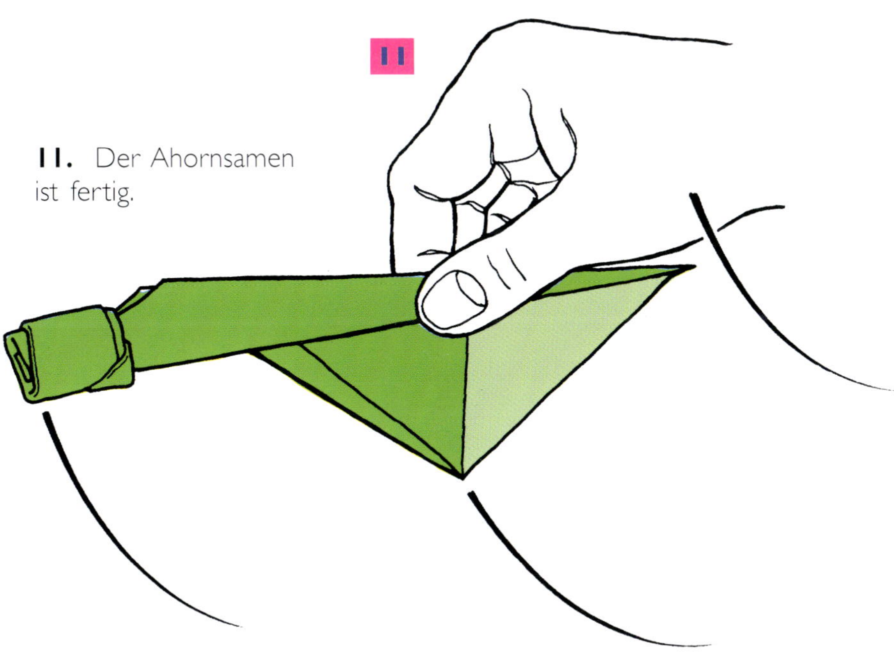

Tip für den Start

Am festen Dorn halten und mit Schwung hoch in die Luft werfen. Der Samen sollte schnell rotieren, aber langsam zu Boden sinken. Dreht er sich schlecht, testen Sie andere Griffpositionen, oder werfen Sie ihn etwas nach vorne.

Wie Sie eigene Modelle entwerfen

Den Lesern werden die Flugzeuge in diesem Buch großen Spaß machen. Nichts ist jedoch so spannend wie eigene Modelle zu entwerfen. Ich glaube, daß es leichter ist, einen Flieger zu entwerfen, als andere Origamimodelle zu entwickeln, weil ein Flieger nur funktionieren muß – er muß nicht wie beim Origami wie ein Hund oder eine Blume aussehen. Die Herausforderung an den Konstrukteur besteht also nur darin, sich mit der Mechanik auseinanderzusetzen, nicht etwa mit der schwierigeren Ästhetik oder Symbolik.

Es folgt also eine Anleitung für Anfänger.

Gehen Sie motiviert ans Werk

Zunächst sollte klar sein, daß nichts ohne Anstrengung erreicht wird. Sie müssen einen Papierflieger entwerfen wollen. Mit der Motivation stellen sich Geduld, ein lockerer Umgang mit Fehlschlägen und der Wille zum Erfolg ein. Wenn Sie glauben, es in wenigen Minuten schaffen zu können, und sofort endgültig aufgeben, wenn Ihr erster Flieger auf dem Jungfernflug abstürzt, werden Sie wohl nie einen Flieger entwerfen, der der Mühe wert ist.

Fragen Sie sich also selbst – sind Sie wirklich motiviert?

Format

Nun gilt es, das Papierformat zu wählen. Hierbei muß normalerweise die einfache Wahl zwischen Quadrat und Rechteck getroffen werden.

Quadrat

8,5 x 11 Zoll

A4

2 x 1

Symmetrieachsen

Für die Position des alles entscheidenden ersten Falzes, der die Symmetrieachse festlegt, stehen erstaunlich viele Möglichkeiten zur Wahl. Hier sind einige Vorschläge, es gibt jedoch noch weitere.

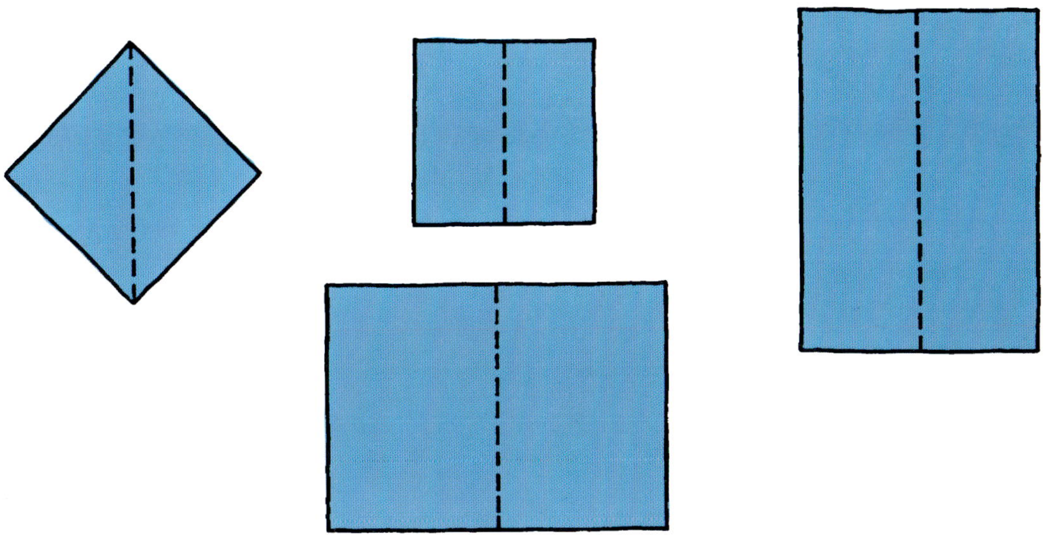

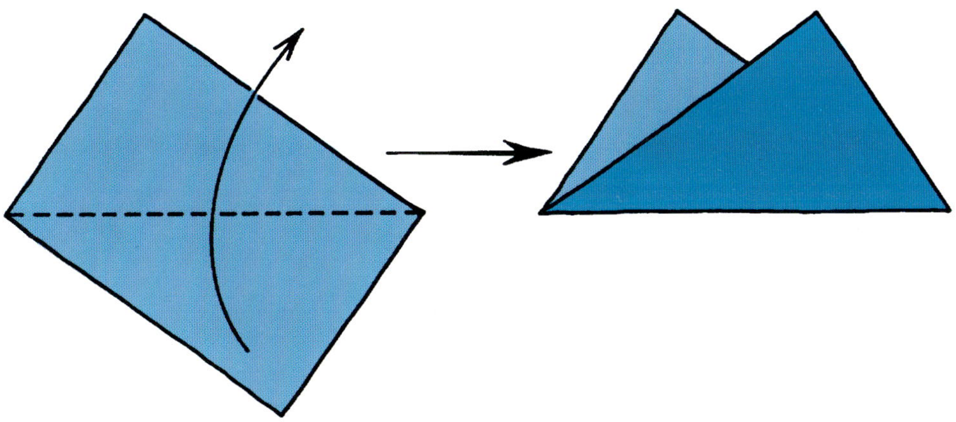

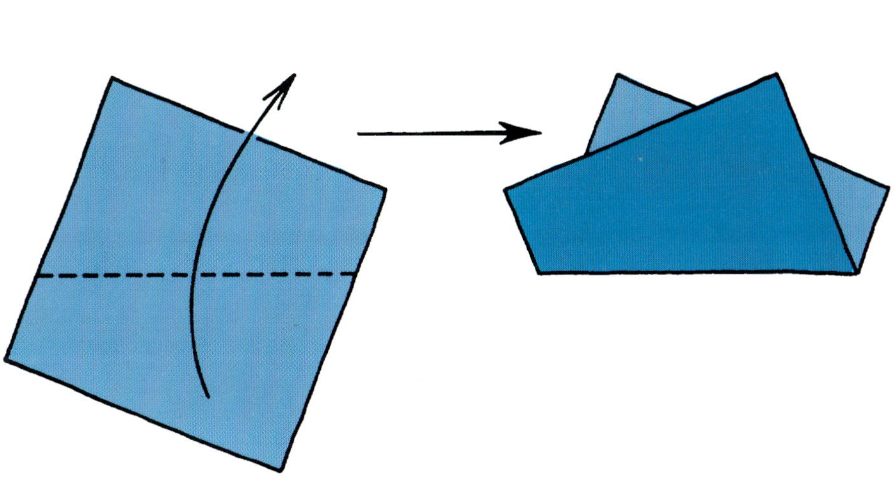

Die ersten Faltungen

Die ersten Faltungen ähneln sehr der Eröffnung in einem Schachspiel. Beim Schach gibt es nur wenige sinnvolle Anfangszüge; mit jedem darauffolgenden Zug vervielfacht sich die Anzahl der möglichen Positionen der Figuren, bis sie nach nur wenigen Zügen praktisch ins Unendliche steigt.

Ebenso verhält es sich mit dem Falten von Papier. Die Kunst besteht darin, zu bestimmen, welche Form der erste Schritt ergeben soll. Diese Form ähnelt nicht notwendigerweise einem Flugzeug, erfüllt aber alle Voraussetzungen, sich in eines (oder viele) zu verwandeln. Natürlich ist es unmöglich, hier alle Variationen vorzustellen (vermutlich gibt es dazu nicht genug Papier auf der Welt); zur Verdeutlichung des Prinzips folgt hier aber eine Zusammenstellung von Entwicklungen, die sich an einen ersten Schritt, wie er häufig vorkommt, anschließen können:

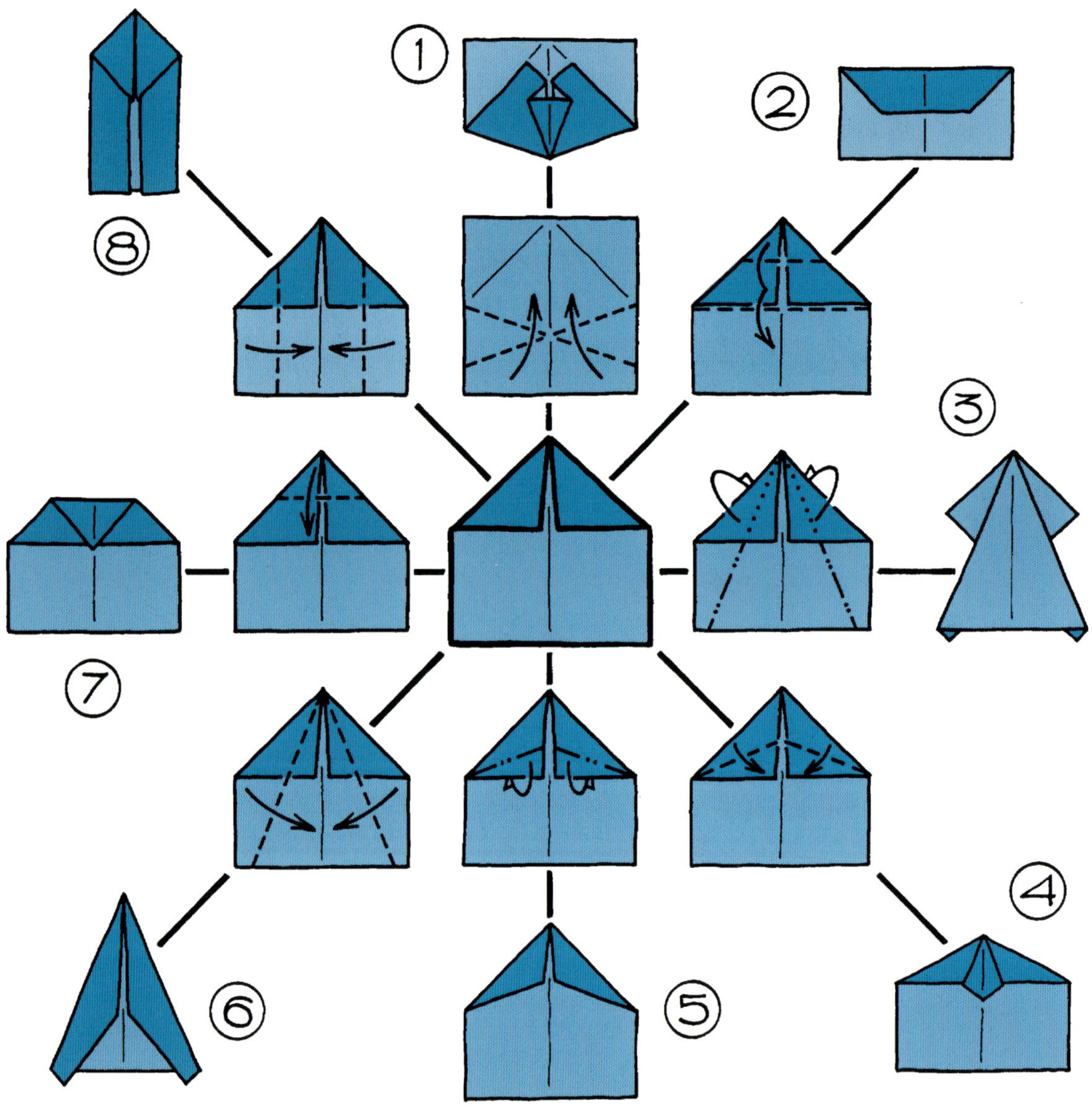

Natürlich sind viele andere Weiterentwicklungen dieser einfachen Form möglich, und von den acht gezeigten lassen sich viele kombinieren. Außerdem gibt es viele andere einfache Formen mit Entwicklungspotential – nicht nur diejenigen, die aus derselben Symmetrieachse entstehen, sondern auch solche, die sich aus einer anderen im vorigen Abschnitt vorgeschlagenen Faltung ergeben. Anders ausgedrückt: Rechnet man alle ersten Schritte zusammen, die mit allen möglichen Symmetrieachsen und Blattformaten machbar sind, so steigt die Zahl der möglichen Formen enorm an.

Verdichten Sie die Lagen an der Vorderseite

Jeder Papierflieger, gleich welcher Bauart, muß vorne schwerer als hinten sein, damit er im Flug Schwung bekommt. Dies wird dadurch erreicht, daß zur Nase hin mehr und zum Heck hin weniger Lagen gefaltet werden. Denken Sie bei der Planung also daran, die Lagen irgendwie nach vorne zu ziehen. Dies zu erreichen ist ein entscheidender Teil des Entwurfs.

Wenn zuviel Papier nach vorne gefaltet wird, läßt das Übergewicht den Flieger im Sturzflug zu Boden gehen; wenn zuwenig nach vorne gefaltet wird, reißt die Strömung ab. Versuche werden Ihnen zeigen, wie Sie das Papier verteilen müssen, um einen gleichmäßigen Flug zu erreichen. Probieren Sie diese Varianten aus und kombinieren Sie sie mit den verschiedenen Tragflächenformen und Korrekturvorschlägen, die unten vorgestellt werden.

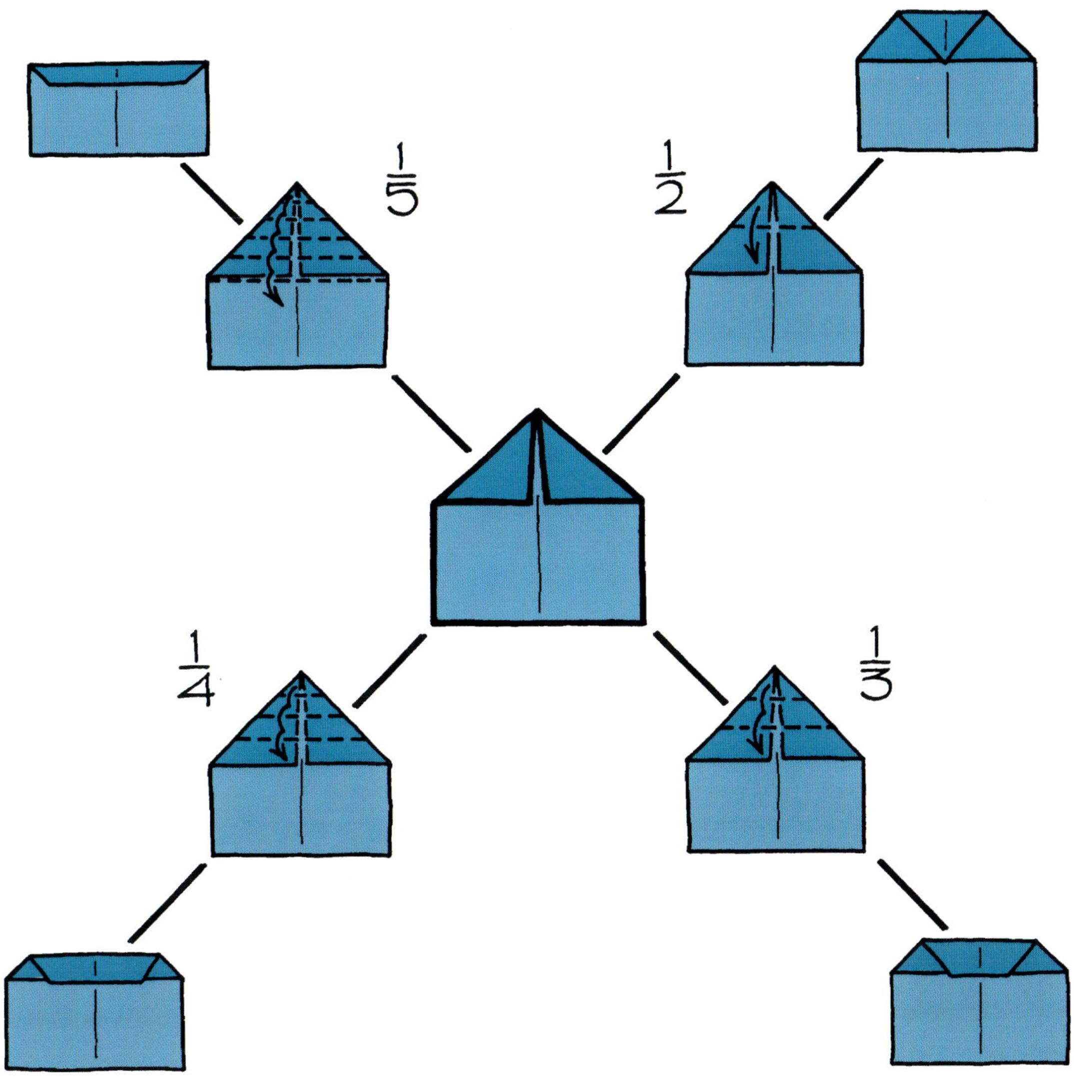

Tragflächenformen

Verschiedene Tragflächenformen ergeben erstaunliche Unterschiede in den Flugleistungen eines Papierfliegers. Probieren Sie zum Vergleich die folgenden Variationen an einem gewöhnlichen Papierpfeil aus, danach an einem selbstentworfenen Modell.

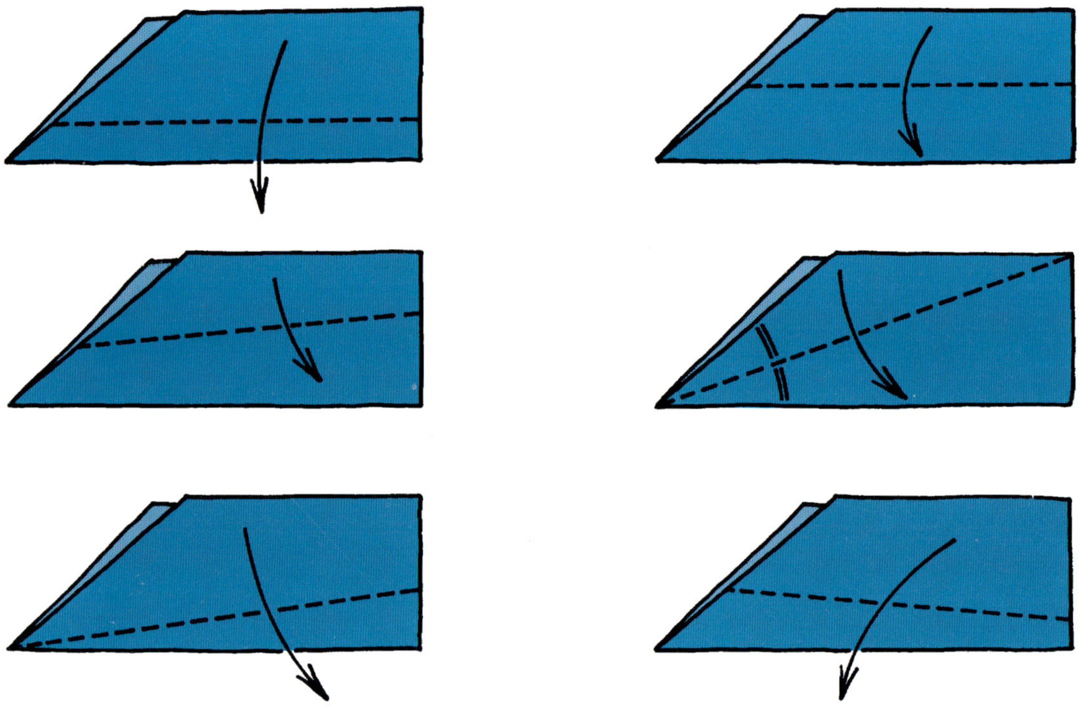

Manchmal läßt sich mehr Stabilität und Auftrieb durch das Hinzufügen weiterer Falten an den Flügeln erreichen. Experimentieren Sie mit den hier von vorne dargestellten Formen.

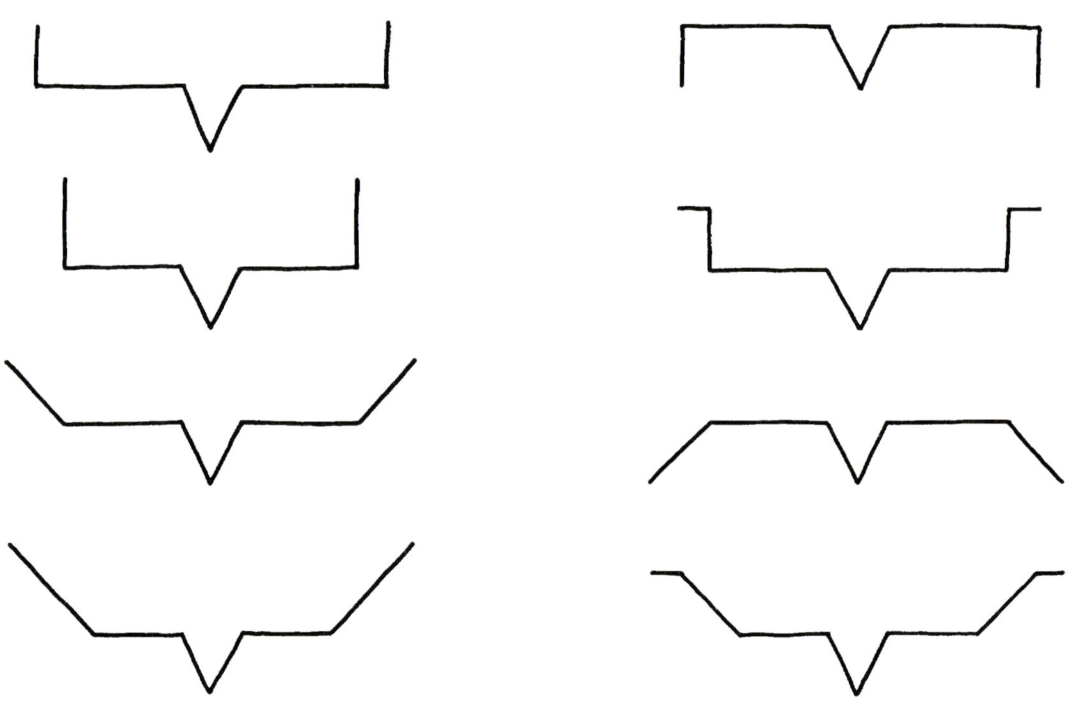

Trimmen

Wenn Sie einmal ein Modell haben, von dem Sie glauben, daß es besser fliegen könnte, kann es getrimmt werden, d.h., solange immer wieder verändert werden, bis sein Profil und seine Geschwindigkeit in der Luft es ihm ermöglichen, optimal zu fliegen. Auch dies läßt sich nur durch Experimentieren erreichen.

Bevor Sie einen Flieger trimmen, werfen Sie ihn los, um zu sehen, wie er sich verhält. Lesen Sie die Korrekturvorschläge für schlecht fliegende Modelle in den Abschnitten „Stabilität" (S. 7) und „Mein Flieger fliegt nicht!" (S. 12) durch. Die in Betracht kommenden Probleme und Korrekturansätze im Überblick:

- Rollen
- Nicken
- Gieren
- Tragflächenwinkel
- Strömungsabriß
- Sturzflug
- Haltung
- Abwurfgeschwindigkeit
- Abwurfwinkel

Denken Sie daran, sauber zu falten. Außerdem wird ein von vielen Faltversuchen zerknittertes Blatt niemals gut fliegen, also falten Sie eine neue Version, um Aufschluß über die tatsächliche Flugtauglichkeit eines Fliegers zu bekommen.

Zusammenfassung

Mit Motivation, Geduld und ein bißchen Glück wird es Ihnen gelingen, einen ausgezeichneten Papierflieger zu entwerfen. Wenn Sie Anregungen benötigen, studieren Sie ein paar Modelle in diesem Buch. Vielleicht kombinieren Sie Elemente verschiedener Flieger oder versuchen absichtlich das Gegenteil (was man darunter auch verstehen mag) von dem, was vorgeschlagen wird – ein gewisses Maß an Anarchie ist das Merkmal eines wahrhaft kreativen Konstrukteurs. Nichts kann eigene Erfahrung ersetzen; mit der Zeit werden Ihre Entwürfe immer sicherer werden und Ihnen leichter von der Hand gehen.

Wenn Sie nicht sicher sind, ob Ihnen eigene Entwürfe gelingen, probieren Sie es einfach aus – außer ein paar Bögen Papier haben Sie nichts verlieren. Und die Freude, etwas selbst Geschaffenes dabei zu beobachten, wie es anmutig aus Ihrer Hand gleitet, ist durch nichts zu überbieten.

Danksagungen

Der Autor möchte sich bei allen Origami-Künstlern bedanken, die ihm liebenswürdigerweise gestattet haben, ihre Werke in dieses Buch aufzunehmen. Aufrichtiger Dank gilt auch Earle Oakes für seine großartigen Illustrationen und seine Begeisterung für das Projekt.

Etwaige Übereinstimmungen mit bereits veröffentlichten Modellen sind vollkommen zufällig und unbeabsichtigt.

Beiträge:

Alain Georgeot und Eric Joisel, Frankreich, David Morgan, Großbritannien, Earle Oakes, USA, Jean-Jerome Casalonga, Frankreich, John Smith, Großbritannien, Michael LaFosse, USA, Nick Robinson, Großbritannien, Paolo Immamura, Brasilien, Robert Abes, USA, Robin Glynn, Großbritannien, Stephen Weiss, USA, Yoshihide Momotani, Japan.

Origami-Gesellschaften

Diese beiden traditionsreichen Verbände haben ein großes Angebot für den Origamibegeisterten. Die Mitgliedschaft ist preiswert und gilt weltweit.

British Origami Society
2a The Chestnuts
Countesthorpe
Leicester LE8 5TL
Großbritannien

Origami USA
15 West 77th Street
New York
NY 10024-5192
USA